ビジネス
法務学
の誕生

池田眞朗 [著]
Masao Ikeda

慶應義塾大学出版会

はしがき

　本書は、民法と金融法を専攻する法律学者の書いた本である。しかし本書は、法律学の本ではない（もちろん、ビジネスと名付けられているからといって経営学の本でもない）。法律学を突き抜けたところに誕生する、そして、既存の諸学問を結びつける「ハブ」の位置を占める、新しい学問領域としての「ビジネス法務学」の本である。

　そして、「学」という以上、これまでのビジネス法務（とりあえず企業法務と金融法務の総体としておく）ともまったく異なる。従来のビジネス法務が、企業や金融機関の利潤や業務円滑化の追求を目的としていたのに対して、ビジネス法務学が第一義に考えるのは、人間社会の持続可能性である。

　本書をまとめる切迫感を生んだのは、100 年に一度と言われるこの急激な変革の時代である。AI をはじめとする技術革新の中で、ビジネスはめまぐるしく変わる。そして中世以来疑問を持たれなかった、法律による社会コントロールが、後追いになる限界を露呈する。一方でいっこうに止まらない地球温暖化は、人間社会の持続可能性の危機を告げている。既存の学問では太刀打ちのできない状況が生まれているのである。「事象を説明する」のではなく、「課題を解決する」学問が必要なのである。

　ただ、著者の発想は、決して気宇壮大な新構想を披歴しようなどというものではない。たとえて言えば、物心のついたばかりの小学生が、大人になったらどうやってまわりのみんなを幸せにしたらいいんだろう、と漠然と考えていた、その思いを、何十年もかけて、なんとか形にしてお目にかけようとする、それだけのものと思っていただきたい。

　わが国の産んだ有数の経済学者、宇沢弘文博士の書物の中に、『経済学は人びとを幸福にできるか』という、論文・講演集がある（東洋経済、2013 年）。もともとは同じ出版社の別題の著書『経済学と人間の心』（2003 年）を底本とするものであるが、その帯に取られた一文で、宇沢博士は、「経済学の基本的な考え方はもともと、

i

経済を人間の心から切り離して、経済現象の間に存在する鉄則や運動法則を求めるものであった、しかし私は、そこになんとかして人間の心を持ち込みたいと悩んでいた」と述べている。実は、大学入学前から研究者志望だった私が、経済学部に籍を置きながら民法学を選んだ理由は、未熟な初学者の直感に過ぎなかったのではあるが、まさにその一点の違和感だったのである。

経済学には（少なくとも当時学んでいた経済原論には）人が見えない。けれども、他の法律学の分野は知らないが、民法学には、人がいる。個人と個人の間のルール創りの世界がある。学問というものは、その人々を幸福にするためにあるものだ。——この一点の思いで、私は経済学部3年で法学部の民法ゼミを選択し、大学院修士課程から法学研究科民事法専攻に進んだ。

しかし民法学研究に深入りするうちに、疑問がわいてくる。民法学者は、人々の幸福を第一義に考えているのか、という疑問である。もちろん、民法の体系書で直接に幸福論を語るものは一冊もないが、たとえば故・星野英一博士の民法学には、えらそうに権威を振りかざすのではない、「人に寄り添う」学問的姿勢が見えた。けれども、多くの民法学者は、人々の幸福よりも自説の解釈論の整合性に固執し、条文を自分の理論で説明することに執心しているように見えたのである。そしてその傾向は、時代を追って強くなるように思われた。

民法学は、本当に人を幸福にできる学問となっているか。その疑問が非常に明確な形になったのが、2006年くらいから始められた、民法債権関係大改正（平成29（2017）年成立公布、2020年施行）の準備作業の中であった。私は常に、民法改正は世のため人のための新しいルール創りであるととらえて発言することを心掛けたのだが、多くの場面でそれが少数意見になる。主流の学者たちは、自説の整合性とか、改正法でどううまく説明をつけるか、などに熱中し、この機会に世界に冠たる民法典をつくるのだという。挙句の果てには、困っている人を困らなくするために民法を直すのではないとまで言うのである。

それらの学者たちとの議論の中で、私には逆転の発想が芽生えた。民法学は人々を幸福にできるかを問うより、民法学が人々の幸福から離れていくのであれば、そもそも人々の幸福（持続可能性を含む）を第一義に考える新しい学問分野を創ってしまえばいいではないか。もちろん、民法学だけで世の人々を幸福にすることは不可能なのであるから、その新しい学問分野は、民法学の枠を超える、さらには法律

学の枠をも超える、学問になるべきだ。

　けれども、基幹になるのは、私が社会形成の根本と考える、「個人と個人の間の ルール創り」、広い意味の「契約」である。この、民法学の契約概念から出発して、 個人と企業や企業と企業の間は当然として、企業と国の契約、国家間の合意や覚書 きなどまでを、広い意味での「ルール創り」として考えるべきであろう。

　折しも 100 年に一度の変革の時代が到来した。先述のように、急速な技術革新で ビジネスはめまぐるしく変わる。一方、地球規模で進行する温暖化・気候変動は、 人間社会の存続の危機までも告げている。この時代には、変化の後追いになってし まう法律学だけでなく、経済学、経営学、会計学、社会学、地政学、そして理系の 工学等までも結びつける「ハブ」としての学問が必要になるはずだ。

　さらにいえば、長い歴史を持つ法律学の世界では、当然のように、学理を展開す る学者たちが優位に立って、弁護士や企業の実務家の業績は、理論の実務への応用 などと言われてきたが、この変革の時代には、実務のルール創りが学者の理論を追 い越していて、学理と実務の地位の逆転現象さえ起ってきているのではないか。そ こからも、ビジネス法務を「学」として確立させるべき必然性が見いだせるのでは ないか。

　人びとを幸福にする、という根本の理念に立ち返って、人間社会の持続可能性を 第一義に考える。そういう学問が今こそ確立されなければならない。

　本書は、そのような経緯と意図から、ひとりの民法学者が、これこそが有益であ り必要であるという信念を持って、新しい学問の旗を立てようとする物語である。

　本書の成るにあたっては、著者の長年の盟友ともいうべき、慶應義塾大学出版会 の岡田智武氏に大変にお世話になった。本書が単なる学術書ではなく、一学者のナ ラティブを伝えるものに仕上がったとすれば、それはひとえに岡田氏の功績による。

2024 年 9 月

池 田 眞 朗

目　次

はしがき　i

はじめに——ビジネス法務学の骨子と本書の全体像 …………………… 1

- 1　新しい学問の旗を立てる　1
- 2　ビジネス法務とビジネス法務学　2
- 3　学問的イノベーション　2
- 4　法律学の限界　3
- 5　ビジネス法務学と SDGs・ESG　4
- 6　動態を捉えるビジネス法務学の分析手法　5
- 7　法律学とビジネス法務学との「素材」の差　6
- 8　ビジネス法務学の各論と基本理念　7
- 9　本書の構成　9
- 10　消去法から逆転の発想へ　10
- 11　新しい学問分野の提示　10

第Ⅰ部　総　論

第1章　ビジネス法務学序説 ………………………………………… 13

Ⅰ　はじめに——問題の所在 …………………………………………………… 13

Ⅱ　ビジネス法務学の形成 ……………………………………………………… 16

- 1　ビジネス法務学形成の第一段階——「資料収集」　16
  - (1) 2019 年度まで　16／(2) 2020 年度から　17
- 2　ビジネス法務学形成の第二段階——本質や独自性の検証　18
- 3　ビジネス法務学に必要な要素　19
- 4　ビジネス法務学形成の第三段階——「理念」の探究　20
- 5　ビジネス法務学の考えられるメニュー　22
  - (1) ビジネス法務の発展予測　22／(2) 高齢社会に対応するビジネス法務の掘り起し　23／(3) SDGs の観点からして適正に発展すべきビジネス法分野の探究　23

6 実務家教員の優位分野（あるいは研究者教員との協働の必要な分野）の探究
　とビジネス法務学の関連　24

7 ビジネス法務専攻における研究と教育のつながり　25

8 法学研究科ビジネス法務専攻における実務家教員の養成　25

9 ビジネス法務実務家教員養成用のテキストについて　26

10 結びに代えて──「オンリーワンでナンバーワン」という基準　27

第2章　これからのSDGs・ESGと
　ビジネス法務学 ………………………………………………………… 29

Ⅰ　はじめに ……………………………………………………………………… 29

　1 過去は現在を課題づける──始まりは1999年と2000年　29

　2 10年で変化した地球環境の「切迫度」　32

Ⅱ　ビジネス法務に「学」はあるか ………………………………………… 33

Ⅲ　ビジネス法務学から見るSDGs・ESG ………………………………… 34

　1 「持続可能性」の把握　34

　　(1) SDGsの何番？はない　34／　(2) キーワードはサステナビリティ　35／　(3) サス
　　テナビリティを考える目線──論点の留保　35／　(4) サステナビリティのレベル　36／
　　(5) サステナビリティから見たSDGsとESG投資の関係　37／　(6) 「ESG債」に一言
　　38／　(7) 使うべきではない比喩──SDGsとESGの緊張関係　38

　2 ビジネス法務学から見るSDGs・ESGの具体例　39

　　(1) サステナビリティから地域活性化、地方創生へ　39／　(2) 金融検査マニュアルの廃
　　止と「創意工夫」　40／　(3) ルール創り能力、コミュニケーション能力、「目利き」能力
　　プラス規範的判断力の涵養　41／　(4) ABLの再評価──生かす担保論　42／　(5) 事業
　　性評価のシステム化・法制化　45

Ⅳ　「行動立法学」の提唱 ……………………………………………………… 45

　1 「行動立法学」とは　45

　2 規制法と促進法　46

　3 行動立法学と普及学　48

Ⅴ　付　論──経済学の方向転換 …………………………………………… 48

Ⅵ　これからのSDGs・ESGとビジネス法務学の展望 ………………… 50

　1 レインボーカラーの利益　50

　2 選別の連鎖　50

目次　v

       3 人的資本と人材教育（人的資本への投資）　51
       4 新しい「契約」によるビジネスチャンス　51
       5 サプライチェーン全体での責任──企業間の新しい「連結」へ　52
Ⅶ　結びに代えて──ビジネス法務学の確立へ ……………………………………… 53
    1 ビジネス法務学の本質　53
       ⑴　ビジネス法務学の「持続可能性」 53 ／ ⑵　法律学との対比で見るビジネス法務学
       の本質　54 ／ ⑶　SDGs・ESG とビジネス法務学の必然的結合　55
    2 ビジネス法務学の展望　56
       ⑴　新しいビジネスチャンスに基づく新しいビジネス法務学　56 ／ ⑵　Society 5.0 のビ
       ジネス法務学　57 ／ ⑶　小括　58

第3章　変革の時代の民事立法のあり方と
　　　　　ビジネス法務学 ………………………………………………………………… 61

Ⅰ　はじめに …………………………………………………………………………………… 61

Ⅱ　ABL からの発想 ………………………………………………………………………… 62

Ⅲ　立法の出発点──法律学とビジネス法務学の違い ……………………………… 65

Ⅳ　立法担当者の関心事と立法の姿勢 ………………………………………………… 66

Ⅴ　規制法と促進法 ………………………………………………………………………… 67

Ⅵ　ABL 支援とスタートアップ支援の共通点 ……………………………………… 68

Ⅶ　おわりに──変革の時代の民事立法のあり方とビジネス法務学 ………… 69

第4章　ビジネス法務学の確立と
　　　　　そのハブ構想 ……………………………………………………………………… 73

Ⅰ　はじめに …………………………………………………………………………………… 73

Ⅱ　ビジネス法務学の概念 ……………………………………………………………… 74

    1 「ビジネス法務」の概念規定からの出発　74
    2 「ビジネス法務学」の概念──既成概念との区別　75

3　「ビジネス法務学」の概念——法律学との区別　76
　　4　「ビジネス法務学」の概念——具体的内容の構築　78
　　5　「ビジネス法務学」の概念——目的と定義　79

Ⅲ　ビジネス法務学の学問体系……………………………………………79
　　1　「ビジネス法務学」における総論と各論　79
　　2　「ビジネス法務学」におけるカリキュラム構成——総論部分　80
　　3　「ビジネス法務学」における各論の例　80

Ⅳ　ビジネス法務学の各論の実践例………………………………………81
　　1　「ビジネス法務学」各論のカリキュラム上の実践例　81
　　2　「ビジネス法務学」各論の発信例——太陽光発電ビジネス再考　83

Ⅴ　ビジネス法務学における倫理と研究倫理……………………………86
　　1　二つの意味での重要性　86
　　2　ルール創りの「可能」性　87
　　3　ビジネス法務学とSociety 5.0の「規範的判断力」　88
　　4　ビジネス法務学における研究倫理の核心　89

Ⅵ　ビジネス法務学のハブ構想……………………………………………90
　　1　ビジネス法務学のハブ構想　90
　　2　ビジネス法務学の「ハブ適性」　92
　　3　ビジネス法務学の法律学との関係　92
　　4　ビジネス法務学のハブ構想の実証実験例　93
　　5　高齢者法学からの検証　95

Ⅶ　ビジネス法務学の「教育」……………………………………………99
　　1　ビジネス法務学の学部段階での教育とその教材　99
　　2　ビジネス法務学の大学院レベルでのテキスト例　101
　　3　ビジネス法務学と実務家教員の養成——法学教育イノベーションへの道
　　　103

Ⅷ　結びにかえて……………………………………………………………106

第5章　女性活躍のビジネス法務学……………………………111

Ⅰ　はじめに…………………………………………………………………111

Ⅱ　そもそも論──「反動の明治」？ ·· 112
　　1　仮説の提示　112
　　2　論証のための例示──夫婦同氏制成立の経緯　113
　　3　論証のための例示──「日本古来の家族観」の形成　117
　　4　論証のための例示──女人禁制　119

Ⅲ　ノーベル経済学賞の業績と「ルール創り」 ··························· 121

Ⅳ　少子化対策と夫婦別姓 ··· 123

Ⅴ　法律によるコントロールの限界 ·· 125

Ⅵ　仮説の帰結としての「価値観の固定化」 ····························· 127

Ⅶ　制度の問題と個人の意識の問題 ·· 128

Ⅷ　小　　括 ··· 130

Ⅸ　エピローグ ·· 132

第Ⅱ部　各　論

第6章　太陽光発電のビジネス法務学 ················ 135

Ⅰ　はじめに ··· 135

Ⅱ　議論の前提──我が国の電力構成と政府の対応 ··················· 136

Ⅲ　FIT の欠陥 ·· 137

Ⅳ　「売電」の虚構──「超高度自給自足社会」の提唱 ·············· 138

Ⅴ　太陽光発電再考 ··· 139
　　1　他の再生可能エネルギーとの比較　139
　　2　FIT に起因するさらなる問題　141

Ⅵ　ペロブスカイト型太陽光発電パネル ··································· 142

Ⅶ　金融機関の新しい融資基準 ·· 143

Ⅷ　市民の対応──「卒FIT」家庭の問題 ………………………………………… 146

Ⅸ　蓄電池製造企業の対応 ………………………………………………………………… 148

Ⅹ　大学の対応 ……………………………………………………………………………………… 150

Ⅺ　小　括 ……………………………………………………………………………………………… 151

第7章　物流のビジネス法務学 …………………153

Ⅰ　はじめに ………………………………………………………………………………………… 153

Ⅱ　物流のビジネス法務学 …………………………………………………………………… 154

Ⅲ　「力関係」逆転の契機 …………………………………………………………………… 155

Ⅳ　自動運転のビジネス法務学 …………………………………………………………… 156

Ⅴ　物流と金流のデータサイエンス ………………………………………………… 158

Ⅵ　補　論──ミクロの「物流のビジネス法務学」 ……………………… 159

第8章　国際規格・国際標準のビジネス法務学 ………161

Ⅰ　はじめに──国産スペースジェット（MSJ）はなぜ就航できなかったのか
…… 161

Ⅱ　型式証明とは …………………………………………………………………………………… 162

Ⅲ　日本企業の技術的ルール観 …………………………………………………………… 164

Ⅳ　型式証明のビジネス法務学 …………………………………………………………… 165

Ⅴ　国際規格と国際標準 ………………………………………………………………………… 167

Ⅵ　「標準」の重要性 …………………………………………………………………………… 169

Ⅶ　国際標準獲得への努力 …………………………………………………………………… 170

Ⅷ　ドローンの国際標準──ある自動車会社のナラティブ ………………… 173

Ⅸ　国際標準という「ルール創り」と日本の危機 ………………………… 177

目　次　ix

1　諸外国の攻勢と日本の意識　　177
　　2　国際標準というルール創りの国内的プロセス　　179

Ⅹ　小　括──ビジネス法務学から再考する、国際標準という「ルール創り」の意味 ················ 181

Ⅺ　補　論──ビジネス法務学のハブ構想 ················ 182

第Ⅲ部　誕生の背景

第9章　実務家教員養成プロジェクトと ビジネス法務学 ················ 187

Ⅰ　はじめに ················ 187

Ⅱ　年次報告書の出版 ················ 188

Ⅲ　5年間の事業の報告──段階的発展 ················ 189
　　1　第一段階　　189
　　2　第二段階──その1　　191
　　3　第二段階──その2　　193
　　4　第三段階　　193
　　5　最終年度の活動──ビジネス法務学の確立へ　　194

Ⅳ　おわりに ················ 196

第10章　実務家教員とリカレント・リスキリング教育、 さらには教育イノベーション ················ 197

Ⅰ　はじめに ················ 197

Ⅱ　実務家教員養成事業の客観的評価 ················ 197

Ⅲ　武蔵野大学のプロジェクトについての主観的評価 ················ 199

Ⅳ　武蔵野大学法学研究科限定の成果──ビジネス法務学の誕生 ············ 200

Ⅴ　実務家教員養成事業の今後の展開 ·· 201

Ⅵ　結　論 ·· 202

第11章　ビジネス法務学の教員養成
──学問としての持続可能性のために ································· 203

Ⅰ　はじめに ··· 203

Ⅱ　ビジネス法務学教員の養成母体 ·· 203

　　1　大学院　203
　　2　学部　204

Ⅲ　想定されるビジネス法務学の科目・カリキュラム ··· 205

　　1　大学院の場合　205
　　2　学部（ビジネス法務学部？）の場合　206

Ⅳ　ビジネス法務学教員の研鑽 ·· 208

おわりに──デジタル社会のビジネス法務学展望 ······································ 211

　　未知数の AI　212
　　ビジネス法務学の次なる課題──デジタル取引への対応　213
　　電子契約と電子署名法　213
　　デジタルトラスト法の制定に向けて　214
　　ビジネス法務学の本領　215

初出一覧　217

索　引　219

はじめに

──ビジネス法務学の骨子と本書の全体像──

1 新しい学問の旗を立てる

　一方に AI をはじめとする急速な技術革新があり、他方で止まらない地球温暖化の進行がある。100 年に一度と言われるこの変革の時代に、人はどう対処していくべきか。既存の学問体系はどれだけその対処に役立つのか。今究極に問われているのは、利益や便利さの探求ではなく、この人間社会の持続可能性である。

　私は、もう半世紀も前に、文学を志し、経済学を学びつつ民法学を選択した。その決め手となったのは、世のため人のためになる学問、市民一人ひとりの自立と自由な意思決定に基づく学問、ということだった。しかしその後の民法学は、ひたすら精緻な条文解釈学に進展していった。けれども、現在の人々が求めるのは、「出来上がっている法律の詳細な解釈」ではない。次々に生起する「課題」にどう対処すべきかを考える学問なのである。

　「新しい学問の旗を立てる」とは、大それた表現かもしれない。しかし、私が選んだ民法学の真髄は、市民一人ひとりの自立と自由な意思決定に基づく「ルール創り」にあることは間違いない。そしてそれは激動の現代社会においても、社会を正しく制御しあるべき発展に導く根本の力であると信じられる。ここからスタートして、民法学を超え、法律学をも超える、そして理系までも含めた多くの学問分野を結び付けるハブになる学問が創造できないか。10 年近い思索と試行錯誤の末、私がたどり着いたのが、本書で提示する「ビジネス法務学」なのである。

2 ビジネス法務とビジネス法務学

　最初に新しい学問の概念イメージをお伝えしておきたい。「ビジネス法務」
という言葉は、ここではとりあえずいわゆる企業法務や金融法務の総体を指す
言葉として用いるが、それはこれまで、もっぱら実務での取引を法的な側面か
ら見て効率的に推進し、企業や金融機関等に利益をもたらす技法やノウハウを
追求するものと理解されてきた。そこでは、「学」としての理念や理論が語ら
れることはほとんどなかったといってよかろう。しかし、それを「学」として
成立させなければならない。また、最初に述べたように、そこで追求すべきは、
企業や金融機関の利潤ではなく、この人間社会の持続可能性である。倫理性や
規範的判断力などの要素が当然に加わらなければならないことになる。

　また、「学」が付くとどういう違いができるかというと、先に述べたように、
第一義的に目的にするのは人間社会の持続可能性なのであるから、その観点か
ら「ビジネス法務学」の考察対象は、いわゆる企業や金融機関の営業活動を超
えて、個人の活動や社会の課題へ大きく広がる。たとえば、もう何十年も議論
されつつ法制化されてこなかった「選択的夫婦別姓」の問題は、本章第5章
に示したように、社会における女性活躍の喫緊課題ということで、当然にビジ
ネス法務学の重要な考究対象になるのである。

　また、「ビジネス法務学」は、「ビジネス法学」ではない。ビジネス法学とい
うと、結局、ビジネスにかかわる民法や商法、会社法、金融商品取引法などを
研究しまた教える、法律学の一つのカテゴリーに過ぎないことになる。しかし、
「ビジネス法務学」は、その発想と、またその実際に扱う領域において、旧来
の法律学とははっきり別物なのである。

　さらに言えば、ビジネス法務について、「法律学の実務への応用」などと表
現されることがあるが、私の「ビジネス法務学」は、法律学の「応用」や「亜
流」ではない。重ねて強調したい。「ビジネス法務学」は、法律学やその他の
諸々の学問をつなぎ、束ねる位置にくる学問なのである。したがって、法律学
も、そのつながれる先の学問の一つに過ぎない。

3 学問的イノベーション

　イノベーションとは、創造的破壊であるという。ではビジネス法務学は何を

壊すのか。旧来の法律学など、既存の学問を壊すのではない。旧来の諸学問の、既成概念を壊し、垣根を壊すのである。

　かなり古くから、学際的研究という言葉が使われてきて、何か目新しい研究が芽生えるように思われた。しかし、問題はその「学際的研究」をする理由であり必然性なのである。たとえば当初法律学では、民法と商法のまたがる論点に関する論文が学際的研究などと言われたことがあるが、要するにそれは学者自身が各法学分野のテリトリーを作ってしまったからそうなっただけのことである。あるいは一つの社会課題の解決のために、いくつかの学問分野の研究者が共同研究をするということもあったが、それも考えてみれば当然の行動なのである。現代という時代は、その解決すべき「課題」が次々に、しかも非常に多様な形で生起するのである。したがって ad hoc なプロジェクトではなく、そもそもが全分野統合型の、新しい学問が必要になる。もちろん、一学問で全分野のことがわかるわけではないが、少なくともその学問によって、各学問分野の知見をつないで、課題解決の「ルール」を見出せる、そういう学問が必要となるはずなのである。ビジネス法務学は、（契約概念を出発点とするゆえの）基本的適性としての「ルール創り」能力を根拠に、その全分野統合型の、新しい学問として手を挙げるものである。

　したがって、最初に宣言しておきたい。ビジネス法務学は、「学際的研究」をする学問ではない。既存の諸学問の領域を前提にして、それらをまたがったり、領域の間を埋める、などという発想は、私には全くない。課題を解決するルール創りをするために必要な知見であれば、工学でも経営学でも「標準学」などというものでも、積極的に取り入れて活用するのである。

4　法律学の限界

　法律の制定や改正には、どうしてもある程度の時間がかかる。急激な変革の時代には、法律は変化の後追いになってしまうのである。2024 年段階の社会状況は、まさに、その法律の限界を示している。中世以来疑われてこなかった、法律による社会コントロールの限界が見えてきているというべきなのである。加えて、今日、伝統的な法律学は、解釈学偏重の、いわば出来上がっているルールを研究し教授する、その意味で静態的な学問になってしまっている。こ

れに対して、これから確立されるべきビジネス法務学は、社会の動態をとらえて、課題解決の広義の「ルール」を創る学問なのである。ここに、法律学とビジネス法務学の決定的な差異がある。

　新規立法や法律改正が時代の動きに追いついていない例は、多数上げることができるが、ここでは、2024年8月段階での代表例として、平成12（2000）年制定（2001年4月施行）の、しかもそれ以来大きな改正も経ていない、電子署名法（「電子署名及び認証業務に関する法律」）を挙げておこう。このIT化、デジタル化の時代に、デジタル関係の基本法ともいうべき電子署名法が、四半世紀近く変わっていないのである。しかもこの電子署名法は、署名が個人の意思的行為であることから、個人の電子署名しか規定しておらず、法人の電子署名は概念すら含まれていないのである。さらに、契約当事者の電子署名ということから、この法律では、仲介する第三者の電子署名による契約の成立は本来考えられておらず、それを現状（2024年8月現在）では、政府見解でしのいでいる。また、同法では当該利用者が電子署名を行ったものであることを証明する特定認証業務の認定に関する規定が多数置かれているが、この認定を得ることは電子署名業務を行うための義務にはなっておらず、現状では電子契約業務を行っているほとんどの業者がこの特定認証を受けていない電子署名事業者を使っているという。日本のデジタル法制整備は、国際的には信じ難いほどに遅れているのである。

5　ビジネス法務学とSDGs・ESG

　そして、ビジネス法務を「学」として探究することになると、そこでは当然、企業や金融機関などの目先の利潤とか収益とかの指標を超えた、ビジネス法務の理念や、倫理を論じる必要が出てくる。そこに大きな関係を持ってくるのが、CSRすなわち企業の社会的責任の議論であり、さらにSDGsとESGあるいはESG投資の問題である。したがって、ビジネス法務を「学」としてとらえるならば、必然的にSDGsとESGを考察しなければならないということになろう。

　本書では総論で繰り返し詳論するが、考えるべきポイントは、SDGsやESGは、出来上がったルールではなく、これからのルールを創る「課題」な

のであるということである。したがって、これは既存のルールを論じる解釈学中心の法律学では対処しきれない。そして、SDGsの目指す、地球規模の持続可能性こそは、ビジネス法務学が第一義として重要視しなければならないものなのである。それが、SDGs・ESGとビジネス法務学の必然的結合の本質なのであって、そこを追究することが、とりもなおさず、ビジネス法務学の、既存の法律学に対する独自性（さらに言うならば優位性）につながる、と考えるわけである。

さらにいえば、いわゆるCSR（企業の社会的責任）の議論も、従来の、企業の利潤の社会還元という発想ではなく、企業が顧客等と社会の持続可能性を考えて共生する、というレベルにまで至るべきであり、それもビジネス法務学が論じるところとなるべきである。

それゆえ、たとえばかつてABLについて私が論じた、ABLについての「生かす担保論」[1]（債権者の債権回収のための担保ではあるが、債務者を生かす、つまり債務者の事業を継続させるための担保でもあるべき）という議論も、その観点から再評価されれば有難いし、その他さまざまな企業や市民の営為が、そのような観点から新たな基準で評価し直されるべきと感じる。

総論で述べる「規範的判断力」の考察なども加えて、この100年に一度という変革の時代をリードする、新しい選別基準や評価・推奨基準を立てることが、ビジネス法務学の役割として設定されなければならない。人間社会の持続可能性を探求する学問として、ビジネス法務学のなすべきことは多い。

6　動態を捉えるビジネス法務学の分析手法

上述のことからわかるように、ビジネス法務はそれ自体が「動くもの、変化進展するもの」なのであり、その動態をどうとらえるかが、「ビジネス法務学」の要諦ということになる。解決すべき「課題」も、現在生起している、あるいはこれから生起すると想定される課題なのである。したがって、研究内容が（たとえば技術進歩によって課題が解決されたりすれば）たちどころに不要になっ

---

1)　池田真朗「ABL等に見る動産・債権担保の展開と課題——新しい担保概念の認知に向けて」伊藤進先生古稀記念論文集『担保制度の現代的展開』（日本評論社、2006年）275頁以下（池田真朗『債権譲渡の発展と特例法』（債権譲渡の研究第3巻）（弘文堂、2010年）320頁以下に収録）。

たり陳腐化したりする場合もある。従来の法律学のような判例・学説の積み重ねに（それらを前提にはするが）依拠する学問ではない。

　しかし、だからといって、生起する事象を追うばかりでは、導く解決策はその場しのぎの刹那的なものになってしまう。学問としてのビジネス法務学は、その意味で上記の倫理性や規範的判断力とともに「歴史」を大事にする。ビジネスの歴史の中での施策、ことにその発想の基を探求して、現在あるいは近未来の判断の参考とするのである。その「歴史」は、20年前、30年前の施策であることもあれば、明治維新までさかのぼることもあろう。

　要するに、ビジネス法務学における動態把握は、過去、現在、未来をナベットのように行き来しながら行わなければならないのである（本書第5章の「女性活躍のビジネス法務学」では、その手法を意識的に採用している）。

　ここにおいて、ビジネス法務学の「教育」も、何らかの出来上がった「理論」としての知識の伝達ではないことはもちろんのこと、単なる経験知・実践知の伝達でもありえないことになる。あえていえば、現状分析に際して過去の歴史的データを駆使し、それに基づいて近未来の予測をする教育である。その予測にあたっては、発想力や規範的判断力を涵養することも必要となろう。

　たとえば、「ビジネス民法総合」という科目（武蔵野大学大学院法学研究科ビジネス法務専攻に実在する科目である）についても、そのコアとなる内容はある程度一定していても、扱うトピックスは毎年変わりうるので、シラバス全体は毎年修正・更新されることになるだろうと思われるし、（授業自体が最先端なので）いわゆるテキストや参考文献が整えられない場合もあろう。また授業内容についていえば、どの科目で教えるかは別として、課題発見の手法や問題解決のアプローチ方法なども教授する必要があろう。

7　法律学とビジネス法務学との「素材」の差

　詳細は本書に後述するとして、具体的に法律学とビジネス法務学とで、研究素材、また教える素材にどういう差ができるのかを例示しておこう。そのわかりやすい例、つまり、旧来の法律学では全く教えていないがビジネス法務学では絶対に教えるべきもの、のひとつとして、「供給網」（サプライチェーン）が挙げられる。

「供給網」など、もとより法律と関係がない、という方にはまず指摘しておこう。「供給網」の実態は、「契約の連鎖」なのである。「売買契約」「製作物供給契約」「業務委託契約」「秘密保持契約」などが、川上から川下までつながっているのが「供給網」なのである。その意味では、そもそも民法の債権各論中の契約各論で、非典型契約の一例として説明してもいいものであって、これまでの法律学者が必要性と重要性に気が付いていなかっただけのものであるともいえる。しかも、場合によっては最も川下のメーカーが原材料を海外から買い付けて川上の部品メーカーに販売し、その部品メーカーが出来上がった部品を川下のメーカーに納入するのだが、その部品メーカーはさらに町工場に基幹部品の加工を委嘱し、などという複雑な契約プロセスが存在する。そしてそれらの契約の必然性・合理性は、レアアースの産出など、世界的な地政学とか経済安保の問題につながり、半導体や電気自動車などの国際的生産競争につながっている。しかも、供給網については、いわゆる脱炭素のスコープ3の問題がある。つまり大メーカーの完成品製造に関するCO_2排出量は、その川上の町工場や部品メーカーのCO_2排出量までを加算して算出されなければならないのである[2]。

　そしてビジネス法務学では、それらの全てが守備範囲（研究対象）となる。ビジネス法務学の重要性とダイナミズムがおわかりいただけたであろうか。

8　ビジネス法務学の各論と基本理念

　こうしてみると、ビジネス法務学の各論としての素材は、いわば無数にあることがわかる。筆者が近時発表したものでも、太陽光発電（本書に後述する、FITからペロブスカイトまで）、人権、物流、サブスク契約、研究支援、など、多岐にわたっている[3]。しかも経済学の用語で例えれば、国際政治・経済に関す

---

2)　池田眞朗「供給網のビジネス法務学」会社法務 A2Z・2024 年 10 月号 58 頁以下。

3)　筆者が近時発表したものとして、「太陽光発電ビジネス再考―SDGs とビジネス法務学」銀行法務 21・2023 年 6 月号 1 頁、「懸賞広告のビジネス法務学」NBL1252 号（2023 年 10 月 15 日号）1 頁、「ジャニーズのビジネス法務学」会社法務 A2Z・2023 年 12 月号 66 頁、「『ビジネス法務学』総論と物流のビジネス法務学」ビジネス法務 2024 年 4 月号 126 頁以下、「瑕疵担保のビジネス法務学」「債権譲渡のビジネス法務学」「保証のビジネス法務学」「法定利率のビジネス法務学」「婚姻のビジネス法務学」「サブスク契約のビジネス法務学」（以上 6 点は、会社法務 A2Z の 2024 年 4 月号から 9 月号に連載したもの）などがある。

はじめに　7

るようなマクロ的なものから、個人の生活に関するミクロ的なものまである。これはまさにビジネス法務学の守備範囲の広さを示すものなのであるが、ただ、新しい学問分野を立てるうえでの考え方として、「ビジネス法務学」らしい領域概念を明らかにして、人々に認識してもらう必要があろう。単に「何でもあり」と誤解されてはならない。

　ビジネス法務学が「創意工夫を契約でつなぐ」ことを要諦とし、「広い意味のルール創り」をポイントとする以上、それらを各論の共通要素として示すことが必要と思われる。また、倫理性や規範的判断力の要素や、「持続可能性」への配慮についても明らかにすることが重要である。

　この点について、本書は広い範囲の、また多様な専門分野の読者を想定しているので、ことに法律学以外を専門とする読者のために、若干の説明を加えておこう。「創意工夫を契約でつなぐ」ことを要諦とするビジネス法務学の発想のルーツは、私の専門とする民法学の中の債権法分野、とりわけその中の契約法の分野にある。民法は、全国どこの大学でも最大の単位数を与えられている、私法分野の基本法なのであるが、その中の契約法は、一般の皆さんの法律観とはかなり異なり、条文に書いてあることと違うことをして構わないという性質を持っている（任意規定という）。これは、強制力が弱い道徳的なものだからという意味では全くなく、フランス革命以来の近代市民社会における「個人の意思による自治」をうたうもので、民法の契約法に書いてある規定は、当事者が細かい取り決めをしておかなかったときに補助的に使えばよいルールに過ぎず、当事者は反社会的な内容でなければ当事者間の合意で条文と異なった自由なルール形成をすることができるのである（反社会的なルールについては、民法90条が「無効」つまり法が取り合わないという規定を置いている）。

　それゆえ、急激な変革の時代に「公」の法律が追い付かないのであれば、「私」としての市民間、企業間、あるいは市民と企業の間の、自由なルール創りで課題を解決して行けばよい、と考えるのである。そしてこのビジネス法務学で言う「契約」は、広い意味での自主ルールの形成と考えればよく、業界団体と政府の合意や、国家間の（正式な条約などに至らない）合意や覚書のようなものも含まれると考えていただきたい。

　そして、ビジネス法務学の特徴として最後に挙げるべきは、人の見える、血

の通った学問、ということなのである。これは、いわゆるビジネスの概念と相反するものと思われるかもしれない。しかしながら、ビジネス法務学は、人間社会の持続可能性を、そして人々を幸福にすることを究極の目的とする学問なのである。企業にも、技術者にも、研究者にも、同じ目的を目指すそれぞれのナラティブがあるはずなのである。それを尊重し、丹念に探り出すことが必要である。またそのことが、倫理や規範的判断力などという言葉を絵空事にしない姿勢につながる。ビジネス法務学には「人が見える」。これがビジネス法務学の根底の哲学であるべきと考える。

9　本書の構成

　以上の概要紹介を元に、本書は、これまでの私のビジネス法務学形成に関する主要論稿を時系列に沿って収録する。第Ⅰ部総論とするのが、いわばビジネス法務学総論の形成過程であり、第1章の「ビジネス法務学序説」から始まり、第2章ではSDGs・ESG関係から、第3章では民事立法関係から、とビジネス法務学の内容を形成していき、第4章の「ビジネス法務学の確立とそのハブ構想」が一応の到達点となる。第5章の「女性活躍のビジネス法務学」では、ビジネス法務学の守備範囲の広さをご理解いただきたい。

　次いで第Ⅱ部各論では、ビジネス法務学としての特徴を表す例を選び、国の政策の問題点を示して創意工夫を契約でつなぐ実例（第6章）、変革の時代に対処するイノベーションの要素のはっきり現れているもの（第7章）、法律学の範囲を大きく超えるが国際的に重要なルール創りを論じるもの（第8章）を用意した。

　さらに第Ⅲ部誕生の背景に掲げる論稿は、次に述べるように、実務家教員養成プロジェクトという、ビジネス法務学形成の契機となった事業を解説するものである。ただこれは、単なる背景事情説明にとどまるものではなく、実は法学教育におけるイノベーションが、新しい学問形成のイノベーションにつながったこと、そしていわゆる研究者教員と実務家教員という二つのカテゴリーが、ビジネス法務学においては融合した一つの存在に止揚される様を描くという意味で、この第Ⅲ部は、総論と各論で示したこの新学問分野の意義を深める役割を持っている。

10 消去法から逆転の発想へ

　第Ⅲ部に収録した第9章と第10章は、実務家教員養成プロジェクトに関する論稿なのであるが、実はこれがビジネス法務学を創出する大きな手掛かりになったものなのである。私が開設責任者として2018年に武蔵野大学大学院法学研究科を開いたとき、それを「ビジネス法務専攻」としたのは、いわば消去法であった。研究者育成の法学研究科でも、法曹養成の法務研究科（法科大学院）でもない、第三の道を選んだというのは、第一・第二の道では先行各校に勝てないから選んだのが実情であった。しかし、もともと消去法では、大した成果は望めない。そこにいわば降ってわいたのが、5年の期間で実務家教員養成を考究し実践する、文部科学省のプロジェクトであった。そのプロジェクトを進める中から、ビジネス法務学の構想が生まれるのである。消去法で始まった大学院構築が、思いがけない事業の担当要請から、オンリーワンの新しい学問の形成へつながったのである。さらに第11章は、前2章を受けた書き下ろしで、ビジネス法務学の普及と、それを教える教員の再生産にまで言及した次第である。

11 新しい学問分野の提示

　新しい学問分野を構築して提示するということは、簡単なことではない。もちろん、説明の不十分な点も多いかもしれないし、逆に、ご理解を得たいがためにあえて無用の繰り返しをしているところもあるかもしれない。いずれにしても、ビジネス法務学の課題は次々と見えてくる。本書「おわりに」では、そのうちの喫緊の課題である、AIやデジタル社会への対応を展望して、かつ、一方で市民生活の持続可能性に寄り添う学問であることを再説して、とりあえずの小括としたい。

第Ⅰ部 総論

第1章

ビジネス法務学序説

（本章は、2021年9月に、「武蔵野大学大学院法学研究科博士後期課程の開設にあたって」と副題をつけて武蔵野法学15号に掲載した論考を基礎とし、それに若干の加筆修正を加えたものである。総論は次章以下順次検討を深め、2023年9月発表の第4章に至って一応の完成を見るが、本章は時期的にも思考の初期過程にあることをご理解いただきたい。）

I　はじめに——問題の所在

　武蔵野大学が大学院法学研究科修士課程を創設したのは、2018年4月であった。「新世代法学部」を標榜して、法学部（法律学科、政治学科）を新設したのが2014年4月であり（政治学科は既設の政治経済学部政治学科を承継）、その完成年度を終えたところで、大学院法学研究科を修士課程に限定して開設したわけである。

　その段階で、法学部長・副学長の職にあった私が、開設の責任者として最も熟慮したのが新研究科のコンセプト作りであり、またその「専攻」をどうするかであった。既に同じく私が責任者として担当した法学部法律学科開設においては、このコンセプト作りが一定の成功をおさめたのであるが[1]、法学という伝

---

1)　武蔵野大学法学部（法律学科）のコンセプト創りについては、池田真朗「新世代法学部教育の実践——今、日本の法学教育に求められるもの」書斎の窓（有斐閣、2016年1月号から11月号に6回連載）参照。実際、武蔵野大学法律学科は、1期生の実績とそれに対するマスコミの評価（週刊朝日2017年12月8日号で「奇跡の大学」として紹介）もあり、2018年度の法律学科の入試結果は、延べ総志願者数が、2017年度は1111名であったのに対して、2004名にほぼ倍増し、調査の

13

統分野で、大学院で、学部以上にいわばヒエラルキーが確立している中に参入するのは、決して簡単なことではない。

まず、私はいくつかの選択肢から、専門職大学院としての法科大学院を除外した。周知のように、2004年からの司法制度改革の中で、司法試験の制度・形態を改め（私は当時司法試験考査委員の中の民事系主査として、この新司法試験制度創設に関与している）、法科大学院制度を創設したわけであるが、当時の財界等の目論見は外れ、法科大学院の閉校が続いたのは周知のとおりである。次に、旧来のいわゆる研究者養成の法学研究科（民事法専攻、公法専攻等）については、まさに前述のヒエラルキーが国立・私立有名校の中で確立している法学分野では、いくらスタッフをそろえて新規参入しても太刀打ちは難しい。そこで、私どもは、いわば第三の道として、ビジネス法務に特化した、法学研究科ビジネス法務専攻を開設することとしたのである。

入学者としては、社会人と、学部からの進学者と、留学生をそれぞれ3分の1を理想とした。社会人には短期1年コースも用意した（実際には実務経験があって論文のテーマも持っている方でないと難しいが）。

また、社会人のフレックスタイムを意識して、当初から授業は午前中と夕方以降に置き、午後の3・4限には（土曜日のオムニバス科目の例外を除き）設定していない。さらに2020年度からは、ビジネスマッチング方式と称して、教員と院生の合意で、対面・遠隔等の授業形態を選択できるようにしたので、地方からの入学も可能になった（この方式は、折からの新型コロナウィルス蔓延の対応策としても大変有効であったが、蔓延が収束した後も変更なく継続される）。

実際、初年度からその社会人・学部生・留学生の3グループから1名ずつの入学があり（社会人は短期1年コース）、それぞれ無事修了して、良いスタートを切れたが、その後数年で、入学者人数はまだ伸びず、学部生の入学がなかなか増えないのが課題である。これは勿論、「ビジネス法務専攻」自体の認知度と、その社会的有用性の評価に関係しているのだが、ようやく武蔵野大学の

及んだ範囲で我が国の法学部法律学科の前年比受験者増日本一を達成した。また法学部完成年度の法律学科4期生は、2021年度入学の法科大学院入試で延べ26名の合格者を輩出した（内訳は、一橋大学1名、東北大学2名、慶應義塾大学4名、早稲田大学6名、中央大学8名、東京都立大学1名等である。大学HP公表データ）。

法学部からの進学希望者も増えてきている状況である。その一方で、いわゆる科目等履修生が着実に増えつつあり、しかも他大学院の在籍者が、武蔵野大学大学院の科目を選んで履修してくるという状況が生まれつつある。

そして、武蔵野大学はちょうど 2019 年度の後半から、実務家教員養成のプログラムに参加することになった（文部科学省の「持続的な産学共同人材育成システム構築事業」の中の、社会情報大学院大学を中核拠点校とする「実務家教員 COE プロジェクト」に共同申請校として参加）。これを、学内では法学研究所が担当することになり、法学研究科はビジネス法務の実務家教員養成を一つの柱とすることになったのである（2019 年度と 2020 年度の同プロジェクト実施の報告書にあたる出版物として、池田眞朗編著『アイディアレポート　ビジネス法務教育と実務家教員の養成』[2] がある）。

そして、修士課程の完成年度から 1 年の準備期間を経て、2021 年 4 月から、法学研究科に博士後期課程を開設して、ビジネス法務の研究者と実務家教員の養成に入ったわけである。2020 年 2 月から 3 月にかけて 3 連続で開いたフォーラムは、その開設を記念したもので、テーマは、①電子契約、②担保法制、③高齢社会と法、という、いずれも現代のビジネス法務における、というよりむしろ現代社会における、喫緊の重要問題を選択したものであった（これらのフォーラムについては、武蔵野法学 15 号（2021 年）に再現記録を掲載しているので、本論考はそれら 3 フォーラムをまとめての「解題」にもあたるということになる）。

ただ、真の問題はここからである。器と教育形態・教育方針を整えただけでは大学院博士課程とは言えない。最大の課題は、専攻と称する「ビジネス法務」の「学」としての形成・確立にある[3]。本章では、以下その点に焦点を当てて論じてみたい。

---

2)　池田眞朗編著『アイディアレポート　ビジネス法務教育と実務家教員の養成』（武蔵野大学法学研究所（発売創文）、2020 年）。

3)　実務家教員のパイオニアとも言うべき、東京大学名誉教授の柏木昇氏は、「まず、ビジネス法務の内容が確定していませんね。（中略）みんなでディスカスしながらビジネス法務の教授法を固めて行く必要があると思います」と述べている（池田編著・前掲注 2）『アイディアレポート』38 頁）。

II ビジネス法務学の形成

1 ビジネス法務学形成の第一段階——「資料収集」

⑴ 2019 年度まで

　我が国では、「ビジネス法務」やその類似のものを専攻名とする大学院がこれまで国立・私立に数例あった。ただ、それらによって、「ビジネス法務」が専攻分野として認知され確立しているとは言いがたい。それは、ひとつには「ビジネス法務学」なるものがいまだ十分に形成・確立をしていないところに大きな理由があると考えられる。

　そこで、「ビジネス法務学」の形成にあたって、私がまず試みたのは、問題把握、いわば論文作成の作業になぞらえていえば「資料収集」の段階を経ることであった。

　それが、修士課程開設を記念した 2 つのシンポジウムであった。その第 1 回は 2018 年 12 月に開催した、「ビジネス法務の未来を語る」と題したもので、招待講演には、元知的財産高等裁判所所長の飯村敏明先生をお招きした。個別報告のテーマは、知的財産政策、FinTech、マーケティング法、エンターテインメント法、再生可能エネルギー法、高齢者法と多岐にわたった[4]。第 2 回は2019 年 6 月に、「令和時代の金融法務イノベーション」と題して開催した。この時の招待講演は、中国上海財経大学副法学院長の葛偉軍教授であり、個別報告は、企業担保法、資金調達取引の規制法と促進法、IT インフラと電子記録債権法、日本と中国の信託活用の最新問題、という構成であった[5]。

　そしてさらに 2020 年 4 月からの博士課程開設を記念して、オンラインでの

---

4) 「ビジネス法務の未来を語る」は武蔵野法学 10 号（2019 年）1 頁以下に収録。報告者と報告タイトルを列記すると、池田眞朗「『イノベイティブな法務』を目指して」、飯村敏明「武蔵野大学法学研究科ビジネス法務専攻への期待」、相澤英孝「知的財産政策とビジネス法務」、有吉尚哉「FinTech とビジネス法務」、金井高志「マーケティング法の確立」、水戸重之「エンタメ×ビジネス×法務」、本田圭「再生可能エネルギー法の『再生』」、樋口範雄「高齢者法とビジネス法務」であり、すでに本章後述の問題意識が示されていることがわかる。

5) 「令和時代の金融法務イノベーション」は武蔵野法学 12 号（2020 年）452 頁（横書き 1 頁）以下に収録。報告者と報告タイトルを列記すると、池田眞朗「令和時代の金融法務イノベーション」、粟田口太郎「金融担保法の現代的課題——債権法改正・担保法改正の議論をふまえて」、有吉尚哉「資金調達のための法的ツールと規制法・促進法」、同「最新の IT インフラ発展に即した電子記録債権の新たな活用」である。

3連続フォーラムを企画し、その第1回として、2020年2月2日に電子契約フォーラムを開催し、第2回は2週後の2月16日に担保法制フォーラム、第3回はそのまた2週後の3月2日に、高齢社会のビジネスと法というフォーラムを開催したのである。これらはいずれも、現代のビジネス社会の文字通りのホットイシューである。

以上の2回のシンポジウム（法学部開設時のもの[6]を加えると合計4回になる）と3回のフォーラムの試みによって、ビジネス法務の先端や外延を把握することはできたと考えられる。ただしこれはあくまでも「実態把握」にすぎない。ここから、この収集した「資料」を学問体系に昇華させ確立させることが必要なわけである。

⑵　2020年度から

私は、2021年2月2日に開催した、博士後期課程開設記念の第1回の電子契約フォーラムの開会挨拶において、次のように述べた。

　「私どもは、この3回のフォーラムを通じて、まず現代のビジネス法務の動態を把握したい、そして、研究者教員と実務家教員が一体になった研究・教育体制を構築したいと考えております。そして、そこから向かう次のステージは、ビジネス法務「学」の探求であり、さらには、それを研究し普及させる実務家教員の養成ということになります。

　その意味で、本日は第一ステージから第二ステージへの移行途中と申し上げればよろしいかと思います。本日のテーマは、先ほども申し上げましたように、まさに現代のビジネス法務の動態を把握するのに格好のホットイシューであります。研究者教員と実務家教員が一体になって、そして現場の

---

6) 最初の武蔵野大学法学部開設のシンポジウムは、2014年4月19日に有明キャンパスで開催された「21世紀の資金調達と民事法の役割──中小企業の発展と市民の幸福のために」であり（武蔵野法学1号所収）、第2回の法学部開設記念シンポジウムは、2016年11月26日開催の「グローバル化と法律学──支援と共生」であった（武蔵野法学7号所収）。いみじくも第1回から、ビジネス法務の領域を選択していたわけである（第1回の招待講演者は須藤正彦弁護士（前最高裁判所判事）と北川慎介中小企業庁長官）。また第2回では、支援と共生をテーマにしており（招待講演者はブラジルサンパウロ大学二宮正人教授）、これも、後述のSDGsの取り組みを先取りしたものであった。

実務家も加わって研究すべきテーマであります。

　そして、たとえばこの電子契約は今後どうあるべきか、どういう方向にルール創りがされるべきか、これは一つには私の提唱している行動立法学[7]的発想、どういうルールを作ったら人はどう行動するか、を十分考えてルール創りをすべきという発想が非常に大事なところですし、もう一つには、効率とか使い勝手だけではない、広く長い視野に立った、問題分析やルール創りの哲学とか、理念とかを合わせ考えるべき段階を模索し始める必要もあるところと思われます。

　そしてそういう考察や分析の先に、「ビジネス法務学」の確立があるはずだろうと思っているわけです。したがって、ビジネス法務専攻の大学院を置くこと、しかも博士課程を開設すること、の意味をこのフォーラムを通じて考えたい（以下略）。」

　このように問題意識を提示したうえで、2021 年の 2 月から 3 月の 1 カ月で、電子契約、担保法制、そして高齢社会と法、の 3 つのフォーラムを連続して開催したのである。

2　ビジネス法務学形成の第二段階——本質や独自性の検証

　それでは、以上のように収集した資料から、今度は「ビジネス法務学」についてどういう学問体系を構想するのか。論文執筆に例えて言えば、ここからが仮説の設定とかあらすじの構成という段階になろう。ただ、その学問体系構築の前の段階として、この「ビジネス法務学」の特質や独自性からくるメリット・デメリットを考えておく必要があろう。

　想定されるキーワードは、

「先端性」、「トレンド」、「陳腐化」、「持続可能性」

といったあたりであろうか。

　まず、その中の、長所と考えられるキーワードである「先端性」と「トレン

---

7)　池田真朗「行動立法学序説——民法改正を検証する新時代の民法学の提唱」法学研究（慶應義塾大学）93 巻 7 号（2020 年）57 頁以下（同『債権譲渡と民法改正』（債権譲渡の研究第 5 巻）（弘文堂、2022 年）599 頁以下所収）参照。

ド」について考えよう。当然のことながら、日々進歩するビジネス法務を研究対象とする場合は、その学問は、常に最先端の情報を更新しさらに将来に向けての展開を予測するものでなければならない。過去の歴史の理論化よりも、現在の傾向を分析して未来を予測する作業が求められよう。

しかし、その性格は、「陳腐化」と表裏一体の関係にある。この「陳腐化」が、短所となるキーワードである。

これは、2020年に開催した意見聴取会でも明らかになったところであるが[8]、ビジネス法務の先端性は、逆に言うと、例えば実務家から教員になった場合、自分の持っている現場の知識は比較的短時日に陳腐化することを意味している。研究科の教育内容についても同様で、毎年同一のカリキュラムで同様な内容を教授していてはいけないのである。したがって、教員側の知識・経験も、カリキュラム内容も、適切に更新して行かなければビジネス法務教育は長続きしない。いわゆる「持続可能性」の問題が、一般の研究者養成の法学研究科よりもはるかに重要な課題となるのである。

ただ、ここで考えるべきは、最後のキーワード「持続可能性」の意味である。そもそも「陳腐化」して持続性がないというのは、教える内容が単なる技術やノウハウに過ぎないからではないのか。もっと積極的に「課題」を解決する動態的な「学問」として構築できれば、次々に課題を解決していく蓄積の学問として持続可能な形で成立するのではないか。さらに言えば、現代でより問題にすべきは、この人間社会の持続可能性なのであって、それを追究することを第一義に考える学問はできないのか。それらの検討が今後の課題となろう（この点は以下の4でも再論する）。

3　ビジネス法務学に必要な要素

以上の考察から、ビジネス法務学に必要な要素が見えてくる。それは、ある意味で逆説的な言い方になるが、ビジネス法務学は、トレンドを追う学問であってはならない、ということなのである。つまり、ビジネス法務自体が変化するのであるから、ビジネス法務学も変化していくのは当然であり、例えばビジネス

---

8)　池田編著・前掲注2)『アイディアレポート』17頁以下所収の、柏木昇氏、石川雅規氏参加の「有識者に聞く実務家教員像とその教育（1）」参照。

法務の現状分析から発展予測を行うなどということは、ビジネス法務学の立派なテーマの一つとなると思われるのだが、いわば無節操にトレンドを追い、先端性を求める行為は、そもそも学問たりえないと言った方が的確かもしれない。

やはりそこに、ビジネス法務を分析・検証の対象とし、社会の動態の中でのビジネス法務のあるべき方向性を探究するための「理念」が必要不可欠なのではないかと思われるのである。

4　ビジネス法務学形成の第三段階──「理念」の探究

ではその「理念」はどのように探究し確立していくべきなのであろうか。研究論文の執筆になぞらえていえば、ここが「本論」の重要なポイントになる。

そのひとつの導入点は、SDGs と ESG のビジネス法務学への取込みにあると私は考えている。それは決して、国連の掲げた目標に迎合するような話ではない。具体的な例示をしながら考えよう。

かつてある著名な学者が、「しょせん金融は虚業ですから」と言うのを聞いて、私は、金融が虚業ならば研究するに値しないと強く反発を感じたことを記憶している。たまたま、2020 年の春先からの新型コロナ禍は、ある意味でビジネス法務、とりわけ金融法務の本来の使命を再認識させたように思われる。金融は、技術の問題ではなく、世の人々の幸福、もっと言えば生存、のための手段なのである。金融法務はそれを確実適正に実現するものとして貢献しなければならない。金融を筆頭にして、ビジネス法務全般が、技術や技巧によってより大きな利潤を追求する手段だと考える向きがあれば、それは大きな誤謬というべきである。

以下にはいくつかの個別テーマを挙げつつ、今後の金融法務の新しいステージを展望してみよう。キーワードは、「SDGs と ESG からの発想」である[9]。

たとえば、中小企業の資金調達に使われる、ABL（Asset based Lending、動産・債権担保融資）について、私はかつて「生かす担保」論というものを提示したことがある[10]。ABL は、わが国では 2005 年から行われるようになった、

---

9)　以下の記述は、池田眞朗「今後の金融法務の展望──SDGs と ESG の発想を入れて」銀行法務 21・872 号（2021 年）の巻頭言に述べたことと一部重複する。

10)　池田真朗「ABL 等に見る動産・債権担保の展開と課題──新しい担保概念の認知に向けて」（初

20　第 I 部　総　論

売掛金や在庫動産を担保に運転資金等を融資する取引であるが、このところの低金利の継続のなかで、在庫評価や取引先チェックなどの手間とコストがかかるために、ABL は数字が伸び悩んできた。しかし、基本的に ABL は、優良な製品を造り、優良取引先を持つ中小企業が恩恵を受ける融資形態である。株や社債での資金調達が難しい中小企業でも、製品が優良で、納入先の業績が確かであれば、すでに担保設定できる固定資産たる土地建物がなくなっている場合でも、流動資産としてのその在庫動産や将来の売掛債権を評価して、それらを担保に融資を実行できれば、当該企業は運転資金が得られ、活動が継続できる。つまりその場合の動産・債権の担保は、融資者たる債権者がすぐに換価処分するためのものではなく、当該企業の生産活動を支援し継続させるためのものなのである。したがって、この場合の担保は、債権者のためばかりでなく、債務者つまり被融資者のためにもなっている担保である、というのが、私の「生かす担保論」の要諦であった。

つまりこのようにして、たとえば地域金融機関は、残すべき地場産業を支援することによって、地域経済を維持し発展させることが、結局自らの経営維持につながる。この ABL の発想が、SDGs の持続可能性の考え方と共通するのである。

さらに言えば、最近は発注段階で売掛債権を電子記録債権にして、債権者たる納入企業がより早期の資金調達を図るスキームが現れているが、これも、電子記録債権を発出する第三債務者（大企業であることが多い）にしてみれば、（電子記録債権は手形以上に支払の確実性が保証される債権であるので）それだけ厳格な支払義務がより早期に発生してしまうことになる。しかしここでも、その第三債務者の協力の姿勢が、業界全体の持続可能性につながると考えるべきなのである。

すなわち、これからの金融実務は、すべてのステークホルダーが持続可能性を自分事と考えて協力しなければ維持発展が望めない状況にあると考えるべきである。

企業にとっての ESG に配慮する考え方も同様である。ESG 経営も ESG 投

出は 2006 年の伊藤進先生古稀記念論文集『担保制度の現代的展開』275 頁以下、池田『債権譲渡の発展と特例法』〔債権譲渡の研究第 3 巻〕（弘文堂、2010 年）320 頁以下所収）。

資も、決して企業のイメージを整えるだけのものではない。大企業の場合も、利益幅で動くのではなく、何が地球規模の持続可能性を考えた場合に注力すべき取引かを考えるべきであろう。

　たとえば、このような観点からビジネス法務のあり方と方向性を考えることは、ビジネス法務学の一つの重要な役割ではなかろうか。つまり、ビジネス法務における「理念」や「哲学」を考えることが——そしてもちろん、机上の空論に陥らず、それと企業活動のバランスを考えることが——ビジネス法務学の大きな使命ではないかと思うのである。

5　ビジネス法務学の考えられるメニュー

⑴　ビジネス法務の発展予測

　ここで、理念論ばかりでない、プラグマティックな側面もいくつか考えてみたい。たとえば、ビジネス法務の発展予測という観点を設定すると、国内的には、ビジネス法務にかかわる法改正や新法制定に関与することが考えられる。2021年の日本国内でいえば、担保法制の見直しの議論が進んでいる。先にふれた博士課程開設記念フォーラムの第2弾で担保法制を扱ったのは、まさにそのような観点からの選択であった。同様に国際的なビジネス法務の発展予測といえば、たとえば、日米、日中の比較法——ことに新法や新規の取引スキームの研究——などが挙げられよう。武蔵野法学11号（2019年）に特集した、「中国電子商取引法の研究」[11]は、まさにそのような観点から、中国での新法を対訳で紹介した上で武蔵野大学のスタッフと中国の研究者の論考を掲載したものである。さらに日米の比較法についても、武蔵野大学法学研究科では、樋口範雄教授の信託法や宍戸善一教授の会社法など、最先端の問題状況を分析できるスタッフをそろえていた。

---

11)　「中国電子商取引法の研究」は武蔵野法学11号（2019年）358頁（横書き1頁以下）所収。論考タイトルを列記すると、銭玉林「電子商取引経営者の義務と責任」、趙万一「電子商取引における定型約款の法的問題」、金安妮「中国における電子商取引法の制定——立法過程の概観と日本法への示唆を踏まえて（日中対訳〔仮訳付〕）」である。なおこの特集は、後に朱大明「中国におけるデジタルデータ越境移転の規制」、松本恒雄「日本法から見た中国電子商取引法——消費者保護を中心に」など、日中の学者による7論考を加えて、池田眞朗＝朱大明＝金安妮編著『中国電子商取引法の研究』（商事法務、2022年）として出版された。

(2)　高齢社会に対応するビジネス法務の掘り起し

　ビジネス法務の状況を客観的に分析するだけでなく、現代の社会状況を見据えて、あるべきビジネス法務をいわば積極的に「掘り起こす」こともビジネス法務学のミッションに含まれるであろう。たとえば、高齢者を支援し高齢社会の適切な発展を可能にするビジネス法務の探究である。上述の博士課程開設記念フォーラムの第3弾で高齢社会と法を扱ったのは、まさにそこまでの視野を持っての選択であった。この分野では、（先述の、ABL における中小企業支援と地域経済の発展の発想をこの問題に置き換えると）今後、高齢者に対するサービスの提供という観点から、ビジネス法務学と地方自治体と福祉関係企業等との産官学連携も重要になろう。

(3)　SDGs の観点からして適正に発展すべきビジネス法分野の探究

　さらに、問題をよりマクロ的に地球規模で考えた場合に、ビジネス法務が適切な形で発展しなければならないと思われる分野の探究も、ビジネス法務学に課された使命と思われる。たとえば、再生可能エネルギーに関するルール形成とそれに関するビジネス法務の形成である。再生可能エネルギーは、地球規模で長期的視点に立って見た場合、適正に活用を増大させなければならないものと言えるであろう。しかしながら、排出権取引等、整序すべき問題は多いし、国の政策に安易に乗ろうとする、利潤追求だけを考えたビジネスが生まれやすい。たとえば、一時太陽光発電関係が ABL の統計でかなりの割合を占めたが、これは政府の買取り事業の「設定」にいわばつけ込んだ事業者もあったものと思われ、私は評価できなかった。再生可能エネルギーの活用とそのルール創りは、真摯に向き合うべき重要テーマであり、その整序にあたっては、まさに先述のビジネス法務学の「理念」に基づく発言が問われるところと考えるべきであろう。

　このように見てくると、ビジネス法務学は、ビジネス法務の現状を分析するというだけでなく、受け身でない、自ら発信する姿勢までが問われるものであるように思われる。あるべきビジネス法務学の模索・探究は、かなり奥の深いテーマであると認識すべきである。

第1章　ビジネス法務学序説　23

6 実務家教員の優位分野（あるいは研究者教員との協働の必要な分野）の探究とビジネス法務学の関連

私は先にも一部を紹介した電子契約フォーラムの開催挨拶の中で、「つまり、今日のテーマは、学理があってその応用で実務がある、などというレベルの話ではなくて、お話を聞いていただけると実感できると思いますが、実務が先導して学理を引き出す。いわば実務が学理よりも主要かつ決定的な地位にあると言っても良いテーマだと私は思っておりまして、こういう分野でこそ、ビジネス法務学というものが構築される必要があると思っているわけであります」と述べている[12]。

ビジネス法務学が先端の実務を対象とするものであることは、必然的に、学理がその実務を後追いする場面が出てくる。そのような場面では、当然、実務の最先端を経験として持っている実務家教員が優位に立つ。また、研究者教員においても、国の審議会・研究会等でのルール創りに関与しているような人材が、研究のイニシアチブを握りやすいことになる。

実際、自らの例を挙げて恐縮だが、前述の中小企業向けのABLの研究では、債権譲渡登記や動産譲渡登記の制度の創設にかかわった私と、実務で我が国のABL取引を実際の第一号から牽引した、故・中村廉平武蔵野大学法学部教授（商工中金出身）とのコラボによって進展させた時期があった[13]。また今回の電子契約フォーラムで扱ったテーマについても、同様に、電子記録債権法の立法に関与した私と、それを電子契約に活用する取引スキームを開発している小倉隆志武蔵野大学特任教授（独立系電子債権記録機関の創業者で現在リーテックス社社長である起業家）のコラボが進行中である。つまりこのように、ビジネス法務学は、旧来の大学研究者のみの力では十分な進展が見込めず、その意味での人的な産官学連携が必要な分野なのである。

そうすると、ビジネス法務学の形成においては、ファカルティメンバーに実務家出身の（あるいは実務経験のある）教員と、学部から大学院と育ってきた研

---

12) この開会挨拶については、武蔵野法学15号（2021年）386頁以下（横書き21頁以下）を参照。
13) なお、中村廉平教授が運営委員長として設立し運営に尽力した、研究機関の性格も持つABL協会は、現在私池田が理事長を務め、武蔵野大学特任教授の粟田口太郎弁護士（武蔵野大学博士課程開設記念の第2回の担保法制フォーラムを担当）が運営委員長を承継して、官庁の立法担当者を招いての会員解説会等を実施している。

究者教員の両者がいて、そのコラボで研究が進展していくことが最も望ましいことになる。最近、文部科学省が大学教員中の実務家教員の人数や比率を問題にしているのは、その意味では適切といってよい。

7　ビジネス法務専攻における研究と教育のつながり

　実はここにおいて、ビジネス法務専攻における研究と教育がつながる。私は、ビジネス法務における実務家教員は、決して研究者教員の補佐的な役割を与えるべきものではなく、実務家教員がその経験を生かして、研究者教員よりも優位に立てる、そういう実務家教員を育て、またそういう実務家教員が優位に立てる分野を探究し開発すべきであると説いてきた[14]。つまり、一つのファカルティのメンバーとして研究者教員と実務家教員が存在する場合には、それぞれが対等に、その個性と特質に応じて、そのファカルティの中の役割を分担すべきなのである。

8　法学研究科ビジネス法務専攻における実務家教員の養成

　以上みてきたように、ビジネス法務専攻の法学研究科においては、在籍する教員が、他の領域の研究科以上に、研究の陳腐化を避ける努力をしなければならないのであるが、そのことは別の角度から言えば、そのような研究・教育能力を持った人材の適正な再生産ができなければ、ビジネス法務専攻の法学研究科の持続可能性が保障されない、ということになろう。

　幸い武蔵野大学では、先述の実務家教員養成のための「実務家教員 COE プロジェクト」が始まり、これを法学研究科で実践することとなった。そこで法学研究科では、2020 年度から博士課程に「ビジネス法務専門教育教授法」という科目を新設した（その後、院生のニーズに鑑みて、2022 年度からは修士・博士の両課程の共同開講科目とした）。この科目については今後検討を重ね、シラバスの改善等、改良を加えていきたい[15]。

---

14)　池田編著・前掲注 2)『アイディアレポート』161 頁以下に収録した、池田眞朗「大学の教育現場で求められる実務家教員像——大学の学問の変容と実務家教員の新たな役割」の 183~185 頁を参照。
15)　この科目のその後の展開については、金井高志「「ビジネス法務専門教育教授法」における実務家教員による講義」池田眞朗編著『実践・展開編　ビジネス法務教育と実務家教員の養成 2』（武蔵

第 1 章　ビジネス法務学序説　25

9 ビジネス法務実務家教員養成用のテキストについて

　一点説明を加えておけば、先述の実務家教員養成用のテキスト開発も行っている。それが池田編著の『民法 Visual Materials〔第 3 版〕』[16] である。これは、民法の授業の副教材であるが、登記簿の書式や契約書のひな形等を掲載しているものである。

　これ自体は、一般の法学部生や企業法務部員などが利用する、解説付きの資料集とでもいうべきものなのであるが、前述の「ビジネス法務専門教育教授法」では、これを用いて、文字通り「実務家教員が研究者教員よりも優位に立てる授業」の実践を指導している。

　その活用法についてはすでに一部を活字にしているが[17]、たとえば、まずは民法の物権法で言えば、登記簿の読み方、記載のしかた、などを解説して、しかもそれを試験の問題として出すのである。不動産の相続登記の義務化が始まった昨今である。このような知識は必須であろう。また、登記記載事項の出題は、司法書士、土地家屋調査士、宅地建物取引士などの資格試験を目指す学生諸君にも大きなインセンティブを与えると思われる。

　一方債権法でいえば、契約書の読み方、書き方の解説や出題が考えられる。この契約条項はどういう理由で必要なのか、こういうトラブルを防ぐにはどういう条項を入れておくべきか、この条項がないと人は何が困り、どう行動する可能性があるか、などという出題である。これまた、細かい学説を知っていることと、こういう問題が解けることのどちらが社会人として有用かを考えれば、答えは明瞭であろう。別に法務部員になるのでなくても、一般企業に就職した学生に一番必要なのは、いわば「初級法務」の知識であるということは、よく言われるところである。

　実際、学部―大学院と研究一筋で育ってきた学者教員は、契約書の条項作りで取引の相手方とやり合うような経験に乏しい。そうすると、たとえば損害賠

　野大学法学研究所（発売創文）、2022 年）43 頁以下等参照。受講生の報告は池田眞朗編著『実務家教員の養成　ビジネス法務教育からの展開』（武蔵野大学「実務家教員 COE プロジェクト」最終報告・総集編）（武蔵野大学法学研究所（発売創文）、2024 年）279 頁以下にまとめて収録している。

16)　池田真朗編著『民法 Visual Materials〔第 3 版〕』（有斐閣、2020 年）。

17)　池田真朗『民法 Visual Materials』第 3 版の変身――法学教育イノベーションへの一歩」書斎の窓 675 号（2021 年 5 月号）46 頁以下。

償額の予定条項については、事前に賠償額を決めておいたほうが便宜だとは教えられても、相手方との交渉で契約を履行させるインセンティブになるか、逆に自社がもし撤退する場合にどの位のリスクなら覚悟できるか、などというせめぎあいの観点から見ることは教えられないかもしれない。同様に、債権譲渡担保契約の仕組みは教えられても、対抗要件をどういう理由で民法規定ではなく特例法登記で取るのが原則なのかまでは、自信をもって教えられないかもしれない。それらを、実務家教員であれば自らの経験知をもとにこの『民法 Visual Materials』の契約条項例を使って十分に解説できるのである。親族・相続の分野でも、たとえば高齢者支援の実務経験のある教員ならば、いわゆる「終活」のためになすべきことの優先順位などを、同書の資料を使って明瞭に教えられるかもしれない。

　このような意味で、上記教材は、実務家教員が研究者教員よりも文字通り優位に立てる授業を行う上で利用できるものなのである。

10　結びに代えて──「オンリーワンでナンバーワン」という基準

　以上、雑駁であるがこれをもって現状の「ビジネス法務学序説」としたい。ビジネス法務学の探究と確立は、まだその緒についたばかりである。

　ここで最後に言及しておきたいのは、「オンリーワンでナンバーワン」という基準の設定である。

　ビジネス法務専攻では、当然、博士論文の内容も変わってこよう。勿論、従来の研究者養成を目標としないわけではないので、従来型の解釈論中心の論文もありうるが、たとえば実務家教員となることを目的として設定した上での博士論文の場合であれば、企業法務の現場での問題意識を取り上げた論文もあろうし、法律関係の各種士業の資格者であれば、その業務がビジネス法務の中で果たす役割等を論じた博士論文もありうるだろう。さらには、上記の実務家教員養成の「教授法」自体を研究し論文にまとめるものもありうると思われる。それらは、いずれも博士論文として成り立ちうる。ただそこで必要なのは、やはり「オンリーワンでナンバーワン」というレベル設定である。

　たとえば実務経験を積んで博士課程に入った院生が、社会人学部から研究者志望一筋で来た院生を凌駕する、独自の「価値」を持つ論文を書くには、その

経験知の理論化において「オンリーワンでナンバーワン」でなければならないのである。

　要は独自性、多様性の評価である。それを論文に結実させる想像力と創造力の評価と言ってもよい。ここにおいて、ビジネス法務学それ自体のイノベイティブな本質が明らかになる。ビジネス法務学が、ある意味で既存の法律学と最も異なるのは、この、「イノベイティブな要素」を持ち、且つ持ち続けなければならないところにあろう[18]。

　そして、そのダイナミズムを、常に世の中の人々の幸福に奉仕するという理念のもとに維持しなければならない。ビジネス法務学が目指すべきは、学理的に「説明を付けること」ではない。利潤追求の思惑のせめぎあいの中で、いかにして多数のステークホルダーの「共生」を図るかを考え、最終的に、きれいごとではなく、いかにして社会のより多くの人々の幸福を実現しようとするか[19]、にあるのである。

---

18)　筆者が、2018年12月に開催した第1回武蔵野大学法学研究科開設記念シンポジウム（前掲注4）での導入報告のタイトルを「『イノベイティブな法務』をめざして」と名付け、2019年6月に開催した第2回開設記念シンポジウム（前掲注5）の総合タイトルを「令和時代の金融法務イノベーション」と名付けた所以である。

19)　「幸福」は定量化・定性化が難しい概念であるが、その法律学における具体的な探究は、人々の行動態様の理解とそれを勘案したシミュレーションに基づいたルール創りから始まると私は考えている。池田・前掲注7）61頁以下、および98頁注（7）参照。

第 2 章

これからの SDGs・ESG と ビジネス法務学

I　はじめに

　私は、第 1 章 [1] の中の、「4　ビジネス法務学形成の第三段階—「理念」の探究」というところで、「ではその「理念」はどのように探究し確立していくべきなのであろうか。研究論文の執筆になぞらえていえば、ここが「本論」の重要なポイントになる。そのひとつの導入点は、SDGs と ESG のビジネス法務学への取込みにあると私は考えている」 [2] と書いた。本章は、そのような「ビジネス法務学」（と私が称するもの）の視点を基礎に置いて、SDGs・ESG を分析し、そこからさらに「ビジネス法務学」の本質を探究し、その確立に向かおうとする試みである（なお、実際例の分析にあたっては、私の専門である民法と金融法の分野を中心とする） [3]。

1　過去は現在を課題づける——始まりは 1999 年と 2000 年

　本稿執筆時（2022 年末）には、わが国でも SDGs については、教育機関でも広く教えられ、一般市民にもかなり知られるようになっている。一方、ESG については、新聞や経済誌等では頻繁にその関係記事を目にするが、一般への

---

1)　初出は、池田眞朗「ビジネス法務学序説——武蔵野大学大学院法学研究科博士後期課程の開設にあたって」武蔵野法学 15 号 402 頁（横書 5 頁）以下（本書第 1 章所収）。

2)　池田・前掲注 1) 395 頁（横書 12 頁）。

3)　本稿の一部は、筆者が 2022 年 5 月 12 日に大阪弁護士会館での日本 CSR 普及協会近畿支部 10 周年記念講演会にオンラインで行った基調講演「これからの SDGs と ESG——金融法務やビジネス法務学の視点から」に基づいており、記述に重複する部分がある。当日の講演記録として、日本 CSR 普及協会近畿支部設立 10 周年記念誌『10 年のあゆみ』（2022 年）11 頁以下。

浸透度はまだもう一歩というところであろうか。しかしビジネス法務学の立場からは、この SDGs と ESG の両方を結びつけて論じる必要がある。では、少なくとも SDGs は（そして ESG は）なぜこれだけ広く話題になるようになったのか。本章の主題を語るためには、20 世紀最後の時期の国連の試みから述べておく必要があろう。そして、もう一つの主題である「ビジネス法務学」についても、なぜ「学」を付けるのか等を論じてから本論に入ることとしたい。

言うまでもなく、SDGs（持続可能な開発目標：Sustainable Development Goals）とは、2015 年 9 月の国連サミットで加盟国の全会一致で採択された「持続可能な開発のための 2030 アジェンダ」に記載された、2030 年までに持続可能でよりよい世界を目指す国際目標である。17 のゴールと 169 のターゲットから構成され、地球上の「誰一人取り残さない（leave no one behind）」ことを誓っているものであるが、この SDGs 自体が、達成されなかった目標の再チャレンジだったことから述べておかなければならない。

国連としては今回の SDGs の世界的な浸透は、大成功といえるかもしれないが、それは、国連において 2000 年の国際ミレニアム・サミットで打ち出した国際ミレニアム宣言と、それまでに主要国際会議やサミットで採択されていた国際開発目標を統合した、MDGs（ミレニアム開発目標：Millennium Development Goals）があったからなのである。なお、当時の国連事務総長は、1997 年 1 月から 2006 年 12 月まで、コフィー・アッタ・アナン（Kofi Atta Annan）氏が務めていた[4]。MDGs は、2015 年までに達成すべきとされていた世界的目標で、8 つのゴール、21 のターゲット項目からなるものであり、当時 193 の全国連加盟国と 23 の国際機関が、これらの目標を達成することに合意したものであったが、それが達成できなかった部分を中心につくられたのが

---

4) アナン氏は第 7 代の国連事務総長で、国連職員から選出された初めての事務総長である。当時筆者は、1995 年から 2001 年まで、年 2 回、国連の国際商取引委員会 UNCITRAL の国際契約実務作業部会に日本代表として参加して、国際債権譲渡条約の立案に従事していた。毎年、作業部会の会期に合わせて、初冬のウィーン（UNCITRAL の本部はウィーンの UNO City にある）と、初夏のニューヨークに 2 週間ずつの出張を繰り返していたのだが、その何年目かのニューヨーク出張の折、国連本部のメイン会議場前の広い通路スペースに人だかりがしていた。それがアナン事務総長の記者会見が始まるところだったのである。自身の作業部会の休憩時間に通りかかっただけの筆者にも、そこに居合わせた国連職員たちの反応で、このコフィー・アッタ・アナンという人が、職員たちから畏敬の念をもって支持されていることが感じ取れた。その後まもなくノーベル平和賞を受賞するこの人こそ、現代の SDGs と ESG の生みの親と言ってよい。

SDGs に他ならない。

　一方、ESG のほうは、Environment, Social, Governance（環境、社会、統治）という 3 つの単語を並べただけの標語であるが、これは 2006 年にやはりアナン国連事務総長が、機関投資家に示したイニシアティブ（行動指針）である PRI（Principles for Responsible Investment 責任投資原則）の中で、ESG すなわち環境、社会、企業統治の観点を持つことを提唱した、各国の金融業界に共通するガイドラインである。しかしこれにも前身があった。それが国連グローバル・コンパクトである。

　国連グローバル・コンパクト（GC：United Nations Global Compact）とは、1999 年の世界経済フォーラムにおいて、当時すでに国連事務総長であったコフィー・アナンが企業に対して提唱したイニシアチブである。そこでは、企業に対し、人権・労働権・環境・腐敗防止に関する 10 原則を順守し実践するよう要請していた[5]。

　したがって、SDGs は 2000 年の MDGs に端を発し、ESG は 1999 年の GC に端を発している。いずれも国連としては、アナン事務総長の時代からの努力の結晶ということができるのである。

　なお、ここで触れておくべきもう一つの用語に、CSR がある。これは Corporate Social Responsibility で、まさに「企業の社会的責任」ということで、2010 年頃にはわが国の取引社会でもかなり盛んに論議された用語であるが[6]、現代では SDGs と ESG に取って代わられた観がある。

　以上の次第で、ESG は、当初投資家に向けてのガイドラインとして示され

---

5)　たとえば、わが国でも住宅設備機器メーカーのノーリツが、2012 年 12 月、この国連グローバル・コンパクトが定める 4 分野（人権、労働、環境、腐敗防止）10 原則の取り組みに賛同し署名している。

6)　たとえば、2011 年 7 月に、日本 CSR 普及協会近畿支部の第 1 回記念セミナーが開催され（共催が近畿弁護士会連合会、後援が公益社団法人関西経済連合会）、久保井一匡弁護士（元日弁連会長）が「CSR（企業の社会的責任）の今日的意義について」という演題で講演をされている。そこで久保井氏は、現代の社会は政府のみでは社会の利害を適正に調整することが困難になっており、企業が社会の一員として適正な責務を果たすことが社会維持のために不可欠であること、また、企業自身にとっても社会の一員としてその責務を果たすことによって社会から受容され支持され、持続可能な経営が可能になることなどを指摘していた（同支部 HP 参照）。ちなみに CSR についての近時の言及例としては、野路國夫（コマツ特別顧問）「私の履歴書」日本経済新聞 2022 年 4 月 29 日が、同社によるカンボジアの道路や学校建設の話を含めて記述している。

たものが、融資を受ける企業側の姿勢を示す基準として一般化されてきている
という状況があるが、そもそもが CSR のような明瞭な意義のある言葉ではな
いものが、そういう使い方をされているということである。その ESG と
SDGs の二つが、現代では本質的な意味でどうつながるか、ということが問題
になる。

2 10年で変化した地球環境の「切迫度」

　ではなぜ SDGs と ESG はこれだけ広く話題になるようになったのか。やは
りそれは、国連の啓蒙活動（勿論それは非常に貴重なことであったが）の浸透な
どというよりも、最も大事なこととしては、MDGs や GC からの 20 数年、こ
とにこの 10 年程度で、地球温暖化などが進行し、先進国も開発途上国も、持
続可能性を考えることが他人事ではなくなった、というところにあると思われ
る。SDGs も ESG 投資も、ただの御題目の目標ではなく、やらなければ自分
の未来もない、という世界規模の本気度、切迫度が出てきたということが決定
的に大きいのではなかろうか（データ的には、悪化してきた地球環境が、徐々に
修復不可能となる閾値に近づき、それがようやく各国の人々にも認識されてきたと
いうのが適切かと思われる。実際、国連の専門家は 2020 年の段階で、不可逆的な環
境破壊を回避するために残された猶予はあと 10 年しかないと発言している[7]）。

　ただこの点で、2022 年末の時点では、日本の取り組み、および国民の意識
は、世界の、ことに欧米の先進諸国と比較すると、なお遅れているように思わ
れる。後述するように、ESG 投資の進展とそのまやかしの糾弾のシステム等
も、ドイツなどに比べるとかなり未成熟と感じられるのである。

　以上が本章の第 1 の前置きである。ついで第 2 の前置きとしての「ビジネ
ス法務学」に触れたい。

---

7)　2020 年 12 月 3 日に、クリスティアナ・フィゲレス前国連気候変動枠組条約事務局長は、東京大
　　学と韓国の学術振興財団の共催したシンポジウム「東京フォーラム 2020 オンライン」において、
　　「我々が（地球の）未来に影響を行使できるのは、あと 10 年しかない」と述べている。https://
　　www.u-tokyo.ac.jp/focus/ja/features/z0508_00199.html（2022 年 12 月 20 日最終閲覧）。

II　ビジネス法務に「学」はあるか

「ビジネス法務に「学」はあるか」というこの項目タイトルは、つまり、「ビジネス法務」ではない（「ビジネス法学」でもない）「ビジネス法務学」を考えようということである[8]。

「ビジネス法学」といえば、ビジネスに関する法について論じる学問ということになってしまう。つまるところそれは民法や会社法、知的財産法等々についての研究を集めたもので、いわゆる企業取引法や金融法についての学問、ということに帰結してしまうわけである。そうではなくで、世にいわゆるビジネス法務というもの、これも厳密な定義はないが、それに関する学問、を論じたいということである。

ただ、この問題設定は、そもそも「ビジネス法務学」というものがこれまで論じられたことがあるのか、というところから検討を始めなければならない。先述のように、「ビジネス法学」であれば、ビジネスに関係する法律について論じていけばよい。一方、「ビジネス法務」とその教育というと、これまではいわゆるハウツー本や取引のノウハウ等を説くものがほとんどというイメージがあろう。

では「ビジネス法務」についてどう学問的に分析しなんらかの学問体系を構築していくのか。こう考えると、そもそも、これまでビジネス法務は「学」という意識を少しでも持って実践されてきたことがあるのか、という根本の問題に逢着するのである。

このあたりのことも、第1章「ビジネス法務学序説」に課題提示をしておいたのだが、ビジネス法務を「学」として探究することになると、そこでは当然、目先の利潤とか収益とかの指標を超えた、ビジネス法務の理念や、倫理を論じる必要が出てくる。そこに大きな関係を持ってくるのが、まさに CSR す

---

8)　筆者は、武蔵野大学において、2014 年の法学部法律学科新設の責任者として、人選やプランニング等を全面的に担当し、「マジョリティの法学部生のための、ルール創り教育」というものを標榜した。さらに 2018 年 4 月からの大学院開設にあたっては、従来の学理的な研究者養成の法学研究科ではなく、法曹養成のための法務研究科（いわゆる法科大学院）でもない、第三の道として、ビジネス法務専攻の法学研究科を開設した。この開設の趣旨・経緯については、池田・前掲注 1）401 頁（横書き 6 頁）参照。

なわち企業の社会的責任の議論であり、さらに現下の標語でいえば、SDGs と ESG あるいは ESG 投資であるというわけなのである。したがって、ビジネス法務を「学」としてとらえるならば、必然的に SDGs と ESG を考察しなければならないという想定が成り立つ（そして後述するように、ビジネス法務学の立場から様々なステークホルダーの利害を考える場合には、SDGs と ESG の両者をリンクさせて考察することが必須となろう）。逆に言えば、そうしないとビジネス法務「学」というものは確立していかず、ビジネス法務はただ目先の収益・効率やトレンドとノウハウに流されていくものになってしまうと思われる。

ここまでが、本論に入るための序説ということになる。

III　ビジネス法務学から見る SDGs・ESG

1　「持続可能性」の把握

(1)　SDGs の何番？はない

では、以上の問題意識を前提にして、本論に入ろう。本章は、読者として、法律学の研究者以外に、弁護士をはじめとする法律関係の士業の方々や、企業の経営者、企業法務の専門家の方々を想定するものであり、SDGs とその 17 の目標それ自体の説明は不要かと思われる。ただ、最初の小見出しには「SDGs の何番？はない」と書いた。この説明から入りたい。

先述のように、SDGs では、持続可能な世界を実現するための 17 のゴールと 169 のターゲットを設定している。したがって、たとえば大学教育で SDGs を取り込む場合には、各学部学科や大学院の研究科に対して、SDGs の何番に力を入れるのか、などと重点目標を設定させる場合がある。

しかしながら、武蔵野大学のビジネス法務専攻の大学院法学研究科では、開設以来、ことに金融法務に力を入れている[9]。そうすると、これも昔から言われていることであるが、金融というのは、「取引社会の血液」であり、つまり金融はすべての取引に関係する。したがって、金融は結局 SDGs の 17 の開発目

---

9)　実際、武蔵野大学大学院法学研究科は、2018 年の開設時から、4 大ないし 5 大事務所などと呼ばれる弁護士事務所から招聘している客員教授の弁護士の担当で、「金融法特講 1（担保取引・ABL）」「金融法特講 2（FinTech）」という二つの科目を置いている（なおすでに 2014 年の法学部創設時から法学部法律学科には「金融法」を置いている）。

34　第 I 部　総論

標の何番かではなく、全部に関わるのである。その意味で、わが法学研究科の
ビジネス法務専攻では、問題は SDGs の何番に力を入れるか、というところ
にはなく、SDGs の根本理念、発想をどう取り入れるかが問題である、という
ことなのである（ただ、しいて言えば、金融の役割は、後にも触れるように、17
番のパートナーシップというのがそれを表していると思われる）。

(2) キーワードはサステナビリティ

それでは、SDGs の根本理念、発想の具体的な現れがどこにあるかといえば、
持続可能性、Sustainability である。これが（ESG との関連という面からしても）
我々が考えるべき究極のキーワードになる。既に述べたように、SDGs が国連
サミットで採択されたのは、2015 年 9 月であり、その前身の MDGs が採択
されたのが 2000 年である。この間に地球の「切迫度」が明らかに上がったこ
とは既に述べた通りなのであるが、そのサステナビリティ、持続可能性の意義
に多様なレベルの違いがあり、また様々な立場の人々の間にも様々な意識レベ
ルの違いがある。ビジネス法務の用語で言えば、投資家、大企業、中小企業、
消費者、金融機関、地方公共団体等のステークホルダーが、それぞれどのよう
な利害を持ち、サステナビリティをどのように意識しているのかが問題なので
ある。そのあたりを指摘することから問題提起をしたい。

(3) サステナビリティを考える目線──論点の留保

したがって、たとえば世界の飢餓や貧困（SDGs の第 1・第 2 目標）という問
題に直接アプローチすることも非常に重要なのであるが、ここでは金融法務、
ビジネス法務の観点から回り回っての世界のウェルビーイングの実現というこ
とを考えたい。もちろん、その段階で、世界の貧困や飢餓に苦しむ人々に直接
向き合っていないことの限界は認識しておかなければならない。

もっとも、この問題は非常にセンシティブなところがあり、私は、自分の経
験から、最も慎むべきは、「支援」という名の「上から目線」であると考えて
いる。それは、私が 2000 年に初めてカンボジアの法教育支援[10]でプノンペン

---

10) 弁護士を中心とした「日本・カンボジア法律家の会」（別称 JJ リーグ、木村晋介＝桜木和代共
　同代表）による、京都大学の中山研一教授（当時）の刑法教科書と、筆者の著書『民法への招待』

第 2 章　これからの SDGs・ESG とビジネス法務学　35

を訪れて以降、同国との交流の中で強く感じたことである[11]。支援する側とされる側の立場は可変的なのであって、一時は法学教育の面でも人的・物的に危機的な状況にあったカンボジアは、今日では既に学術交流のパートナーになりつつある[12]。

　実際、人間の長い歴史の中では、支援する側とされる側の立場の互換性ということまでを意識するべきなのである。そして、常に相手の立場に立って寄り添う姿勢と、共に生きる「共生」という概念を持つことが大切である[13]。そのような論点を留保したうえで、以下に論を進めたい。

⑷　サステナビリティのレベル

　上に述べた地球規模での視点の問題をさておいて、国内規模で考えても、このSDGsとESGの問題は、大企業目線で考えるか、中小企業目線で考えるかで全く世界が違ってくるということを改めて確認しておきたい。これはSDGsとESGの問題に限らない。

　私は、2012年に出した市民向けの小著の中で、「民法は中小企業の金融法」という話を書いておいた[14]。つまり、大学法学部では会社法などで株や社債による資金調達を学ぶのだが、実は世の中の多くの中小企業は、信用力がないため、株や社債では資金調達はできないのである。そのため不動産に抵当権を設

（税務経理協会）の翻訳・寄贈の活動によるもので、2000年暮れにプノンペンの王立経済法科大学で第一分冊の贈呈式と記念講演が開催された。周知のように、カンボジアでは1970年代後半のクメール・ルージュ（ポル・ポト派）の恐怖政治で最大200万人のカンボジア人が殺戮されたといわれ、その影響で1990年代後半においてもなお法学教育の指導者や教科書が十分でない状況にあった。

11)　たとえば、2000年に初めてカンボジアの現地の郊外の小学校を訪問した際には、寄付するノートと鉛筆を持参すべきだった、と痛切に感じたものだが、2002年に訪問した時には、もう、同国は目覚ましい復興を始めており、少なくともプノンペン近郊では、ノートと鉛筆を持っていくのはいささか失礼と感じる状況になっていた。

12)　ごく最近の状況を示すものとして、池田眞朗〈国際講演記録〉「クメール語最新版『民法への招待』の役割と新しい民法学の提言」武蔵野法学16号（2022年）35頁以下。

13)　武蔵野大学法学部では、すでに2017年に、この趣旨での法学部開設記念シンポジウム「グローバル化と法律学──支援から共生へ」を開催している。このシンポジウムでは、ブラジル・サンパウロ大学からは二宮正人教授（本学客員教授）が参加して講演され、カンボジア関係では、前掲注10）の日本・カンボジア法律家の会のメンバーなどによるパネルディスカッションも実施された（「カンボジア法教育支援──支援から共生へ」武蔵野法学7号（2018年）53頁以下参照）。

14)　池田真朗『民法はおもしろい』（講談社現代新書、2012年）131頁以下。

定しての借り入れや保証に頼っており、これが近年では後述する売掛金や在庫動産を担保とする譲渡担保による資金調達にも展開されるのであるが、これらはすべて、抵当権も保証も動産債権譲渡担保も、全部民法の範疇なのである。したがって、大企業の資金調達で学ぶ会社法も社債法も金融商品取引法なども、中小企業の資金調達ではほとんど使えず、ひたすら民法ばかり出てくることになる。それゆえ、民法は中小企業の金融法、なのである。

⑸　サステナビリティから見たSDGsとESG投資の関係

　ことほど左様に、持続可能性といっても、大企業における安定的経営の志向と、中小企業における生き残りの志向では、「切迫度」が全く異なる。まして、ESGにおける投資家というのは、より効率的な資金投下先を探して行動しており、どういう企業を支援し生き残らせて利益を上げるか、ということを考えている立場であって、自分たち自身はまず当然に生き残る存在なのである。それゆえ、ESGでも「投資」のほうは、極端に言えば、余った資金をどこに振り向けるべきか、というレベルの話でもあって、SDGsとセットにして論じるのは適切か、という側面さえあるということに注意しておきたい。

　もちろん、ESG投資が正しく機能すれば、脱炭素などESGの取り組みを重視する企業が恩恵を受け、温暖化を防ぐ気候変動対策が進み、結果的に地球規模の環境対策が進展して、SDGsの目標達成に寄与する、という連鎖ができることは否定しない。そして、世界の巨大ファンドが、そこへの「資金の出し手」の意識変化を受けて、SPI（責任投資原則）を遵守して、よりESGを重視する企業へ、（企業の規模にかかわらず）投資を振り向ける傾向が示されている[15]のは、好ましいことである。しかし、この「正の連鎖」に便乗するかのようなケースは、批判されなければならない。

---

15)　アメリカの有力投資ファンドブラックストーンは、これまでは上場企業向けが多かったESG重視企業への投資を、今後は2022年からの10年で1000億ドル（約14兆円）を非上場企業にも投じるという（日本経済新聞2022年9月11日（ESGエディター古賀雄大署名記事））。なお同記事では、そういう傾向にともない、排出量開示などに対応できない非上場企業がサプライチェーン（供給網）から外されてしまうリスクも高まっていると指摘されている（サプライチェーンについては本文で後に触れる）。

⑹ 「ESG 債」に一言

　たとえば、わが国でも 2020 年前半の段階で急増した ESG 債というものがあるが、それ（2020 年前半の段階ではほとんどがいわゆる「環境債」である）は、SDGs の立場から端的に言うと、富裕な投資家と富裕な大企業の間の資金のやり取りなのである。大企業が環境や社会の問題を解決する事業をするからといって、そのために使う資金を投資家から集める。事業目標が達成できなかった場合、環境保全活動を目的とする公益社団法人などに寄付をするというタイプのものはまだよいのだが、日本でもかなり多くは、目標達成ができなかったらその場合投資家への償還利率を上げるというタイプのものである。つまり、大企業が環境改善などの目標をうたって資金を集めて、その目標が達成できなかったら融資者が儲かる。私はこれは志において SDGs になっていないと考えている。もちろん、大企業が高額の資金を使って環境改善等に取り組んでくれるのは大変良い事なのであるが、大企業の ESG 債発行は、そもそもその目標をしっかり第三者が認定する必要があり、その結果までフォローして、いわゆる見せかけ ESG をしっかり見つけ出す必要がある。報道によれば、ドイツなどではこういう議論がすでに盛んになっているという。これもいわゆる CSR の最新の課題と言ってよかろう（以上の視点は、わが国で 2022 年度に急増した ESG 債である「移行債（トランジションボンド）[16]」についてもあてはまる）。

⑺　使うべきではない比喩──SDGs と ESG の緊張関係

　上記のことをもう少し敷衍しよう。本稿でこの後扱う金融からの分析に関係することである。ストックホルムにあるレジリエンス研究所は、SDGs の 17 の目標の位置関係を、ウェディングケーキに例えて 3 つの階層に分けた図解

---

16)　国内 ESG 債は、発行が本格化し始めた 2019 年度に比べると 2022 年度は約 4 倍で、2022 年度の発行額は 1 兆 7000 億円で、社債全体の 4 本に 1 本を占め、特に二酸化炭素（CO_2）排出が多い企業が段階的に脱炭素化を進めるための資金に活用する移行債（トランジションボンド）が目立つという（以上、日本経済新聞 2022 年 12 月 19 日記事）。ただ、この移行債は、従来の環境債を発行しにくかった高排出企業が発行するケースが多いのである。したがって、これについても、第三者による明確な「監視・評価」が必要であることはいうまでもない。2022 年の世界全体の ESG 債の発行額は 21 年よりも減っており（前掲日本経済新聞記事）、そのことの分析も（移行債の流行が日本固有の現象であるか等も含めて）必要と思われる。

38　第 I 部　総論

をし、その上に 17 番のパートナーシップを載せている[17]。これは一見わかりやすいのだが、これに対して、どの目標を達成するにもやはりそれなりの資金が必要である、という見地から、中心の一番上に置かれた 17 番のパートナーシップを金融に置き換えると、資金の流れという点では、ウェディングケーキよりもシャンパンタワーのほうがよりふさわしい、という見方もできそうである。

しかしながら、これらの比喩はいずれも使うべきではないのである。何層ものウェディングケーキは、やはり富と豊かさの象徴である。シャンパンタワーに至っては、華美と余剰の象徴になる。そのような比喩は、やはり、貧困をなくし誰ひとり取り残さない、という SDGs の根本の発想に悖るのである。

そしてこの比喩の話の中に、SDGs と ESG の緊張関係があることを指摘しておかなければならない。確かに、SDGs の 17 目標を達成するにはそれなりの資金が必要である。そして、ESG 投資に始まる、上流から下流への資金投下が、下流まで届ききって SDGs の 17 目標が初めて達成できる、というのが現実かもしれない。その意味では、SDGs と ESG は両立し、かつ連携する必要があるといえる。しかし、資金を上流から流す、という出発点に立って上から目線で SDGs を見ること自体が、既に SDGs の根本理念に反するのである。「金融」を媒介して SDGs を論じる場合には、常にその点を自戒すべきであろう。

さらに言えば、人も企業も、利益追求の思惑で行動することは確かなのであって、先述した見せかけ ESG の出現は（見せかけ SDGs の出現さえも）避けられないのである。その意味では、ESG 行動あるいは SDGs 行動の中における自律（より強い表現でいえば相互監視）も必須となる。

2　ビジネス法務学から見る SDGs・ESG の具体例

⑴　サステナビリティから地域活性化、地方創生へ

上述の自戒のうえに、具体的に地域金融の素材で、ビジネス法務学の観点か

---

17)　このストックホルム・レジリエンス・センターのウェディングケーキモデルの図解を紹介するものとして、日本総合研究所 ESG リサーチセンター編著『行職員のための地域金融 × SDGs 入門』（経済法令研究会、2020 年）3 頁。重ねられた三層の丸いケーキのさらに上に 17 番のパートナーシップが来る。

第 2 章　これからの SDGs・ESG とビジネス法務学　39

ら、SDGs と ESG を分析する作業をしてみたい。したがってここでは、論点のブレをなくすために、地域経済のレベルでの SDGs と、企業の行動指針の意味での ESG と、投資家（企業自身も含む）の ESG 投資とを対象にし、かつそれらの要素をしっかり分けて考えたい。

　そうすると、現代の日本でひとつはっきり見えてくるのは、サステナビリティと地域活性化・地方創生の関係である。SDGs と ESG の考え方は、まさにこの観点から分析されなければならないと思われる。日本国内での地域格差を拡大させず、資金の回らないところに回していかなければならない。これは、いささか大袈裟な表現になるが、SDGs でいう、相対的貧困をなくすという課題の思考にもつながるものである。

　では、地域活性化・地方創生はどうしたら実現できるのか。私は、「オンリーワンでナンバーワン」というキーワードを考えている。現代の日本社会は、自由なようで、様々な意味で序列社会となっている。金融業界しかり、大学しかりである。その下位のものが上位のものと同じことをやっていては永遠に追いつけない。そこで、他と違うことをする。発想の転換や、新しい着眼点の発見が必須になる。言葉を変えて言えば、横並びの発想を抜けて、何らかのイノベーションを伴わなければ、地域活性化・地方創生はなかなか実現できないのである。

⑵　金融検査マニュアルの廃止と「創意工夫」

　問題を地域金融の実務にしぼって考えてみたい。金融の世界で言うと、近年の大きな出来事の一つは、2019 年 12 月に、金融庁の金融検査マニュアルが廃止されたことである。もちろん、金融検査マニュアルには、バブル崩壊を受けての業界の適正な発展を指導するという意味はあったのだが（1999 年から実施）、近年は、マニュアルによる規制と発展のバランス取りが難しくなってきたところが見受けられた。たとえば私の専門の関係でいえば、動産担保を活用したいのだが、マニュアルで適格担保と認めてもらえないと発展できないという声があり、それがようやく認めてもらえた、などという現象があったのである。

　この金融検査マニュアルが廃止され、今度はキーワードとして「創意工夫」が軸に置かれることになった。金融庁は、各金融機関に対する規制・管理・指

導から、各金融機関の自主的改善を求める姿勢に（一部であっても）舵を切ったといえる。そうすると、求められたほうには、これまでのマニュアルによる引当て・償却の基準から、自分自身のルールを創るために、一定のレベルのスキルと判断力が必要になる。自己学習能力、自己開発能力の開発が必須となってきたのである。見方を変えれば、金融庁は、今後は金融機関もそういう自助努力をして生き残るべき、という姿勢を取ったとも見られる。

　ここで差が出てくる。行動指針がなくなってどうしたらいいかわからないと思うか、規制がなくなって自由にやれると喜ぶか、という違いである。いずれにしても、中小の金融機関まで、自己学習能力、自己開発能力の涵養・強化が必須となったのである。

⑶　ルール創り能力、コミュニケーション能力、「目利き」能力プラス規範的判断力の涵養

　つまり、各金融機関は、各自で融資基準などのルールを作る必要ができた。けれども、ことに中小の金融機関では、これがなかなか難しい課題である。飛躍を恐れずに言えば、この困難さを感じる根源は、大学までの教育にあると言える。たとえば従来の日本の法学部は、条文解釈を教えるばかりでルールを創れる教育をしていない[18]。ここでは詳細は論じないが、一般論として、わが国の企業その他の組織体の風土の形成に教育の在り方が関わっていることは意識されてよかろう。

　さて、個別具体的に融資基準を発見・設定していくためには、融資先とのコミュニケーション能力が必要になる。そして情報を引き出し、観察し、判断する。つまり従来の表現で言えば「目利き能力」なのだが、現代風にいえば問題発見能力、情報処理能力が必要になるわけである。ただ、本当はこれだけでは足りない。

　ここが肝心なところなのだが、問題発見能力、情報処理能力に、規範的判断

---

18)　それで筆者は武蔵野大学法学部では「ルール創り教育」を標榜して実践しているのだが、ここでいう「ルール」は、法律や条例などに限定されるものではなく、法学部生が卒業して社会人となって入っていく集団（企業、役所等から、町内会やマンションの管理組合等まで）において、その構成員のための最適なルールを形成する能力を涵養することを意図している。さらにいえば、後述のように、企業間でこれまでの取引になかった新規契約を創り上げるのもこの「ルール創り」である。

第2章　これからのSDGs・ESGとビジネス法務学　41

力なるものが加わらなければいけないのである。つまり、なぜその融資をする
べきなのか、わが社の融資基準はこういう理由でこうあるべきなのだ、という、
規範的な考察を含んだ判断力の必要性である[19]。そこでは当然、それぞれの融
資者・融資主体の、見識とか社会を見る目が問われることになる。そして多く
の融資者がそのような観点を持つことが、社会の持続可能性につながるのであ
る。

⑷　ABL の再評価──生かす担保論

　そうすると、私の専門分野では、当然に見えてくるものがある。それが
ABL つまり動産債権担保融資の再評価である。ABL（Asset Based Lending、この
場合の Asset は流動資産を指す）は、米国では 1990 年代から広く行われていた
のであるが、日本では 2005 年に、商工中金が、故・中村廉平法務室長（当時。
逝去前は武蔵野大学法学部教授）を中心に、福岡銀行と組んで第 1 号案件を実施
したものである。中小企業がもっぱら不動産担保と個人保証で金融機関から融
資を受け、それらの担保が尽きると金融機関は手のひらを返したように融資を
してくれなくなる[20]。そこで売掛金と在庫に着目し、これを担保にして、かつ

---

19)　元富士通シニアフェローの宮田一雄氏は、日本経済新聞に、「規範的判断力こそ重要」と題した
　　寄稿をしている（日本経済新聞 2021 年 8 月 3 日朝刊）。職務内容を明確にして成果で評価する
　　「ジョブ型雇用」への移行に際しては、大学院教育を通じて高度な専門性を備えた人材を育てるこ
　　とが重要になるという趣旨の論考であるが、内容は、宮田氏が分科会の会長を務めた、2018 年 10
　　月から 2 年半にわたる、経団連と大学側で作った産学協議会に置かれた、Society 5.0（超スマート
　　社会）時代の人材育成に関する分科会の検討内容の紹介が中心になっている（ちなみに、「超スマー
　　ト社会」という、国側のネーミングは全くわかりにくいが、後述する社会情報大学院大学の川山竜
　　二教授は、これを「（競争激化の）知識社会」と呼ぶ。池田眞朗「「コロナを超える」新しい法務
　　キャリアの学び方──ビジネスマッチング実践型「武蔵野大学大学院」の法務人材育成と実務家教
　　員の養成」池田眞朗編著『アイディアレポート　ビジネス法務教育と実務家教員の養成』（武蔵野
　　大学法学研究所（発売創文）、2021 年）202 頁以下参照）。宮田氏は、協議会の議論に基づいて、学
　　部レベルのリベラルアーツで思考の枠組みを培い、大学院教育で専門性を伸ばすという提言をする
　　のだが、この協議会が、高度専門人材のためのリベラルアーツとして「幅広い知識と論理的思考力、
　　規範的判断力を身につけること」と定義したと紹介して、「これからは「望ましい社会や企業とは」
　　「公正な社会とは」といった判断が避けて通れない。それには一定のトレーニングが要る」と書き、
　　「複雑な社会課題の解決や共通善に向けた新たな価値づくりのためには、論理的思考力に加え規範
　　的判断力が必要なのだ」と説いている（同氏の立論の詳細は、池田眞朗「ビジネス法務教育と実務
　　家教員の養成──本質的法学教育イノベーションとの連結」池田眞朗編著『実践・展開編　ビジネ
　　ス法務教育と実務家教員の養成 2』（武蔵野大学法学研究所（発売創文）、2022 年）8 頁以下参照）。
20)　いささか図式的な表現だが、たとえばこれが池井戸潤原作のテレビドラマ『半沢直樹』の第 1

その中小企業の事業性をトータルに評価して融資をする、これがABLである（当時中村廉平氏は、「流動資産一体担保型融資」と呼んでいた。これの方が実態を的確に表現していると言えよう）。

　そのABLについて私は、2006年に論文を書いて「生かす担保論」を提唱した[21]。つまり、担保は債権者のための回収手段というだけでなく、債務者つまり被融資者をつぶさずに事業を継続させる「生かす担保」でもあるという主張である。そして私は、このABLはそういう意味で、世のため人のためになる取引スキームだと考えて、理論的な支援を続けてきた。さらにその後の論文では、この売掛金と在庫というのは、被融資者の企業努力で変動する「生きている担保」であるということも書いた[22]。

　実際、その2000年代初めの、日本でABLの第1号案件が出た段階で、米国は、売掛金や在庫という流動資産の20％を融資に活用していた、というデータがある[23]。当時は、そんなものまで担保に取るのか、という風潮もあったが、実際に、売掛金と在庫はどのくらいあるのか、という観点から考えてみよう。これもかつて拙著に掲げたところだが[24]、全企業の保有する売掛金の総計は、全企業の保有する土地の総額に匹敵するかややそれを凌駕するくらいある。また在庫の総額は、土地総額のほぼ半分くらいあるのである。それゆえ、これを利用しない手はない。それが私の専門で言う、将来債権譲渡担保と集合動産譲渡担保の話になるわけである。そしてその両者とも、すべて民法の領域の問題である。それゆえ、「民法は中小企業の金融法」といえるのである。

　ただ、一時順調に伸びたABLはその後停滞している。その大きな理由は、もともと融資者にとって利ざやの大きくない取引なので、売掛先や在庫の状態を確認したりする手間がかかったり、ことに低金利の時代が続いて、動産担保評価などをアウトソーシングする費用などがかかると、採算上引き合わない、というところにある。

　クールの設定である。

21)　池田真朗「ABL等に見る動産・債権担保の展開と課題——新しい担保概念の認知に向けて」伊藤古稀『担保制度の現代的課題』（日本評論社、2006年）275頁以下（池田『債権譲渡の発展と特例法』〔債権譲渡の研究第3巻〕（弘文堂、2010年）320頁以下所収）。

22)　池田・前掲注21)『債権譲渡の発展と特例法』348頁。

23)　池田・前掲注21)『債権譲渡の発展と特例法』335頁、336頁注2)参照。

24)　池田・前掲注14)『民法はおもしろい』140頁。

しかしながら私は、現下の状況において、ABL の再評価を提唱したいと考える。今 ABL をおやりください、というのではなく、ABL の理念を再評価していただきたい、ということである。ABL は、債権者が債務者のことも考えてする取引である。たとえば、地域の優良企業なのだが運転資金が回らない、そういう企業をつぶさずに事業を継続させることによって、地域経済の維持・活性化ができる、それがひいては地方の金融機関の経営維持につながる。ここには、相手と共に生きる「共生」の理念があり、持続可能性の配慮がある。つまり ABL は本来、まっとうに仕事をして良い商品を作っている中小企業が救われるスキームなのである。そのような中小企業を倒産させずに営業を継続させることで、地域経済を安定させ活性化させるという連関を是非考えていただきたいのである。

　そしてこの ABL を継続していくためには、金融機関は、一回的な融資ではなく、融資先と付き合い、情報を収集しながら融資額を増減させたりする。つまり一時よく言われたリレーションシップ・バンキングが必要なのである。それをなるべくコストを抑えて実行するには、自行内にコミュニケーション能力、分析力のある人材を育てる必要がある、というわけである。勿論、企業行動であるから、引き合わなければやらない、ということになるのは当然である。しかし逆に、コストを抑える工夫と将来の付加価値を想定してトータルに考えて引き合う、ということで実施する地域金融機関が一つでも出てくれば、まさに他がやらないオンリーワンで創意工夫してナンバーワンを目指す、ということになる。これからの金融は、真似や追随では生き残れない時代なのである。

　いずれにしても、ABL という取引が、現代の SDGs と ESG の発想に合致するものを持っていることは確かであり、私はそういう意味で ABL の再評価を機会のあるごとに書いているが、最近はそれに対する理解、賛同も頂戴しつつある[25]。いわゆるリレーションシップ・バンキングは、まさに SDGs17 番の

---

25)　かつては、2011 年開催の金融法学会第 28 回シンポジウム「ABL の現在・過去・未来——実務と比較法との対話」（報告者代表・中島弘雅慶應義塾大学教授（当時））で、私の「生かす担保論」論を取り上げていただいていた（中島弘雅「ABL 担保取引と倒産処理の交錯——ABL の定着と発展のために」金融法務事情 1927 号（2011 年）72 頁参照）。最近では、官庁の立法資料にも取り上げられ、水野浩児「顧客支援と包括担保法制の牽連性——生かす担保 ABL の考え方の再評価と事業性評価に基づく融資」（『これからの顧客支援・再生実務と包括担保法制』（銀行法務 21・875 号〔2021 年 9 月増刊号〕93 頁以下）などの論考に取り上げていただいている。

パートナーシップなのである。

⑸　事業性評価のシステム化・法制化

　そうすると、ABL は、その企業の活動をトータルに見て担保設定して融資をしていくやり方であるので、企業の事業性評価ということが重要になる[26]。この事業性評価について、法律学者の観点から言えば、その評価をどう可視化・標準化するか、そしてさらに進んで、それをどうルール化つまり法制化するか、ということが重要になろう。そしてこれは、2022 年現在、法制審議会担保法制部会で進めている担保法制の見直しや、金融庁が提唱している「事業成長担保権」などの包括的担保法制の議論につながる。包括的担保法制の新しい創設には、具体的な方策についていろいろ議論もあるところだが、企業の活動や力量をトータルに評価して担保の対象とする発想自体は、ABL からつながる考え方で、非常に適切なものと私は考えている。ただそのような法改正・新規立法論議で最も肝要なのは、実務でしっかり使われる、実務に寄り添った立法ができるか、ということであろう。

Ⅳ　「行動立法学」の提唱

1　「行動立法学」とは

　その法制化、立法化という点については、私は「行動立法学」というものを提唱している[27]。行動立法学とは、管見の及ぶ限り、法律学界で私が初めて提唱しているもので、具体的には、2017 年の民法債権法改正（2020 年 4 月施行）が、現実の問題点の解決よりも学理的な説明の整合性などを重視した面があるということに対する批判から出発している。つまり法の制定や改正は、あくまでも現実の紛争の解決や問題の回避等のために、ひいては人々の幸福のためにするのであって、それぞれのルールは、どういう人々のどういう利益を考えた

---

26)　事業性評価については、水野・前掲注 25）等参照。
27)　池田真朗「行動立法学序説──民法改正を検証する新時代の民法学の提唱」法学研究（慶應義塾大学）93 巻 7 号（2020 年）74 頁以下（池田『債権譲渡と民法改正』〔債権譲渡の研究第 5 巻〕（弘文堂、2022 年）第 29 章 599 頁以下に所収）。

ルールであるかをしっかり考え、こういうルールがないと人はどう困り、また
こういうルールを作ると人はどう行動するのか、というシミュレーションをし
て立法をなすべきと主張するものである。

　この行動立法学の観点からは、立法はその法の対象であり担い手である人ま
たは法人を中心にして考えるべきものとなる。したがって、理論的に優れてい
ても、人々の使い勝手の悪い制度やルールを作ってはいけない。また、この行
動立法学でいうと、取引法の世界では、ルールを詳細完璧に作ると、かえって
実務ではその取引は行われなくなることもわかっている。これは、私は前掲の
「行動立法学序説」にも記述したが、たとえば明治民法制定時の、資金調達の
ための「買戻し」の規定にも見られ（うまみがなくなって、再売買一方の予約と
いう別のルールを使う）、また昭和50年代の仮登記担保法制定の際にも見られ
た現象なのである[28]。

　したがって、立法に携わる者は、条文解釈学に長けた学者だけでは不適切で、
取引の実態を良く知る実務家や、実務に通じた研究者によってなされなければ
ならないのである。つまり法律は（ことに民事法は）、えらそうに「守らせる」
ものではなく、対象であり担い手である人々の「創意工夫」を後押しするフレ
キシブルな要素を持ったものにすることが必要であり、「創意工夫」を止めさ
せるルールにしてはならないのである。

2　規制法と促進法

　そこから、これからの法律は、規制緩和からさらに進んで、取引促進法であ
るべきという話になる。つまり、法律（ルール）には規制法と促進法があり、
促進法的発想が重要であるということをここで述べておきたいのである。

　従来の法律は、ほとんどが規制法であった。しかし、たとえば私が立案から
立法まで関与した法律としては、債権譲渡特例法（現在は動産債権譲渡特例法）
と電子記録債権法の二つは、立派な取引促進法である[29]。債権譲渡特例法は取

---

28)　池田・前掲注27)「行動立法学序説」64頁以下、69頁以下（同『債権譲渡と民法改正』第29
　　章607頁以下、612頁以下）。
29)　池田・前掲注27)「行動立法学序説」83頁以下（同『債権譲渡と民法改正』第29章629頁以
　　下）。

46　第Ⅰ部　総　論

引促進法として大成功の法律と言えるが、資金調達のために多数債権の譲渡を
する際の対抗要件の取り方を、民法の定める、確定日付のある証書による通
知・承諾から、法務局のコンピューターへのデータの登記というやり方もでき
るとして、大幅に使い勝手を良くしたものである。まさに IT 化によって、今
日でいう DX に大幅に貢献した特例法なのである。

　また電子記録債権法は、手形の紙をなくすということでこれも DX に大幅
に貢献した[30]。勿論、電子記録債権法は、手形代替だけがその機能ではなく、
担保活用にこそ真価が見出せるものなのだが[31]、さらに直近でいうと、電子記
録債権は付帯記録事項として契約書それ自体もすべて記録できるので、いわゆ
る電子契約においても、ことに契約書や仕様書を全部添付しなければいけない
建設請負契約の電子契約化などで新たなメリットを生んできている[32]。

　このように、ルールを作って新たな取引形態の発展を支援する「促進法」が
登場してきているのである。この傾向は、先述の、私が提唱する行動立法学の
観点からすれば、法律ことに民事法には、創意工夫を後押しするフレキシブル
な要素が必要であり、これからの法律は意識的にそういう役割も担わなければ
ならない、という主張に合致しており、好ましいものである。

---

30)　全国銀行協会が創設した電子債権記録機関の『でんさいネット』は、まさにその手形の電子記録
　　債権への置き換えを図ったもので、2013 年の業務開始以来、普及にいささか時間がかかっている
　　が、23 年 1 月にはさらなる普及を目指して機能改善を図ると報じられている（でんさいネットの
　　経過については、池田眞朗「「でんさいネット」開業から 1 年、電子記録債権の現状と展望」月刊
　　金融ジャーナル 55 巻 2 号（2014 年）74 頁以下（池田・前掲注 27）『債権譲渡と民法改正』472 頁
　　以下所収）参照）。
　　　なお、全銀協では、2022 年 11 月 4 日に、手形等の「電子交換所」の設置・運営を開始したが、
　　これは、従来、紙の手形等を交換所に運搬して交換決済を行ってきたものを、その手形をイメージ
　　データ化してそれを送受信することによって交換決済が完結するというもので、紙の手形をなくし
　　たわけでは全くない。私見では過渡的な DX という評価であり、政府と全銀協は、2026 年度末ま
　　でに手形・小切手機能の全面的な電子化（つまり紙の手形・小切手の全面廃止）を目指す計画と発
　　表している。
31)　筆者は従来からこの点を力説している。初期のものとして、池田真朗「電子記録債権の普及と展
　　望」月刊金融ジャーナル 52 巻 5 号（2011 年）8 頁以下（同・前掲注 27）『債権譲渡と民法改正』
　　450 頁以下所収）、池田真朗「電子記録債権による資金調達の課題と展望」金融法務事情 1964 号
　　（2013 年）18 頁以下（同・前掲注 27）『債権譲渡と民法改正』455 頁以下所収）。
32)　池田・前掲注 27）『債権譲渡と民法改正』の第 26 章「電子記録債権の活用最前線」（書き下ろし
　　収録）509 頁参照。

3 行動立法学と普及学

そしてここに、もう一段、論じておくべき要素がある。それが、新しいルールを創った場合のその「普及」の問題である。私がすでに 2006 年とか 2015 年に専門誌で論じたところだが[33]、「普及学」という学問分野[34] も存在するものの、わが国ではまだあまり大きな広がりを見せていないように思われる。つまり、わが国では、近年いろいろな分野でオンライン化や IT 化などが進められているが、その普及度が低いままのものやなかなか進捗しないものが多いのである。最近の例で言えば、マイナンバーカードがその一例で、当事者の加入手続きの中で何が煩瑣で普及を妨げているのか、そもそもその制度に加入することによって各個人にどういうメリットがあるのか、等を分析し検討するのも、行動立法学の重要な仕事と言える[35]。

V 付 論——経済学の方向転換

ここで、経済学の観点からの分析を加えておきたい。東京大学の松島斉教授は、「米経済学者ミルトン・フリードマンは営利と慈善を切り離して、慈善事業は個人の寄付に任せておけばよく、経営者は株主の従業員として株主の利益を最大化する受託者責任を負うと主張した。それは強い影響力をもたらすとともに、受託者責任は株価最大化だと曲解されることにつながった。大多数の株主が企業の社会活動を支持しても、一部の株主が株価を最大化する別の活動を支持した場合には、司法の場で多数株主による議決権の乱用に当たると判断さ

---

33) 池田眞朗「債権譲渡登記および動産譲渡登記のオンライン申請——「立法普及学」試論を兼ねて」みんけん 592 号（2006 年）3 頁以下（同・前掲注 21）『債権譲渡の発展と特例法』301 頁以下所収）、同「債権取引の「電子化」とその「普及」の課題——債権譲渡登記と電子記録債権における「普及学」的検証」Law & Technology 68 号（2015 年）19 頁以下参照（同・前掲注 27）『債権譲渡と民法改正』第 24 章 479 頁以下所収）。

34) 普及学についての初期の代表的な文献として、E. M. ロジャーズ（青池慎一＝宇野善康監訳）『イノベーション普及学』（原題は Diffusion of Innovations、翻訳の対象となったのは 3rd edition、1982 年）である。

35) 池田・前掲注 27)「行動立法学序説」91 頁参照（同『債権譲渡と民法改正』639 頁所収）。その他、ここでは詳論しないが、行動立法学では、ハードロー（制定された法律や政令、条例等）とソフトロー（官公庁のガイドラインやそれに基づく業界団体の自主規制ルールなど）の効果の比較の問題も扱う（前掲同所以下参照）。

れた」[36]と書き、「営利と慈善は分離できるとするフリードマンの主張は間違っており、外部性を無視している」[37]と続けている。理論経済学の専門家にここまで言い切ってもらえたことは、私としてはまさに我が意を得たりという思いであるのだが[38]、この記述は、今日のビジネス法務学にとっても、貴重な理論的裏付けを提供するものとなろう。

　なお、松島教授は上記のフリードマン批判に続けて、「この問題点を最初に明確に指摘したのは、日本を代表する経済学者である宇沢弘文だ」と書いて、宇沢弘文の主張した「社会的共通資本」（自然資本、社会インフラ、制度資本の総称）概念を活用すべきと説いている。また、「社会的共通資本に関連する活動として注目されるのは、国連による持続可能な開発目標（SDGs）と気候変動枠組条約締結国会議（COP）だ」と、所論を続けている[39]。ここでは COP については触れる余裕がないが、当時からフリードマンを強く批判していた宇沢は、既に「社会的共通資本」を説いた 1994 年の著作の中で、大気という自然資本を例に取って、温室効果ガスの排出について警鐘を鳴らし、炭素税ないしは環境税などの経済的手段を用いて規制することが望ましいという記述を残している[40]。本稿の冒頭に述べた MDGs の提唱よりも、GC の提唱よりも前の時期である。第 1 回 COP 会議の開催も 1995 年であるから、宇沢の著作はその前年に出版されている[41]。宇沢学説は、今日の地球環境状況の中で、先駆者の

---

36)　松島斉「温暖化対策に新たな視点　世界共通の炭素価格目標を」日本経済新聞 2022 年 9 月 26 日朝刊（経済教室））。

37)　松島・前注 36)。

38)　法学士ではなく経済学士の学位を持つ筆者は、まさに半世紀を少し超える時期になる学部生時代、「費用極小・利潤極大」という近代経済学の基本テーゼを学び、それならばどの企業も公害防止装置をつけたがらないだろうという疑問を持ったことが、民法学へ転身する最大の理由となった。ちなみに筆者が学んだ当時の指定参考書はサムエルソン『経済学』であったが、その後フリードマン学説はいわば一世を風靡したと言ってもよかろう（なおこの議論は、現在の法律学においては、会社法の中での「公益重視型会社」の議論にもつながるが、そこではなおフリードマン型の見解との両論があることは留保しておこう）。

39)　以上いずれも松島・前掲注 36）の日本経済新聞記事。

40)　早い時期の寄稿としては宇沢弘文「地球温暖化を防ぐ」1991 年 1 月 3 日~11 日付日本経済新聞「やさしい経済学」（宇沢『経済と人間の旅』（日本経済新聞出版社、2014 年）238 頁以下所収）、著作は宇沢弘文「社会的共通資本の概念」宇沢弘文 = 茂木愛一郎編『社会的共通資本──コモンズと都市』（東京大学出版会、1994 年）19~20 頁参照。

41)　なお、COP 会議の開催を決めたのは、1992 年のブラジル・リオデジャネイロで開かれた「環境と開発に関する国連会議」（のちに地球サミットと呼ばれる）であり、そこで大気中の温室効果ガ

見解として再評価されるべきものである。

VI これからの SDGs・ESG とビジネス法務学の展望

1 レインボーカラーの利益

　それでは、本章の小括として、これからの SDGs・ESG とビジネス法務学の今後を展望してみたい。

　私が提唱する行動立法学の考え方では、「ルール創り」は、ルール（法律や条例等に限らない広い概念である）を作る側の論理だけでなく、ルールが適用される人々、ルールを使う人々、の側の利益をトータルで考えることが重要であり、それは、SDGs の誰一人取り残さないという考え方とも共通する。ルールが生み出す利益（目的）は地域の活性化さらには債権者・債務者をはじめ、さまざまな多くのステークホルダーの利益でなくてはならない。それを私は、「レインボーカラーの利益」と呼んでいる[42]。現代では、LGBTQ の問題などにも共通することであるが、立場の異なる人々の利益を尊重することが重要で、自分だけよければとか、自分だけは損をしない、などというスキームが通用しない時代になったということを、投資家、大企業、中小企業のいずれもが認識しなければいけない時代が来ているのである。

　それが、これからのビジネス法務学の基本的な理念、発想であるべきであるということをまず述べておきたい。

2 選別の連鎖

　これからの SDGs・ESG はどう進展するか。これは、ひとつには、SDGs・ESG の活動を何らかの基準とした、投資家による大企業の選別、大企業による中小企業の選別、という、「選別の連鎖」が起こると考えられる。さらに消費者による企業の選別、投資ファンドに出資する出資者によるファンドの選別、

　スの濃度を安定させることを究極の目標とした「国連気候変動枠組条約」が採択されている。宇沢の寄稿はそれよりも早い。

42)　この表現は、2022 年 5 月 12 日に、日本 CSR 普及協会近畿支部 10 周年記念企画の基調講演「これからの SDGs と ESG——金融法務やビジネス法務学の視点から」の中で用いている。前掲注3) 記念誌『10 年のあゆみ』23 頁。

という現象も出てこよう[43]。大企業も中小企業も、それに耐えられるように、小手先でない本物の準備をしなければいけない。そこでは、みせかけ ESG 投資を排除する情報開示要求なども問題になろうが、やはり理念や哲学のない追従は見抜かれるようになると思われる。そしてその点の検討・分析にこそ、今後の「ビジネス法務学」が存在意義を持つようになると想定されるのである。

3 人的資本と人材教育（人的資本への投資）

これからの SDGs・ESG の進展について、もう一つ言及しておくべきものが、「人的資本」である。大企業もひいては中小企業も、人件費をマイナスの「費用」から、企業の持続可能性に向けた「資産形成投資」と考える時代が来る、そして ESG 投資は、その一部が人的資本基準でなされるべき時代が来る、ということである。さらには、これは東京大学の柳川範之教授が書いておられることだが[44]、これからの人的資本の考え方は、さらに進んで、企業を主語にしてではなく個人を主語にして、一人一人が自分に対する投資をするべき時代になるという提言もなされている。つまり各人の学び直しというものが必須になる。筆者はこれを、後述する Society 5.0 の知識基盤社会の観点からして非常に適切と考えており、これからの SDGs・ESG の進展は、そういう自覚的な自己への投資をする個人によって支えられるはずと考えている。

4 新しい「契約」によるビジネスチャンス

たとえば、電気自動車の時代を迎え、ガソリンスタンド（石油供給社）は

---

43) 加えていえば、投資家に対する内部の構成員の選別（批判）という現象も起こる。その一例が、全米教職員年金保険組合（TIAA）の構成員である教職員による TIAA とその資産運用部門であるヌビーンに対する非難である。日本経済新聞 2022 年 10 月 21 日朝刊が紹介する英紙フィナンシャル・タイムズのニューズレター「モラル・マネー」10 月 19 日号によれば、教職員のグループが、TIAA の運用資金が化石燃料業界の企業に多く投資されていることを問題視し、自分たちの年金が「グリーンウオッシング（環境対策に取り組んでいるふりをする）行為」に使われていると反発し、19 日には、約 300 人の教育関係者が国連の PRI（責任投資原則）事務局宛てに、TIAA とヌビーンの投資方針を非難する書簡を送ったことが明らかになった。TIAA は、本文に前述した、ESG に配慮する投資を求める国連の「責任投資原則（PRI）」に署名している。記事では、PRI 事務局が調査に入る可能性もあるという。

44) 柳川範之「人間中心の人的資本投資を」（日本経済新聞 2020 年 3 月 15 日朝刊（経済教室））参照。

どうするか。このような問題設定に一つ答える記事が、2022 年の日本経済新聞に見られた。それは、石油供給会社である ENEOS が、電機メーカーである NEC と連携して、NEC がホームセンターなどに充電器を設置し、その充電施設の運営を ENEOS が引き受けるというものである[45]（具体的な契約形態が業務委託なのか経営権の譲渡なのか等は記事からは明確ではない）。欧米では、石油供給会社が充電サービス会社を買収するなどの報道もあるが、この ENEOS と NEC の例は、双方の企業の体制や業態は変えずに、それぞれの持つ利点やノウハウ等を契約で結びつけて、SDGs に対応しつつ win-win を実現する、新しいビジネスモデルの例として注目される。このような、異業種間の新たな契約の開発は、ビジネス法務のこれからの一つのテーマになると考えられ、それに対して適切な示唆を与えるビジネス法務学の存在が必要となると思われる。

5　サプライチェーン全体での責任──企業間の新しい「連結」へ

　2022 年 11 月 1 日の日本経済新聞で、同紙編集委員の小平龍四郎氏が、「ESG が開く「新連結」時代」というコラム[46]を書いている。それによれば、リコーが 2022 年 3 月に、国内約 30 社の主要サプライヤーを集めた「脱炭素に関する ESG 説明会」を開いたのだという。招かれたのは、資本関係はないものの、リコーの部品や素材の調達に重要な役割を果たす非上場の中堅企業だという。記事では、リコー ESG センター所長の阿部哲嗣氏の「サプライチェーン全体への責任が企業の信頼に直結する時代」というコメントが載せられている。一定規模の大企業においては、自社だけでなく、自社へのサプライチェーンを形成する企業群への SDGs・ESG への目配りが必要であり、それが、企業間の新たな「連結」関係を生むということが、ビジネス法務学における、これからの取引社会の新たな検討要素になると言えよう。

　そしてこのリコーの取り組みは、さらに国際的な温暖化ガス排出開示の問題につながる。日本経済新聞 2022 年 11 月 22 日朝刊記事（企業財務エディター

---

45)　日本経済新聞 2022 年 6 月 6 日夕刊の、「ENEOS、EV 充電拡充」「NEC から運営権取得」「4600基」との記事と、同一事案に関する、6 月 7 日朝刊の「ENEOS、EV 転換加速」「NEC から充電網取得」という記事を参照。

46)　小平龍四郎「ESG が開く「新連結」時代」（コラム「一目均衡」）日本経済新聞 2022 年 11 月 1日朝刊。

森国司）によれば、気候変動関連の開示基準を策定する国際サステナビリティ基準審議会（ISSB）は、企業に開示を求める温暖化ガス排出の対象を決めた。それによれば、企業は、自社の排出分だけでなく、サプライチェーン（供給網）の排出分も開示を求められることになった[47]。わが国でも排出開示基準作りにおいて、近い将来にこの国際開示基準に足並みをそろえる可能性もあるかと思われる[48]。そうすると、これからは、サプライチェーン下流の企業にもこの開示要請への対応が求められ（そこで前述の選別の連鎖も新たに生まれる）、その対応を容易にするスタートアップ企業が生まれ、という、新たなサプライチェーンビジネスが形成されることになろう。

　そして先の小平氏の筆は、さらに「市場の関心が向かうのは脱炭素だけではない」として、「サプライチェーンの人権」の問題に及び、小平氏は、「ESG投資の本質は、企業が環境や社会に押しつけてきた様々な負担を足し戻し、内部化し、あらためて企業を評価することにある」と述べ、「環境対策を政府に頼り切り、低賃金と劣悪な労働環境を個人に強いることによって、1株利益を極大化しても持続可能でないことは誰でも分かる」としている。確かにこの労働法的ないしは人権的観点も、（これは従来からのCSRの一つのテーマでもあるが[49]）ビジネス法務学がこれから新たな角度での検討を加えていく必要のある分野であろう。

VII　結びに代えて——ビジネス法務学の確立へ

1　ビジネス法務学の本質

(1)　ビジネス法務学の「持続可能性」

　以上、本章はSDGs・EDGをビジネス法務学の視点から分析し、またその

---

47)　日本経済新聞2022年11月22日朝刊の、企業財務エディター森国司の署名記事「排出開示、供給網分も」「温暖化ガス　国際団体が統一基準」というもので、それによると、自社のオフィスや工場などから直接排出するものを「スコープ1」、他者から供給され自社で消費する電気などのエネルギーに由来する間接排出を「スコープ2」とし、原材料調達や製品使用時など供給網で取引先が排出するものを「スコープ3」として、ここまでの開示を求める、というものである。

48)　前注47) の記事は、日本でのその方向性を示唆している。

49)　たとえば、菅原絵美〈講演記録〉「企業の『ビジネスと人権』の取組みと法律専門家の役割」前掲注3) 記念誌『10年のあゆみ』38頁以下参照。

第2章　これからのSDGs・ESGとビジネス法務学　53

視点からのビジネス法務学自体のあり方を探求してきた。

　長年ビジネス法務専門誌の編集長を務めてきた経験を持つ石川雅規氏は、武蔵野大学実務家教員養成 COE プロジェクトにおける鼎談の中で、ビジネス法務を教える実務家教員自体に陳腐化の宿命があることを指摘している[50]。つまり、実務家が大学教員になって、現場を離れると、それ以降の実務の進展について情報や経験を得られなくなるという弊害である（これを防ぐためには、例えば弁護士の場合であれば大学教員との兼務（弁護士業務の継続）が望ましいし[51]、企業人の場合は、大学教員になってからも企業とのかかわりを維持する、クロスアポイントメント制度[52]の活用などが考えられる）。

　要するに、ノウハウや経験を伝えるだけのものであれば、それは必然的に陳腐化するのである。それではまさに学問としての「持続可能性」がないのである。したがって、わがビジネス法務学はそのようなレベルのものとは明瞭に一線を画さなければならない。

　つまり、ビジネス法務はそれ自体が「動くもの、変化進展するもの」なのであり、その動態をどうとらえて、持続可能な社会の形成を考えるかが、「ビジネス法務学」の要諦ということになる。それは、単なるノウハウや経験のレベルの情報ではありえない。ここにおいて、ビジネス法務学の「教育」も、単なる経験知・実践知の伝達ではありえないということになるのである。

(2)　法律学との対比で見るビジネス法務学の本質

　この、「動態をどうとらえるか」が要諦であるという点において、ビジネス法務学は、既存の法律学のいわば対極にあることになろう。出来上がったルールを分析し教授するのがこれまでの法律学であったとすれば、現状分析と将来

---

50)　石川雅規＝柏木昇＝池田眞朗「〈鼎談〉有識者に聞く実務家教員像とその教育（1）」池田編著・前掲注 19)『アイディアレポート』27 頁以下参照。

51)　一例として、金井高志「「ビジネス法務専門教育教授法」における実務家教員による講義─経験並行型実務家教員としての実務家・研究者教員の立場から」池田編著・前掲注 19)『実践・展開編　ビジネス法務教育と実務家教員の養成 2』43 頁以下参照。

52)　問題提起にとどまるが、赤松耕治（聞き手池田眞朗）「ビジネス法務実務家教員の役割と有用性──IT 関係法の場合」池田編著・前掲注 19)『実践・展開編　ビジネス法務教育と実務家教員の養成 2』168 頁以下の対話参照。

展望の融合、ルールの創造[53]、を目的とするのがビジネス法務学である。ということは、ビジネス法務学は、法律学の「おまけ」や「亜流」であってはならず、法律学からみればその本質的なイノベーションを図るものということになるべきなのである。

　したがって、これから確立されていくべきビジネス法務学は、ビジネス法務の分野を対象とした、「現状分析と将来展望の融合」、「ルールの創造」、をその主たる目的とする学問、となるべきである。

　だだ、それだけでは、取引社会のトレンドを追うだけの軽薄なものになりかねない。そこに、Society 5.0 で求められる「規範的判断力」が加わらなければならないのである。すなわち、動かない理念、倫理、価値基準の追究が必要なのである。そこから、ビジネス法務学は、既存の学問体系でいえば、経営学、経済学、社会学、倫理学、さらには公共政策学等の知見を包摂する形で形成されて行かなければならないことになる。つまり、ビジネス法務学は、これまでの法律学が、まさに法律学の枠内のみで、条文解釈論などに偏していたことに対する、アンチテーゼの要素を必然的に含むものなのである。

(3) SDGs・ESG とビジネス法務学の必然的結合

　そこから、ビジネス法務学が SDGs・ESG の研究と必然的に結びつく理由が明らかになる。SDGs・ESG は、出来上がったルールではなく、これからのルールを創る「課題」なのである。したがって、これは既存のルールを教える（これまでの）法律学には向かない（教えられない）ものである。そして、SDGsの目指す、地球規模の持続可能性こそは、年限を限って達成させる目標ではなく、今後の人類が永遠に追究すべき、不変の理念なのである。そこにこそ、SDGs・ESG とビジネス法務学の必然的結合が見出せるのであって、それは、とりもなおさず、ビジネス法務学の、既存の法律学に対する独自性（さらに言うならば優位性）につながる、というのが私の見解である。

---

53)　ここでいう「ルール」は、法律や条例等に限られるものではない。企業間で新種契約を創設して締結する、などというのもこの「ルール創り」に含まれる。なお、前掲の注8）で触れた、学部での「ルール創り」教育は、ここで大学院法学研究科ビジネス法務専攻の教育につながるのである。

2　ビジネス法務学の展望

⑴　新しいビジネスチャンスに基づく新しいビジネス法務学

　以下には、具体的な実践論を付け加えよう。私は、先述のⅥの「4　新しいビジネスチャンス」のところで述べた、「電気自動車の時代──ガソリンスタンド（石油供給会社）はどうするか」というテーマで、武蔵野大学大学院法学研究科ビジネス法務専攻修士課程の「ビジネス民法総合」の授業を行ったことがある。ガソリンスタンドを経営する石油供給会社の法務部員であれば、充電器を製作する電機メーカーとどのような契約を結ぶのが良いか、という課題を検討する授業であった[54]。そこでは、SDGs に対応する企業行動として、直接に SDGs に資する製品を製造する、などというだけでなく、SDGs によって業務形態を変えようとする（または、変えざるをえない）企業の方向性を、新しい形態の契約によって実現しようとする試みを検討したのである。

　私の上記の「ビジネス民法総合」では、2018 年の法学研究科開設以来、当初は、2017（平成 29）年に公布された民法（債権関係）改正（2020 年 4 月施行）の内容を講じていたが、それはまだ「ビジネス法」の授業であった。最新の法律（あるいはより広い「ルール」）を用いて、社会状況に対応したどのような取引行動を取るか、どのような新規契約を考案するか、というところまで踏み込めないと、「ビジネス法務学」とは言えないのである。

　この観点から、2022 年度の本研究科修士・博士共通科目の「起業ビジネス法務総合」[55]（起業家客員教授等を加えたオムニバス授業）の私の担当回では、単に新しい「製品」や「店舗」づくりによる起業だけではなく、新しい「契約」

---

54)　実際には、先述の実例は、石油供給会社が自社のガソリンスタンドに充電器を置こうとして、消防法の規制があることから思うように進展できず、そこで充電器メーカーが郊外のスーパーやホームセンターに設置する充電施設の運営権を石油供給会社が譲り受けるという契約を考案したケースである。規制法をどう意識しながら新規の契約形態を模索するかという点で、ビジネス法務学の好個の検討事例といえる。前掲注 45）の日本経済新聞の 2022 年 6 月 6 日夕刊と 6 月 7 日朝刊の記事を参照。

55)　ここまでの記述から、法学研究科ビジネス法務専攻において「起業」を教える必然性があることが理解されよう。法律知識をイノベイティブに活用して、新しいルール（契約取引などを含む）を創っていくことこそが、起業の本質なのである。なお武蔵野大学大学院法学研究科では、2020 年度から、この科目について（その後他の修士課程の大部分の科目にも対象を拡大）、武蔵野大学法学部法律学科 4 年生が、科目等履修生として受講できる制度を作り、さらに選抜でその受講料相当の奨学金を与える制度を創設している（奨学金の愛称はキャンパスの名を採った ABC 奨学金〔Ariake Businesss Challengers〕である）。

に基づいた起業もあるということを教えている。そこではまさに、この SDGs（あるいは ESG）に適応した新規契約の創造による起業、が模索されなければならないのである。

(2)　Society 5.0 のビジネス法務学

　ここで改めて Society 5.0 について述べておこう。現代の社会を論じる際には、Society 5.0（超スマート社会）の話から入る社会学者も多い。これは、2016 年に閣議決定された、「第 5 期科学技術基本計画」に端を発する、わが国が目指すべき社会像といわれるものなのだが、「超スマート社会」という国側のネーミングでは、全く何のことかわからない。

　私の提唱している「行動立法学」からすれば、こういうわかりにくいネーミングをした段階で、すでにこの政策の浸透が疑われるということになるのだが、Society 5.0 というのは、狩猟社会が Society 1.0 で、農耕社会が 2.0、工業社会が 3.0、情報社会が 4.0 で、その次の段階の社会ということである。国の説明では、サイバー空間（仮想空間）とフィジカル空間（現実空間）を高度に融合させた、AI を活用する超スマート社会、というのだが、それは必ずしも、情報社会の 4.0 から 1 段階上げるまでの説得的なイメージにつながるものではなさそうである。

　しかしこの Society 5.0 について、社会学者の川山竜二教授（社会構想大学院大学）が興味ある分析をしている。Society 5.0 は、その前の「情報社会」から、さして大きな社会の革命的変化を経ずに登場した「知識社会（知識基盤社会）」であり、この「知識社会」では、必然的に競争が激しくなるというのである。つまり、知識には、境界がない、相続できない、万人に機会がある、上を目指せる、世界が競争相手である、ということで競争が必然的に激化する。そして、知識は陳腐化するので、必然的に生涯学び直しの続く社会になるというのである[56]。

　つまり、最近論じられている、社会人の学び直し、あるいはリスキリングなどというものは、個人の志の問題ではなく、現代社会の構造の問題だということになる。そうだとすると、我々は、世の中の動向がどうなろうと、また新型

---

56)　川山竜二教授の 2020 年武蔵野大学講演より。池田眞朗編著『ビジネス法務教育と実務家教員の養成』（武蔵野大学法学研究所（発売創文）、2021 年）第 7 章 202 頁以下参照。

ウイルスの蔓延などの社会状況がどうなろうと、学びを続けるべき状況にあるということになる。この認識は共有されるべきであろう。そういう時代だから、人は学ばなければならず、学び続けなければならない。

　したがって、ビジネス法務の世界で言えば、サステナブルな企業であるためには、構成員は学び続けなければいけない。それゆえ、企業が人の学びを支援しなければならないのは必然なのである。そう考えると、先述の人的資本への投資は、いわば企業の社会的責任にもなってくる。その場合、企業が企業内教育でそのニーズを達成しようとすることも不可能ではないが[57]、外部の正規の教育機関にそれを委託することも当然増えてくるべきである。数多い大学院法学研究科の中で、ビジネス法務専攻をうたう研究科には、当然その受け皿となる社会的要請があると思われ、またその要請に適切に応える教育内容を提供できなければならない。ビジネス法務学は、そのような意味からも構築・確立される必要があると言えよう。

(3)　小括

　以上検討してきたことをまとめると、これからのビジネス法務学の確立に向けては、①さまざまなステークホルダーの利害を分析し、配慮する視点が不可欠である。②そこでは、SDGs と ESG（または ESG 投資）に対する検討とそれらの取り込みが不可欠である（なお SDGs と ESG 投資などにおける相反する要素は、ビジネス法務学の中で止揚されなければならない）。③動的な状況の中にこそ、ビジネス法務学は存在するので、変化するものと不変であるべきもの（理念、倫理、価値基準など）を共に探究しなければならない。

　もとより、言うは易く行うは難し、であって、以上に列挙したことがらは、なかなか容易に実現できるものではない。しかし我々は、「ビジネス法務学」の「あるべき方向性」を探求しながら、一歩ずつ進化し続けなければならない

---

57)　たとえば、損害保険ジャパンは 2020 年 10 月に企業内大学「損保ジャパン大学」を立ち上げ、全社員から公募や抽選で入学させ、どこからでもオンラインで学べるようにしている。デジタル学部とか、総合経営学部、グローバル学部などと名付けているという（日本経済新聞 2022 年 11 月 28 日特集記事）。ただ、もとより正規の大学ではないので、学士号や修士号が取得できるわけではない。

のである[58]。

　そこで、最後に、現時点で考えられる、ビジネス法務の未来を表すキャッチコピーともいうべきものを挙げておこう。私見ではそれが、「創意工夫を契約でつなぐ」という標語である。この「創意工夫」については、本稿では先に金融庁の方針転換を表す表現として掲げたが、「オンリーワン」を創出するための創意工夫は、これからの取引社会の重要な命題となると考えられる。その「創意工夫」を新種の契約でつなぎ合わせていくのがこれからのビジネス法務の要諦である[59]。そして、その「創意工夫」の内容と、それらをつなぐ新種契約との双方に、「持続可能性」や「共生」という言葉に象徴される、理念や哲学を求めて行くことが、これからの「ビジネス法務学」の在り方であり、使命ではないかと思うのである。

---

58)　今後は、個々の「ビジネス法務」の定義に対応する「ビジネス法務学」を構築していく必要がある。新規分野の「ビジネス法務」を戦略法務と定義して解説する一例として、長島・大野・常松法律事務所カーボンニュートラル・プラクティスチーム編『カーボンニュートラル法務』（金融財政事情研究会、2022年、「カーボンニュートラル法務」の定義は同書3頁）を挙げておこう。なお、筆者自身の「ビジネス法務学」の授業の試行実践例についても、別途活字にしたい。

59)　先に本文で述べた、ENEOSとNECの充電スタンド経営に関する契約はその好個の例である。また、将来のことをいえば、ノーベル賞を受賞した吉野彰氏は、「産業活動に由来する二酸化炭素（CO_2）排出は、政府が温暖化ガス排出実質ゼロを宣言した2050年でも削減が難しい」と指摘し（吉野氏が部門長を務める産業技術総合研究所のAIによる試算）、「削減できない分は、大気中のCO_2を減らせる直接空気回収（DAC）などのネガティブエミッション技術をフル活用することとなり、そうした技術の開発が重要になる」と述べている（日本経済新聞2022年12月24日朝刊が紹介する、同年12月23日開催の「2022特別講演会」での同氏の発言）。まさにこれも近未来社会の「現実」を見越して発想を転換する「創意工夫」であり、将来的にはそのようなDACなどの技術の導入ビジネスや、そういう技術を開発する機関への投資ビジネスが問題になるかと思われる。

第3章

変革の時代の民事立法の
あり方とビジネス法務学

（本章は、2023年2月28日に武蔵野大学有明キャンパスで開催された、同大学法学研究所主催の、中村廉平教授追悼・担保法制シンポジウム「検討！ABLから事業成長担保権へ──中小企業金融の近未来」[1] について、主催者側の同シンポジウム開催の意図と問題意識を述べたものを基礎とし、それに若干の加筆修正を加えたものである。本章に言う「事業成長担保権」は、後に「企業価値担保権」と名称を変えて、2024年6月7日に成立した「事業性融資の推進に関する法律」の中に規定されている。本章では、「事業成長担保権」の表記と関係する注記については、初出（2023年7月出版の武蔵野大学法学研究所叢書第2巻に収録）の際のままとした。）

Ⅰ　はじめに

　担保法制と事業成長担保権の問題は、企業法務・金融法務にたずさわる実務家と、いわゆる民事法学研究者の双方にとっての、現下（2023年上半期現在）の最重要の問題といってもよいものであり、それぞれの立場からの関心や問題意識は多様に存在すると思われる。その多様性を制約する意図は全くないが、しかし、最初に書いておきたいのは、今回のシンポジウムは、「ビジネス法務学」のシンポジウムであって、法律学のシンポジウムではない、ということで

1）　このシンポジウムは、それらを補充する2論稿を加えて、池田眞朗編著『検討！ABLから事業成長担保権へ』（武蔵野大学法学研究所叢書第2巻）（武蔵野大学出版会、2023年）として出版された。なお同叢書第1巻は、池田眞朗編著『SDGs・ESGとビジネス法務学』（武蔵野大学出版会、2023年3月）である。

ある。

　もちろん、筆者が「ビジネス法務学」と称するものと、法律学とは重なる部分も当然あるが、両者はその着眼・発想において、またその本質において、大いに異なるのである[2]。そのビジネス法務学の観点からすると、現下の担保法制の改正論議は、いわゆる法律学の世界からの議論とはまた違った角度からのアプローチがされることをまず提示しておきたいのである。

II　ABL からの発想

　周知のように、2023 年上半期の現在、わが国の担保法制論議は、2021 年 4 月以来、法務省法制審議会の担保法制部会が検討を続けており[3]、パブリックコメント募集を実施する段階[4]に至っている。そしてその中では、新たな包括的な担保制度の検討も提示されている。一方それに対して、2020 年 12 月から事業者を指させる融資を検討してきた金融庁[5]が別途、事業成長担保権についての立法提案を提示しようとしている状況にある。また、中小企業庁もすでに2021 年に提案を出している[6]。筆者らは、武蔵野大学において大学院法学研究

---

2)　ビジネス法務学については、前掲注1）の叢書第 1 巻の巻頭論文としての、池田眞朗「これからの SDGs・ESG とビジネス法務学」1 頁以下、ことに法律学との差異については 30 頁以下も参照（同論文は本書に第 2 章として収録）。

3)　法務省の法制審議会担保法制部会の前段の研究会としては、2019 年 3 月から 2021 年 3 月まで、公益社団法人商事法務研究会に設けられた「動産・債権を中心とした担保法制に関する研究会」（道垣内弘人座長）があった。同研究会は、法務省民事局参事官室が事務局を務める形で、動産・債権担保法制の整備に向けた立法課題を検討し、報告書を商事法務研究会ウェブサイト上に公表している。この内容の適切な紹介・評価を示す優れた論稿として、粟田口太郎「動産・債権担保法制の整備に向けた動きと流動化・証券化取引への影響」SFJ Journal（流動化・証券化協議会会報誌）23 号（2021 年 8 月）1 頁以下がある。

4)　担保法制の見直しに関する中間試案」に対するパブリックコメント募集は令和 5 年 3 月 20 日で締め切られ、担保法制部会では第 32 回会議（令和 5 年 4 月 25 日）以降、「担保法制の見直しに関する要綱案のとりまとめに向けた検討」に入っているようである（法務省 HP 参照：法制審議会担保法制部会第 32 回会議（令和 5 年 4 月 25 日開催））。

5)　金融庁では、「事業者を支える融資・再生実務のあり方に関する研究会」による「論点整理」が令和 2（2020）年 12 月 25 日に出され、「論点整理 2.0」が令和 3 年 11 月 30 日に出されている。令和 5（2023）年初めの段階では、金融審議会「事業性も着目した融資実務を支える制度のあり方等に関するワーキング・グループ」で審議が行われている（堀内秀晃「事業成長担保権と金融実務——資金調達促進の観点から」銀行法務 21・894 号（2023 年）1 頁）。

6)　中小企業庁は、「取引法制研究会」を組織し、令和 3（2021）年 3 月に、「中小企業が使いやすい

62　第 I 部　総　論

科をビジネス法務専攻として開設している立場から、この状況をビジネス法務学の観点に立って分析・検討しようと考えた。

そして、「検証・ABLから事業成長担保権へ」とのネーミングからも明らかなように、その分析の入り口にABLを想定したのである。

ABL（Asset Based Lending、この場合のAssetは流動資産を指す）については、現在、動産・債権担保融資と称されることが多いが、ABLのわが国での第一号を実施した故・中村廉平氏は、「流動資産一体担保型融資」[7]と称していた。

しかしこのABLについては、たとえば事業担保的な考え方との違いについて、「(ABLは)事業キャッシュフローの把握を目指す点で、事業担保による与信と共通する面もある。しかし、ABLは、担保目的物の交換価値に解消されない事業（ゴーイング・コンサーン）の価値を把握することを狙いながらも、他方で、担保として具体的に把握しているのは、事業のライフサイクルの各段階での個別資産としての動産・債権（在庫・売掛債権等）およびその交換価値（換価代金、回収金）に過ぎない[8]。これに対して、事業担保は、文字どおり、事業自体（継続企業価値）を担保として把握することを眼目とする。ここにABLと事業担保の本質的な差異がある」[9]と指摘される。この指摘はもちろん的確なものであるのだが、筆者らの関心はそのような相違点にあるのではない。ABLの理念の、事業成長担保権などの包括担保法制の提案との発想上の共通点にあるのである。

それが、ABLの理念にある、運転資金の回らない中小企業者を支援する、筆者の主張してきたところの、債務者を「生かす担保」[10]の考え方である。か

譲渡担保制度の実現に向けた提案」を公表している。

7) 商工組合中央金庫の平成17（2005）年5月26日のプレスリリース資料 News Release「流動資産一体担保型融資（アセット・ベースト・レンディング）第一号案件を実行――事業のライフサイクルを主眼とした中小企業の資金調達の新展開」参照。なお池田眞朗「ABLと新しい動産・債権担保法制への提言」事業再生と債権管理170号（2020年）1頁も参照。

8) この部分には、森田修「floating chargeの構想とABL」池田眞朗ほか編『動産債権担保―比較法のマトリクス』（商事法務、2015年）433頁が引用されている。

9) 佐藤正謙「事業担保・包括担保の効用と限界――金融実務を踏まえて」金融法務事情2178号（2022年）16頁。本論文は、同弁護士の「事業担保の意義と制度設計」角紀代恵＝道垣内弘人＝山本和彦＝沖野眞已編『現代の担保法』（有斐閣、2022年）325頁以下と合わせて、（実務家と学者の双方の業績を通覧しても、）本書の主題に関する卓越した参考文献と評することができる。

10) 最初に提示した論稿は、池田眞朗「ABL等に見る動産・債権担保の展開と課題――新しい担保概念の認知に向けて」伊藤進先生古稀記念論文集『担保制度の現代的展開』（日本評論社、2006

つて、中小企業の資金調達に関しては、土地・建物に抵当権を設定し、個人保証を徴求し、それらが尽きると金融機関は融資を控え、優良な製品を作っている中小企業でも資金繰りに窮して立ち行かなくなる、という図式があり、わが国のABLは、そのような中小企業に運転資金を提供し、企業活動を存続させるという狙いを持って行われるものが多かった。もっとも、このような融資形態が先行していた米国では、たとえば経営が苦しくなった百貨店の全商品をボローイングベースで評価して融資し、経営が立ち直らなければ即担保実行をして清算するという、スクラップアンドビルド型のABLも多かったようである。しかしわが国のABLは、売掛金や在庫を担保に取っても、その担保は、債務者の企業活動を継続させるためのもので、債権者が即実行して融資金を回収するのではなく、債務者を「生かす」担保として徴求し、融資者（債権者）は債務者の在庫の状況や売掛先の吟味等をしながら融資を継続するという、いわゆるリレーションシップバンキングを行うものとして想定された。

　もとより、融資者にとってその利ざやは大きなものではなく、在庫評価等をアウトソーシングした場合の費用等もあって、最近の低金利の続く状況下では、ABLは金融機関が喜んで採用する取引にはなっていない。しかしながら、ABLの理念は、例えば、優良な製品を作り地場産業を支えているような中小企業を支援して事業を存続させることによって、それが地域経済の健全化、活性化につながり、ひいては地域金融機関にも利益をもたらす、というような考え方につながっていた。少なくとも、この考え方は、ビジネス法務学の観点からは正しいものであり、またこれが、SDGsの観点からも再評価に値するといってよい[11]。

年）275頁以下（池田真朗『債権譲渡の発展と特例法』〔債権譲渡の研究第3巻〕（弘文堂、2010年）320頁以下所収）。その後、池田真朗「ABLの展望と課題——そのあるべき発展形態と「生かす担保」論」NBL864号（2007年）21頁以下（池田・前掲『債権譲渡の発展と特例法』335頁以下所収）に詳論し、池田真朗「ABL——「生かす担保論」後の展開と課題」NBL975号（2012年）32頁以下（同『債権譲渡と民法改正』〔債権譲渡の研究第5巻〕（弘文堂、2022年）406頁以下所収）でフォローしている。

11)　ABLについてのこのような観点からの「生かす担保」論は、金融法関係の学会等でも一定の認知を得ていると考えるが（例として、中島弘雅教授（当時慶應義塾大学教授）の主宰された2011年の金融法学会シンポジウム「ABLの過去・現在・未来——実務と比較法の対話」がある。中島「ABL担保取引と倒産処理の交錯——ABLの定着と発展のために」金融法務事情1927号（2011年）71頁以下参照）、一方、生かす担保論について触れなかった学会報告例として、2022年の金

筆者らがここを出発点として本シンポジウムを開催することにしたのは、まさに、現下の担保法制改正論議が、誰のための、何のための改正を目指しているのかということを検討の基本に置くべきであるという主張の表れであることをまずご理解いただきたい。

III　立法の出発点——法律学とビジネス法務学の違い

　ABL が行われるようになって以降の担保法制に関する研究者中心の論文集としては、まず ABL 協会の中に組織された ABL 法制研究会の成果物として、池田真朗＝中島弘雅＝森田修編『動産債権担保　比較法のマトリクス』（商事法務、2015 年）があげられよう。さらに、法制審議会担保法制部会開始後のものとして、田髙寛貴編著『担保法の現代的課題—新たな担保法制の構想に向けて』（商事法務、2021 年）が挙げられる。ここでは、その後者の冒頭論文である、藤澤治奈「岐路に立つ日本の動産担保法制」[12]に触れたい。この論文は、「I　はじめに」の後が、「II　一元主義か？多元主義か？」「III　刻む担保か？まとめる担保か？」と続いている。藤澤教授が、現代のわが国の担保法学のホープであることは疑いのないところであり、この論稿も優れたものと考えるのであるが、この論文の構成がまさに現代の法律学の「立法」に対するアプローチの仕方を表しているのであって、ビジネス法務学では、こうはならない

融法学会シンポジウム「動産・債権担保法制の近過去・近未来」における、阿部裕介准教授の報告「ABL の機能から見た判例法理の意義」（金融法研究 38 号（2022 年）43 頁以下）がある。阿部准教授は、活字になったものを読む限りでは、報告の中では「生かす担保」の用語を（意図的にかどうかは不明だが）全く用いず、早稲田大学の白石大教授から、「阿部報告では「生かす担保」として ABL を性格づけることについてどのように考えておられるか」という当然の質問を受けている。また阿部准教授はその回答として、「生かす担保」論は、阿部報告がいう「事業保護機能」のほうで受け止めていると回答されているが（前掲金融法研究 74~75 頁）、同准教授の報告における「事業保護機能」は、「他の債権者による個別執行から事業を保護する」機能として説明されている（同 44 頁）。確かに全資産担保には、解体を招くような他の債権者からの個別執行を防ぎ、支援を継続しようとする担保権者による保護のもとで事業を一体として存続させることができるという意味（粟田口太郎、法制審議会担保法制部会第 31 回会議参考人意見資料（https://www.moj.go.jp/content/001393066.pdf）注 3 参照）においては、債務者を「生かす」機能があるということは否定しないが、筆者らの提示してきた「生かす担保」論（上記粟田口参考人の意見陳述はそれを強調している）とはその着眼においてかなりの隔たりがあると言わざるを得ない。

12)　藤澤治奈「岐路に立つ日本の動産担保法制」田髙寛貴編著『担保法の現代的課題——新たな担保法制の構想に向けて』（商事法務、2021 年）1 頁以下。

のである。

　つまり、少なくとも筆者の考えるビジネス法務学では、最初に問題にすべきは、誰のための、何のための立法か、ということなのである。一元主義か多元主義かとか、刻む担保かまとめる担保かとかは、論じる順番は後になる。たとえば、中小企業の資金調達をより円滑にする必要があるならば、あるいは地域経済の活性化を図る必要があるならば、それらのためにはどういうルールを作るべきか、というところから考えるのがビジネス法務学なのである。

　この点で、我々は2017年の民法債権関係の大改正（2020年施行）の反省を思い浮かべるべきである。この改正では、学者中心で議論が進み、学理優先の改正が多くあった。規定の理論的な整合性や学説上の論争の整理などが目立って、実務界や弁護士会から、立法事実（改正すべき具体的な問題点）の希薄さが批判されたりしたのである。この失敗を繰り返してはならない。

Ⅳ　立法担当者の関心事と立法の姿勢

　同様なことは、政府の立法担当者が何に関心をもち、どういう基本姿勢で立法に臨むか、についてもいえる。令和3（2021）年から始まった法制審議会担保法制部会の開始から間もない時期だったと思うが、ある立法関係者が、「債権質という規定があるのにこれを使わずに債権譲渡担保に走るのは好ましくないから債権質を使わせたい」という趣旨の発言をするのを聞いて、筆者は耳を疑った。現在はそのような発言はなくなっているだろうと思う（思いたい）が、民事取引の世界で、為政者が自分たちの作ったルールを「使わせる」という発想自体が適切ではないのである。民事立法の担当者は、法律を「使わせる」のではなく、「使われる」法律を作らなければならない。

　ことに、担保法の世界では、市民は、使い勝手の悪い、あるいはメリットのない、ルールは使わないのである。これは、私が「行動立法学序説」[13]と称した論稿でも明らかにしているところなのだが、民法で言えば、明治民法以来の

---

13)　池田真朗「行動立法学序説——民法改正を検証する新時代の民法学の提唱」法学研究〔慶應義塾大学〕93巻7号（2020年）57頁以下（同『債権譲渡と民法改正』〔債権譲渡の研究第5巻〕（弘文堂、2022年）599頁以下収録）。

いくつかの実証例がある。「買戻し」（民法579条以下）が、民法典の規定が詳細で融資者にうまみがないためになかなか使われなくなり、売買一方の予約（民法556条に基づく）が代替的に使われたとか[14]、昭和の中期以降に流行した仮登記担保と代物弁済予約を組み合わせる融資手法（ただしこれには法潜脱の面もあった）が、昭和53（1978）年の仮登記担保法の施行で全く使われなくなった[15]など、参考となる先行例から十分に学ぶべきである。

V　規制法と促進法

　これも筆者が「行動立法学」の論文に書いたところだが、これからの法律は、規制法ばかりでなく促進法も積極的に作られるべきである[16]。変革の時代にあっては、法律の役割は、市場を規制するだけでなく、新たな取引形態を支援し促進することが必要なのである。ちなみに筆者が立案から立法まで関与した取引促進法としては、平成10（1998）年の、債権譲渡登記制度を創設した債権譲渡特例法（のちに平成16（2004）年に動産譲渡登記制度を加えて動産債権譲渡特例法となる）と、平成19（2007）年の、電子記録債権制度を創設した電子記録債権法がある。

　ここでは詳論を避けるが、前者は、民法467条2項の定める、債権譲渡の第三者対抗要件としての債務者に対する確定日付のある証書による通知が、企業が資金調達のために行う大量債権の譲渡に不便であることから、多数の譲渡情報を磁気媒体（当時はフロッピーだったが現在はUSBやCD-ROM）に入れて申請して（さらに直接の電子申請も可能である）、法務局（東京法務局の一局扱い）のコンピューターに登記するもので、当時は登記の電子化の第1号となったものである。これは現在まで非常に多く使われ、債権譲渡による資金調達を大きく発展させた。またその後に言われるようになった、企業や金融機関におけるIT化、DX化に資するものともなったわけである[17]。

---

14)　池田・前掲注13）論文64頁以下（同『債権譲渡と民法改正』607頁以下）。
15)　池田・前掲注13）論文69頁以下（同『債権譲渡と民法改正』612頁以下）。
16)　池田・前掲注13）論文83頁以下、90頁以下（同『債権譲渡と民法改正』629頁以下、637頁以下）。
17)　なお、債権譲渡通知のIT化・DX化の最近の動きとしては、池田真朗「債権譲渡通知・承諾の

後者の電子記録債権は、民法上の指名債権（2017年民法改正までの表現）でも、手形法上の手形債権でもない、第三の類型の、コンピューター上の記録によって発生し記録によって移転する電子記録債権というものを創設したものである。これは機能としては紙の手形を置き換えることのほかに、指名債権と違って確実なエビデンスがあることから担保活用の適性があり、さらにごく最近では、契約書自体や仕様書なども記録できることから、建設請負契約の電子契約などにも活用されている[18]。

　要するに、現代のルールメイキングは、取引の規制と促進の双方を勘案してなされるべきなのである。

VI　ABL 支援とスタートアップ支援の共通点

　その観点からさらに視野を広げたい。筆者らは、ABLから発想をスタートさせたが、たとえばかなり早い時期から、日本銀行は、ABL支援とスタートアップ企業支援の両者を対象にした融資枠の設定などを試みていた[19]。

　この二つは、実は金融機関が「ある程度のリスクを勘案しながら支援すべき」対象として、共通する性格を持つのである。つまり、融資する側が、安全確実な融資先ばかりを優遇するのではなくて、社会的に有用な製品を生み出したり、市民生活を豊かにする事業計画を実現しようとしている企業を融資者側が見出し、それを支援して、ひいては融資者側の利益につなげるという、融資者側の新世代の「目利き」、「見識」、「創意工夫」が問われるというところで共通点を持つのである。今回の金融庁の事業成長担保権の提案も、そのような視野と射程を考えて設計されているものと筆者は理解している。

　また、そのようなレベルまでの被融資者（債務者）の支援は、それだけ融資者のリスクが上がり、利益見込みが少なくなるのであるから、ひっきょう、

IT化特例と債権譲渡登記・電子記録債権」NBL1206号（2021年）10頁以下、同・前掲注13）『債権譲渡と民法改正』645頁以下。

18)　なお、最近の電子記録債権の活用形態については、池田真朗「電子記録債権の活用最前線——受発注情報活用融資、電子契約、電子帳簿法改正への対応」同・前掲注13）『債権譲渡と民法改正』500頁以下。

19)　日本銀行は2011年6月に中小・ベンチャー企業を対象としたABL等に5000億円の新貸出枠を設定する発表をしている（日本経済新聞2011年6月15日付朝刊記事参照）。

68　第Ⅰ部　総　論

「生かす担保」論の提唱者の理想論に過ぎない、と片付ける向きがあれば、筆者としては、（別稿にも述べたところだが）すでに現代の金融法務は、「すべてのステークホルダーが持続可能性を自分事と考えて協力しなければ維持発展が望めない状況」になっている[20]と反論しておきたい。

Ⅶ　おわりに——変革の時代の民事立法のあり方とビジネス法務学

　本章で私は、民事立法の担当者は、法律を「使わせる」のではなく、「使われる」法律を作らなければならない、と書いた。変革の時代にあっては、この発想は当然ながらより重要となる。つまり、法が市民社会を権威主義的に指導・誘導する、という考え方は、現代においてはもちろん誤りであると考えるが、変化の激しい時代には、さらにこれまでと違った立法の「見識」が問われるのである。

　近時のわかりやすい例を挙げれば、暗号資産（仮想通貨）に対する対応、脱炭素化とそれに対する ESG 投資等に対する対応、ごく最近の Chat GPT 等の生成 AI に対する対応などが好例として挙げられる。

　これらについて、どれをどう規制しどう促進させるか、そもそも法律の形で関与するかしないか、官庁や業界団体のガイドラインなどのソフトローで対処するか、など、選択肢が多様化しており、またそれらに対する対応の速度を上げる必要があり、かつ迅速な対応を心掛けつつ間違ってはいけない、何よりそこに、居丈高ではない形でこの社会を考える理念、倫理観などを含めた判断力がなければならない、などという高度な要請がなされている。

　これらは、ビジネス法務学では当然の検討対象なのだが、法律学の世界で、今、どれだけ意識されているだろうか。

　つまり、変革の時代の民事立法は、構造的に変容しなければならないのかもしれない。担当省庁が、学者を中心にして有識者や実務家を集めて研究会や審議会を開き、原案を作ってパブリックコメントを求める、というプロセスにも、もはや限界が来ているのかもしれないのである。自戒も込めてあえていえば、

---

20)　池田真朗「今後の金融法務の展望——SDGs と ESG の発想を入れて」銀行法務 21・872 号
　　（2021 年）1 頁参照。

そもそも学者が、時代の変化に追いついているか、という大きな問題がある。学理優先と批判された 2017 年の民法債権関係改正は、その限界の予兆であったのかもしれない。改正原案を作るべきは、学者ではなく取引実務の最先端にいる実務家たちであったのではないかという疑問である[21]。

　その意味では、担保法制の改正という現下の課題について、法務省と、金融庁、中小企業庁は、それぞれに担当する職掌が異なり、把握している取引実務も異なる。そう考えれば、担保法制の改正について、各省庁からそれぞれの立法提案がなされた今回の事象は、ある意味、この変革の時代には、当然であり歓迎すべきことなのかもしれないと考えるのである。

　その分、複数の提案を投げかけられた実務側の関与責任も重くなる。かつて筆者は、ある金融機関関係者から、決まれば決まったで対応を考えます、という言葉を聞いたことがある。これはこれからの時代には改めていただきたい対応である。新法施行にともなう契約書の書式の変更一つにしても、それはビジネス上の損失なのである。改正の現実的な必然性が不明なままに実務が不要とも言うべき対応と支出に追われるとしたら、それはあってはならない法改正なのである。

　ビジネス法務学や行動立法学の視点からは、今回の担保法制改正は、わが国の民事立法の、そして取引社会自体の、大きな試金石ではないかと考える。実務側が、「各省庁がいくつも立法提案をして、結果が見ものだ」などという、他人事のように無責任な対応をするのであれば、それは強く批判されるべきである[22]。私見の見るところ、各省庁は、（前例とか旧慣とかの制約はありつつも）それぞれにベストを尽くして、責任を果たそうとしている。直接の立法提案を試みてはいない経済産業省や財務省も、法務省や金融庁の提案の分析検討に努

---

21)　筆者は、「法律は、作ってから解釈を工夫して運用するものではなく、作る前に効果を想定しシミュレーションをして作るもの」との指摘をしている（池田・前掲注 13）「行動立法学序説」61 頁、同『債権譲渡と民法改正』603 頁）。2017 年の民法債権関係の改正では、その観点から見て問題を含むものが多かった。それゆえ立法案素の段階から、実務家中心の参画が望まれるのである。

22)　前掲注 1）で説明したシンポジウムの報告者の一人でもある、本学法学研究科特任教授の粟田口太郎弁護士は、つとに「私たち実務に携わる立場の者は、法律家であるか否かを問わず、あるべき実務と、実需の観点から、この立法が最善のものとなるよう、必ずしもパブリックコメントを待たずに、できるだけ早い段階から、幅広く意見を発信し、より良い立法に反映させていくことが、ぜひとも望ましいものと思われる」と書いていた（粟田口・前掲注 3）論文 11 頁）。まさに最重要の提言といえよう。

めている。願わくば、近い将来に実現するであろう担保法制改正法が、わが国の取引社会で広く「使われる」ものとなり、企業活動の隅々に資金が行きわたるものとなってほしいと祈るものである。そのためには、諸規定の些末な調整に注力をするのではなく、誰のための、何のための立法かという根本を、最後まで見据えてほしいと思うのである。

　以上の諸点から、改めてABLから事業成長担保権への系譜を、「世のため人のための立法」という観点から見るならば、これは全国民が検討するに値する立法提案であると言ってよかろう。

　（なお、ビジネス法務学のさらなる関心は、急激な変革の時代に立法が後追いになる場合の、いわゆるソフトローの形での業界の自主ルール創りや、デジタル化などの技術論が先行する場面での、根拠のある社会実装としてのルール創りの問題に向かっている。これらについては、本書末尾の「おわりに」で若干の展望を試みたい。）

第4章

ビジネス法務学の確立と そのハブ構想

I　はじめに

　本章執筆時の 2023 年の半ば、ほぼ 3 年に及んだ新型コロナウイルスの蔓延
から一応脱した世界は、実は大きな変革の時代に突入していた。私は、金融法
務専門誌の巻頭言に、「この変革の時代に、ようやく「ビジネス法務学」を提
唱し確立させる時機が到来したようである」[1]と書いた。

　2023 年 4 月の日本全国の大学の入学式では、多くの大学トップがデジタル
や AI、ことに Chat GPT 等の生成 AI に言及したようだが、その中で、慶應義
塾大学の伊藤公平塾長が、「これから科学技術の発展がさらに加速し、ビジネ
スのあり方も目まぐるしく進化する」と言及していたのが目を引いた[2]。私見で
は、Chat GPT、メタバース、コネクテッドカーなどの、先端技術による「便
利さ」を追求することよりも、人類の生存や持続可能性を求める技術やそれに
伴うビジネスの進展のほうを重視しているのだが、いずれにしても、「ビジネ
スのあり方が目まぐるしく進化する」という言葉を選んだのは、福澤諭吉の
DNA をも感じさせる、伊藤氏の卓見と思う。

　本章は、私が 2021 年に武蔵野法学に発表した「ビジネス法務学序説──武

---

1)　池田眞朗「ビジネス法務学の確立へ」（巻頭コラム「風をよむ」）金融法務事情 2209 号（2023
　　年）1 頁。
2)　日本経済新聞 2023 年 4 月 19 日付朝刊 27 面記事参照。正確には、伊藤塾長は、福澤諭吉の『学
　　問のすゝめ』を読むことを奨励する文脈で、「これからの時代、科学技術や生命科学の発展がさら
　　に加速し、ビジネスのあり方も目まぐるしく進化する世の中において」と語っている。慶應義塾大
　　学 HP2023 年度大学学部入学式動画、https://youtu.be/PS0P8ybzPX0）参照（2023 年 7 月 25 日最
　　終閲覧）。

蔵野大学大学院法学研究科博士後期課程の開設にあたって」[3] と、2023 年 3 月に出版した編著（武蔵野大学法学研究所叢書第 1 巻『SDGs・ESG とビジネス法務学』）の巻頭論文「これからの SDGs・ESG とビジネス法務学」[4]、さらに 2023年 7 月出版の編著（武蔵野大学法学研究所叢書第 2 巻『検討！ABL から事業成長担保権へ』）の巻頭論文「変革の時代の民事立法のあり方とビジネス法務学——本書の解題を兼ねて」[5] に続けて、私の「ビジネス法務学」の確立に向けて発表する論稿である。

Ⅱ　ビジネス法務学の概念

1　「ビジネス法務」の概念規定からの出発

　最初に、若干の定義的な記述から始めておこう。まず、私はここで、「ビジネス法務」を、いわゆる「企業法務」や「金融法務」の総体を指す概念として用いることとする。そして、「企業法務」と「金融法務」のそれぞれについて、以下の注釈を加えておく。

　まず「企業法務」は、これまで、「臨床法務（紛争解決法務）」→「予防法務」→「戦略法務」などという発展段階で論じられてきた。本章が念頭に置くのは、主として「戦略法務」に近いものであるが、しかし後述するように、企業の営業戦略という観点から分析するのでは本章の趣旨を満たさない（視野が狭すぎ、理念に欠ける可能性がある）。また、臨床法務や予防法務に類するものを分析対象から排斥するものでもない。

　一方「金融法務」については、これまでの金融法務が、主に資金を流す側からみた finance law を扱うものだったのに対して、逆に、資金を調達する側に

---

3)　池田眞朗「ビジネス法務学序説——武蔵野大学大学院法学研究科博士後期課程の開設にあたって」武蔵野法学 15 号（2021 年）402 頁（横書 5 頁）以下（本書第 1 章所収）。

4)　池田眞朗「これからの SDGs・ESG とビジネス法務学」池田編著『SDGs・ESG とビジネス法務学』〔武蔵野大学法学研究所叢書第 1 巻〕（武蔵野大学出版会、2023 年 3 月）1 頁以下（本書第 2 章所収）。

5)　池田眞朗「変革の時代の民事立法のあり方とビジネス法務学——本書の解題を兼ねて」池田編著『検討！ABL から事業成長担保権へ』〔武蔵野大学法学研究所叢書第 2 巻〕（武蔵野大学出版会、2023 年 7 月）1 頁以下（本書第 3 章所収）。

主眼を置いた、いわば finding law[6] ともいうべき内容を中心として考えている。

つまり、これまでの「企業法務」は、もっぱら実務でのさまざまな取引を法的な側面から見て効率的に推進し、企業等に利益をもたらす技法やノウハウを示すものと理解されてきたといってよかろう。また「金融法務」は、伝統的にはいわゆる金融庁の統制下の銀行その他の金融機関の法務が中心で、資金調達側からのアプローチは相対的に少なかった。そして、「企業法務」と「金融法務」が、その主体を異にするゆえにそれぞれ別の角度から論じられてきたきらいがある。しかしながら、私の設定する「ビジネス法務学」では、両者を有機的・必然的につなげる形で扱う。そして重要なことは、ビジネス法務学は、企業法務や金融法務の現状を分析し検討するというだけのものではなく、それを超えて、わが国ばかりでなく世界の取引社会のあるべき「ルール創り」の総体を研究対象とするものなのである。以下にはそれを一段ずつ説明していこう。

2 「ビジネス法務学」の概念——既成概念との区別

「ビジネス法務学」は、上記のように定義した「ビジネス法務」を研究対象とするだけのものではない。私はすでに、ビジネス法務に「学」はあるか、と問題提起していた[7]。しかしそれは、これまで「ビジネス法務」が「学」として論じられることは（つまりその理念や理論が語られることは）ほとんどなかったという意味[8]での、まさに「問題提起」のキャッチコピーであった。しかし、本章の段階では、もう一段、認識レベルが上がる。つまり、「ビジネス法務学」は、現状の「ビジネス法務」を研究し論評するにとどまるものではなく、他のさまざまな学問分野との連携のもとに、現状の「ビジネス法務」の内部的検討を超えて、対象を規範的に評価・判断したうえで、社会生活の持続可能性に寄与する「ルール創り」を志向する学問なのである（この点はさらに後述する）。

また、「ビジネス法務学」は、「ビジネス法学」ではない。ビジネス法学と称されるものは、結局、ビジネスにかかわる法律、すなわち民法や商法、会社法、

---

6) この finding law という表現は、このような企業の資金調達を主眼とする金融法を何と呼ぶべきかという筆者の質問に対して、故坂尾和人慶應義塾大学経済学部教授がご教示くださったものである。
7) 池田・前掲注4）「これからの SDGs・ESG とビジネス法務学」5頁以下。
8) 池田・前掲注4）「これからの SDGs・ESG とビジネス法務学」5頁以下参照。

第4章 ビジネス法務学の確立とそのハブ構想　75

金融商品取引法、知的財産法などを研究しまた教授する、法律学の一つのカテゴリーに帰結してしまう。それでは、旧来の法律学の枠内で、その限界性にとらわれたままなのであって、私の問題意識には全く応えることができないのである。

3 「ビジネス法務学」の概念——法律学との区別

より明確に言えば、「ビジネス法務学」は、旧来の「法律学」とは別物なのである[9]。

これまで、企業法務や金融法務を考究する論稿は、法律学のカテゴリーの中での、「理論と実務の架橋」とか、「理論と実務の融合」などの研究と位置づけられてきた[10]。つまりそれらの論稿は、法律学の中にあって、法律学の理論を補強したり補充したりするものであって、あくまでも法律学のカテゴリーの中で、かつ法律学に付随する存在であったのである。

しかしながら、まず強調しておかなければならないことは、ビジネス法務学は、法律学とは別物であり、かつ法律学に付随・付従する存在ではない、ということなのである。

確かに法律学は、ビジネス法務学の主要な構成要素ではある。しかしそれは、ビジネス法務学が法律学の知識や論理を前提とするものであるということに過ぎない。つまり、ビジネス法務学は、法律学の一分野ではないのである。逆にビジネス法務学のほうが、法律学を含めた多様な学問分野を参照しそれらと連携するものなのである（この点については後述の「ハブ構想」の記述を参照）。

ビジネス法務学と法律学との差異は、以下のことからも論証できる。今日、伝統的な法律学は、解釈学偏重の、いわば出来上がっているルールを研究し教授する、その意味で静態的な学問になってしまっている。これに対して、これから確立されるべきビジネス法務学は、社会の動態をとらえる学問なのである。ここに、法律学とビジネス法務学の決定的な差異がある。

---

9) このことはすでに池田・前掲注 1)「ビジネス法務学の確立へ」1 頁で示し、池田・前掲注 4)「これからの SDGs・ESG とビジネス法務学」30 頁以下で概説している。

10) 金井高志「ビジネス法務の意義とビジネス法務学構築のための検討課題」池田眞朗編『実務家教員の養成——ビジネス法務教育から他分野への展開』（武蔵野大学法学研究所（発売創文）、2022年）50 頁は、ビジネス法務学の特質を挙げる中でこの二つを示している。

76　第 I 部　総論

というのは、ビジネス法務はそれ自体が「動くもの、変化進展するもの」な
のであり、その動態をどうとらえ、どう評価し、どう提言するかが、「ビジネ
ス法務学」の要諦ということになる。そして、その差異は、めまぐるしく変革
する社会においては、法律学との優劣関係の逆転さえ予測させる。

　つまり、法律という形態による社会コントロールの仕組み自体が、これまで
の地球社会では、一定の機能を果たし、学としても歴史的に確固たる評価を受
ける地位にあり続けられたのだが、現在さしかかっている急激な変革の時代に
は、変化の後追いになってしまいその機能を十分に果たせなくなる、という危
険をはらんで（さらに言えば、欠陥を持って）いるのである。

　しかも、現状のわが国における法律学（少なくとも私が専門とする民法学）の
実情は、異常なまでの学理的な「解釈学」偏重の世界であり[11]、その研究者養
成教育の中では、解釈論から逸脱する「立法論」が排除されてきたのである
（その結果、2017年の民法債権関係改正では、学者の解釈学的な整合性を求める議
論が目立ち、弁護士会などから、立法事実（法改正をしなければいけない実情）の
希薄さを批判されたりしていた）。これは、長年法律学に与えられてきた優越的
地位（少なくとも学問として一定の安定的な評価と敬意を得られる地位）に安住し
てきた弊害を示すものに他ならないと考えられる。

　また、法律学には、その「法律による社会コントロール」という意味で、ど
うしても上位下達の権威主義的な側面も見え隠れする。

　これに対して、ビジネス法務学の要諦は、私がすでに書いたように、「創意
工夫を契約でつなぐ」[12]ということである。ビジネス法務学では、社会の
「ルール」を広くとらえ、法律や政令、条例といった形態だけでなく、業界団
体の自主規制などのいわゆるソフトローはもちろんのこと、広く契約（しかも
これは個人間、企業間だけでなく、町内会の取り決めから国家間の合意までを含む）
による自主的な「ルール創り」を第一義に考える。その「契約という自主ルー
ル」によって、さまざまな主体の行動をつなぎ、社会の変革から生ずる諸問題

---

11)　池田眞朗「行動立法学序説──民法改正を検証する新時代の民法学の提唱」法学研究（慶應義塾
　　大学）93巻7号61頁以下（同『債権譲渡と民法改正』〔債権譲渡の研究第5巻〕（弘文堂、2022
　　年）603頁以下所収）参照。
12)　池田・前掲注4)「これからのSDGs・ESGとビジネス法務学」35頁。

に対処して、人々の持続可能な生活・生存を探求していくのである。

　以上の諸点からすれば、地球規模の社会変化が急速・多様になればなるほど、それに対処する民主的な自主ルールの形成という点で、法律学よりもビジネス法務学にいわば軍配が上がるのではあるまいか。

4　「ビジネス法務学」の概念──具体的内容の構築

　以上の諸点から、ビジネス法務学の具体的内容を固めていこう。

　まず、すでにこれまでの拙稿で述べたように、ビジネス法務を「学」として探究することになると、そこでは当然、企業や金融機関の目先の利潤とか収益とかの指標を超えた、ビジネス法務の理念や、倫理を論じる必要が出てくる。この点は後述の「ビジネス法務学における倫理と研究倫理」のところでまた詳論するが、そこに大きな関係を持ってくるのが、CSR すなわち企業の社会的責任の議論であり、さらに現下の標語でいえば、SDGs と ESG あるいは ESG 投資の問題なのである。したがって、ビジネス法務を「学」としてとらえるならば、必然的に SDGs と ESG を考察しなければならないという想定が成り立つ。

　ここにおいて、前述の法律学との差異がもう一つ明瞭になる。というのは、SDGs・ESG は、出来上がったルールではなく、これからのルールを創る「課題」なのである。したがって、これ（今から解決すべき課題を論じること）は、既存のルールを論じる法律学には向かない（もっと言えば、対処しきれない）ものである。そして、SDGs の目指す、地球規模の持続可能性こそは、年限を限って達成させる（達成しうる）目標ではなく、今後の人類が永遠に追究すべき、不変の理念なのである。そこにこそ、SDGs・ESG とビジネス法務学の必然的結合が見出せるのであって、それは、とりもなおさず、ビジネス法務学の、既存の法律学に対する独自性（さらに言うならば優位性）につながる、というのが私の見解である[13]。

　また、そこから、ビジネス法務学の社会先導的役割が見出せる。立場の客観性を伴っての、変革の時代をリードする選別と評価、推奨というものがビジネ

---

13)　池田・前掲注 4)「これからの SDGs・ESG とビジネス法務学」32 頁（本書 55 頁）参照。

ス法務学の役割として設定されなければならない。たとえば、グリーンウオッシュの問題や、サプライチェーンまで見た金融支援、かつて ABL について私が論じた「生かす担保論」[14]の、支援と共生の考え方の普及浸透など、SDGsと ESG の両面にまたがった考察は、ビジネス法務学こそが引き受けるべきものであろう[15]。

5 「ビジネス法務学」の概念──目的と定義

　以上の考察から、「ビジネス法務学」の目的を、「地球規模での急速な変革の時代にあって、その変革の動態を把握・分析して、人々の社会生活の持続可能性のために最適な「ルール創り」を実現することを目的とする学問」と定義したい。いささか大上段な定義であるが、翻って現代社会に生起しつつある諸問題を見れば、このような目的を持った学問の誕生は、必然であり必須なのではなかろうか。そして、繰り返しておきたい。ビジネス法務学が第一義に考えるのは、企業や金融機関の利益ではなく、人間社会の持続可能性である。

III　ビジネス法務学の学問体系

1 「ビジネス法務学」における総論と各論

　学問体系という観点からいえば、ビジネス法務学は、総論と各論から構成される。

　総論部分は、上記の、ビジネス法務学の本質論の問題であり、かつその理念、哲学の問題となる。もちろん、この本質論は、文字通り新興の学問として、今

---

14)　最初に提示した論稿は、池田真朗「ABL 等に見る動産・債権担保の展開と課題──新しい担保概念の認知に向けて」伊藤進先生古稀記念論文集『担保制度の現代的展開』（日本評論社、2006年）275 頁以下（池田真朗『債権譲渡の発展と特例法』〔債権譲渡の研究第 3 巻〕（弘文堂、2010年）320 頁以下所収）。その後、池田真朗「ABL の展望と課題──そのあるべき発展形態と「生かす担保」論」NBL864 号（2007 年）21 頁以下（池田・前掲『債権譲渡の発展と特例法』335 頁以下所収）に詳論し、池田真朗「ABL──「生かす担保論」後の展開と課題」NBL975 号（2012 年）32 頁以下（同・前掲注 11）『債権譲渡と民法改正』（弘文堂、2022 年）406 頁以下所収）でフォローしている。池田・前掲注 4)「これからの SDGs・ESG とビジネス法務学」32 頁参照。さらに池田・前掲注 5)「変革の時代の民事立法のあり方とビジネス法務学」4~5 本文と注 11)参照。

15)　この点は、池田・前掲注 1)「ビジネス法務学の確立へ」金融法務事情 2209 号 1 頁で指摘している。

第 4 章　ビジネス法務学の確立とそのハブ構想　79

後より検討を深めていく必要がある。

2 「ビジネス法務学」におけるカリキュラム構成――総論部分

また、「ビジネス法務専攻」をうたう武蔵野大学大学院法学研究科などの場合、その本質論にしたがって、カリキュラム構成をどう進展させていくか、また個々の科目において、既存の法律学からどう脱却し進化させていくか、が次の問題となる。

具体的には、武蔵野大学法学研究科を例に取れば、①すでにカリキュラム中に設置されている、「起業ビジネス法務総合」、「ビジネスセキュリティ法」、「知的財産政策」、「ビジネス法務専門教育教授法」など、独自のビジネス法務学の実践科目を強化するとともに、②独立の科目とするかどうかは別としても、（すでに一部の科目で取り入れている）行動立法学、普及学、さらには交渉学などの新しい学問をカリキュラムに加え、すでに英語使用科目として設置してある「リーガルライティング」を契約書作成法などの一般的な科目として整備することも考えられる。

そして、その総論部分の一部は、次に述べる、ビジネス法務学における倫理と研究倫理、の問題を扱うものになることもあらかじめ述べておこう。

3 「ビジネス法務学」における各論の例

また、その各論部分は、現在の世界の情勢からすれば、無限に増殖していくといってよかろう。すでに私が上記法学研究科で担当する「ビジネス民法総合」では、「EV のビジネス法務学」「太陽光発電のビジネス法務学」「風力発電のビジネス法務学」などというテーマを扱っている。さらに知的財産法でいえば「ペロブスカイト型太陽光発電パネル特許のビジネス法務学」（「ビジネス民法総合」に知的財産法の教員を招いて実施済み）[16]、金融法関連でいえば、「口座

---

16) 薄く、曲げることもできるペロブスカイト型の太陽光発電装置は、日本人（桐蔭横浜大学宮坂力特任教授）の発明であるが、当時国内特許しか取らず海外特許を取得しなかったため、結果的に海外での量産が先行することになった（ペロブスカイト型は 2023 年になって東京都の実証等で大きな話題になるが、実はすでに日本経済新聞では 2021 年 9 月 3 日の朝刊 14 面に「コスト半減の太陽電池　量産」として、中国等での量産が大きく報道されている）。実際には海外特許取得には多額の費用がかかり、この問題は、上記記事が指摘する通り、国の研究者支援、知的財産政策にかかわる。

送金のビジネス法務学」（これは規制法と促進法の問題を分析する好例にもなる。また暗号資産の問題にまで関連する）、さらに「サプライチェーン（供給網）のビジネス法務学」（これはメーカーと部品会社の関係もあれば、レアメタルやレアアースの供給網という、国際取引や地政学、経済安保の問題になる部分もある）。また、行政法関連でいえば「マイナンバーカードのビジネス法務学」（日本国内で話題になっている政府の手際や立法手順の問題だけでなく、電子政府の国際比較や政府が民間と結ぶ調達契約や業務委託契約等の問題などにもつながる）などが次々に想定される。まことに、各論テーマは無限に生み出されるといってよい。

そしてこれらはいずれも、私がビジネス法務学の要諦として掲げた、「創意工夫を契約でつなぐ」という観点から分析することが重要になるのである。

法学研究科ビジネス法務専攻としては、その各論部分を、各科目にどう取り込み、シラバス上にどう反映させるか、がこれからの課題になる。

IV　ビジネス法務学の各論の実践例

1　「ビジネス法務学」各論のカリキュラム上の実践例

ここでは、ビジネス法務学の各論に関する現段階での実践例を挙げておこう。まず、上記のカリキュラム上の実践例として、私自身の修士課程担当科目「ビジネス民法総合」の授業内容の進展を述べておきたい。いまだ粗削りな段階であるが、ある意味でこの数年で急速な変容を遂げた一例である（私自身の、「ビジネス法務学」形成過程の進化実証例ともいえる）。

少しく背景状況からの説明をお許しいただきたい。武蔵野大学大学大学院法学研究科は、2018年の開設である。私は、開設責任者として（当時副学長、法学部長、法学研究科長を兼務）カリキュラム設計等にもあたったのであるが、正直のところ、その段階では本章で論じている「ビジネス法務学」は、まだ明確に展望できていなかった。しかしながら、社会人のリスキリングを考えて、フレックス勤務対応として授業は午前と夕方に設定し、学部からの進学者と社会人と留学生を3分の1ずつ受け入れるイメージで開設した（これまでの毎年の入学者数は多くはないが実際に初年度はこの構成になった）。また、2019年度からは、武蔵野大学は、文部科学省の「持続的な産学共同人材育成システムの構築

事業」に参加し、社会情報大学院大学（現在の名称は社会構想大学院大学）を中核拠点校とする、実務家教員養成の「実務家教員COEプロジェクト」の共同申請校となり、法学研究科（法学研究所）がその実施を引き受けることになった。後述するように、実際にはこのことが、ビジネス法務学への道を開いたといえる（また、2021年開設の博士後期課程に毎年コンスタントに入学者があるのは、この実務家教員養成のプログラム（本学カリキュラムとしては「ビジネス法務専門教育教授法」を設置）の存在が大きい）。

　さらに、たまたま新型コロナウイルス蔓延の時期と重なったのだが、2020年からは、「ビジネスマッチング方式」と称して、教員と院生の交渉・合意で、授業形態を対面やオンラインから選択できる（弁護士教員の場合は、大学キャンパスか法律事務所での授業かも合意で選択できる）方式を採用した[17]。もちろん、あくまでも院生相互や他の教員に不利益を生じない中での合意が必要であるが、対面・オンラインのハイフレックス実施も可能である。さらには、デフォルトで定めている時間割の曜日時限を、合意で変更することもできる（以上の講義場所の変更や曜日時限の変更は、研究科長に届けて研究科委員会で承認するシステムにしている）。

　以上の措置は、ことに社会人学生に向けての配慮であったのだが（そしていわば「創意工夫を契約でつなぐ」考え方の原点となる実践例でもあった）、授業の内容までは、（ことに2018年の開設時には）正直のところ「ビジネス法務学」としての十分な配慮がなされているとは言えなかったのである。

　具体的に言えば、私の「ビジネス民法総合」では、初年度は、ビジネス法務に関連する判例（抵当権の賃料債権への物上代位やサブリースなど）を扱っていた。それは、ビジネスの背景まで深堀りした授業ではあったが[18]、まだ「法律

---

17)　文部科学省は、学部と違って大学院の場合には対面科目の比率の設定等をしていない。

18)　周知のように、抵当権の賃料債権への物上代位は、バブル経済崩壊後の不動産の値下がりによる不良債権の増加が、抵当権本体の実行ではなく賃料債権への物上代位による回収に向かわせたものである。それを判例が承認する形になるのだが、一方で、ビルのテナント料などを対象とする（正常業務としての）債権譲渡による資金調達との優劣関係が問題になる（ビジネス法務的には、債権譲渡は物上代位を避けるための対抗策という見方は適切ではない）。サブリースの場合も、判例は結局賃貸借として借地借家法の適用を認めるのだが、不動産の所有者にデベロッパーが自らの借り上げと運用を保証してビル建設を勧め、金融機関が建設資金の融資を持ち掛けるという事例で、金融機関とデベロッパーが密接な関係にあり、金融機関が不動産所有者に話を持ち掛けたという実態があるケースで、実際にデベロッパーがテナント料を当初計画のように集められず、不動産所有者

学の枠内での」授業であったといえる。その他には、2017 年公布（2020 年施行）の民法債権関係改正の内容を授業の素材にしたが、これは前述のように改正自体が学理的な内容の多いものであったため、それらに批判を加えることは多かったものの、授業自体が法律解釈学にかかわる学理的な内容になってしまったのはある意味仕方のないことであった。

その授業が本章で述べる「ビジネス法務学」に進化したのは 2022 年からである。つまり、「ビジネス民法総合」の名称は変わらないが、民法の守備範囲である「契約」を基軸に、扱う事案はかなり広範なものになった。

そしてその内容が、従来の、民法関係の判例や改正法（いずれもいわば「出来上がったルール」）の解説から、課題解決型の授業に変わったのである。

その一例が、風力発電の契約問題（国と企業の間の入札の条件設定の問題から、海外企業の撤退・国内企業の行動変化や、地方自治体の企業招致の問題など）を扱った授業（これは国がどういう参入条件（ルール）設定をすれば、企業はどう行動するか等、私の提唱している行動立法学からも好個の研究素材である）や、すでに第 2 章でも触れている、「石油元売り会社の法務部員が、会社直属のガソリンスタンドの顧客減（電気自動車への乗り換えによる）に対処するためにどうしたらよいか」という課題を設定した授業[19] などである。後者などはまさに「創意工夫を契約でつなぐ」好例である。

2 「ビジネス法務学」各論の発信例——太陽光発電ビジネス再考

次に掲げるのは、大学院授業ではなく金融法務専門誌に巻頭言として発信した例である。タイトルは「太陽光発電ビジネス再考——SDGs とビジネス法務学」とした[20]。巻頭言という紙幅の制限の関係で、意を尽くせなかった部分もあるため、これを、以下に注記を加えつつ紹介したい。

内容は、ある大手自動車会社が、自社工場敷地内に大規模な太陽光発電設備を設置し、この工場の電力をまかなうという新聞記事に、「わが国では珍しい」

が融資金を返済できなくなるのにデベロッパーが所有者に賃料の引き下げを請求して訴訟を提起して認められる、という結果になりうる。

19) 池田・前掲注 4)「これからの SDGs・ESG とビジネス法務学」32 頁と注 54)（本書 56 頁）参照。
20) 池田眞朗「太陽光発電ビジネス再考——SDGs とビジネス法務学」銀行法務 21・699 号（2023 年）1 頁。

第 4 章 ビジネス法務学の確立とそのハブ構想 83

という記述があったところから説き起こしている。記事の記述はその通りなのであるが、それは、日本では、太陽光発電が政府の電力固定価格買取制度（FIT）[21] に乗った「売電ビジネス」で発展してきた歴史があるからなのである。私はこの「売電」に当初から違和感を覚えてきた。つまり、SDGs の観点から言えば、電力を売って儲けるのではなく、電力の「自給自足」を考えるのが当然なのであって、この自動車会社（トヨタ自動車）のやり方こそが多数を占めるべきなのである。

　わが国では、一時太陽光発電関係が ABL の統計でかなりの割合を占めたが、これは政府の買取制度の設定にいわばつけ込んだものもあり、私は評価できなかった[22]。そこで私は、「本来、SDGs の考え方──その最大のキーワードは、「持続可能性」である──からすれば、脱炭素も地方創生も、その達成のためにはこの社会は「超高度自給自足社会」に向かうべきなのである。」と書いたのである（もちろん、この「超高度自給自足社会」論には見方によって問題もある）[23]。

　そして、「その意味で、今般ある大手不動産会社が、国内数か所に新たに太陽光発電所を稼働させ、（FIT や FIP[24] 目的ではなく）自社が保有する商業施設

21）　FIT（Feed-in Tarif）制度は、政府の従来の再エネ発電事業の促進策で、再エネ発電事業者が発電した電気を、あらかじめ定められた一定の調達価格で一定の調達期間にわたって電力会社が買い取る制度である（後掲する長島・大野・常松法律カーボンニュートラル・プラクティスチーム編『カーボンニュートラル法務』（金融財政事情研究会、2022 年）19 頁以下参照。これによって日本における再エネ発電設備（ことに太陽光発電設備）の導入は急速に拡大したのであるが、この制度は、安易に高めの買取価格を設定すると、事業者の無定見の参入・乱立を招く（これは行動立法学的には当然の見えやすい欠陥である）。その結果、事業者による森林の環境破壊を招いたり、2023 年度には再生可能エネルギーによる電力の出力制限が行われるに至ったりしている。いささか安直な施策であったというべきである。

22）　池田眞朗「今後の金融法務の展望──SDGs と ESG の発想を入れて」銀行法務 21・872 号（2021 年）1 頁（同・前掲注 11）『債権譲渡と民法改正』444 頁所収）。

23）　ここでいう「超高度自給自足社会」は、食料の地産地消などを超えて、電力などの自給自足までをも論じるわけであるが、世界的に資源（ことにレアメタルやレアアース）の自給自足ということになると、各国の資源囲い込みやそれに伴う国際ビジネスの変化にとどまらず、国レベルの国際秩序の再編成や経済安保の問題などに逢着する。

24）　FIP（Feed-in Premiun）制度は、2022 年 4 月 1 日に施行された改正再エネ特措法（正式名称は「再生可能エネルギー電気の利用の促進に関する特別措置法」）によって導入されたもので、再エネ事業者が再エネ電気を市場取引や一般の相対取引で販売することを前提に、一定の補助額を交付する制度である。上述の FIT をいわば改良した施策であり、固定価格での買取りではなく、FIT 制度と同様に一定の「基準価格」を定めたうえで、市場取引等により期待される収入である「参照価

などに直接供給する取り組みを始めるのは、正しい方向である。また、東京都などが新築住宅に太陽光パネル設置を義務付けるのも同様に評価できる。「売電」で儲けるのではなく、また電気代が安くなるという発想だけでなく、CO_2 排出量の削減などによる「持続可能性」をめざす姿勢が評価されるべきなのである。」と続けた（文中の不動産会社は三井不動産である）。

　そして、本章の冒頭で述べたように、ビジネス法務学では、「企業法務」と「金融法務」の双方を対象にするので（さらに言えば、両者を関連付けて把握すべきなので）、論旨をその方向に展開して、「これからの金融法務は、大企業・中小企業を問わず、融資先のそのような「理念」を見極めて融資の優先順位を考えるべきであろう。その意味で、各地の金融機関で、SDGs や脱炭素を基準に取り入れた融資が実行され始めていることは高く評価される。時代はすでに、すべてのステークホルダーが持続可能性を自分事と考えて協力しなければ維持発展が望めない状況にあるからである。」と書いたのである[25]。

　そして記述は、「世界では、脱炭素の達成状況を、メーカーなどの大企業単独で評価するのではなく、そこへの部品を供給する会社等を含んだサプライチェーン全体で評価するようになってきている。それならば、たとえば太陽光パネルの部品を製造する町工場などには、工場自身の排出量軽減策も含めて、より支援の融資が考えられてよい。また、現状の太陽光パネルは、経年劣化した場合の廃棄処分の問題などが指摘されているので、ペロブスカイト型などパネル素材の改良や、回収再利用を試みるスタートアップ企業などにも光が当てられるべきであろう。」と書いた。これは、私が先に掲げた第 2 章「これからの SDGs・ESG とビジネス法務学」で提示した、金融機関の「創意工夫」の論点[26]につながるものである。

格」との差を、「供給促進交付金」（プレミアム）として、一定期間にわたって再エネ発電事業者に交付する制度である（前掲注 21）『カーボンニュートラル法務』20 頁以下参照。同所により詳細な解説もある）。

25)　「すべてのステークホルダーが持続可能性を自分事と考えて協力しなければ維持発展が望めない状況にある」というのは、すでに前掲注 22）の池田「今後の金融法務の展望」で使った表現である。

26)　池田・前掲注 4)「これからの SDGs・ESG とビジネス法務学」17 頁以下（本書 40 頁以下）参照。

　なお、本章の文脈との関連では、VI 4 に後述する ABL との関係で、ここで一点付記しておきたい。現状経営面でさまざまな「創意工夫」が求められている地方銀行の中で、ふくおかフィナンシャル

以上のようにして、限られた紙幅の中で、これからのビジネス法務（企業法務と金融法務の総体）の要諦は、SDGs・ESG を念頭に置いて「創意工夫を新しい契約でつなぐ」ところにある、ということを発信した次第である。

V　ビジネス法務学における倫理と研究倫理

1　二つの意味での重要性

　ビジネス法務学においては、倫理は二つの意味で重要になる。一つは、学問対象に対する倫理的分析の問題で、もう一つがいわゆる研究倫理の問題である。

　つまり、ビジネス法務が本来、企業や金融機関の利潤追求の行動を実現する手段としての側面を持つことは否定できないのであり、それを研究対象とするビジネス法務学は、他の学問以上に、学問対象を分析・検討する上で倫理の問題を意識しなければならないのである（そこに、すでに第 2 章[27] で述べたようにビジネス法務が SDGs や ESG の問題と必然的に結びつく理由がある）。したがって、倫理性の問題は、当然にビジネス法務学の学問内容の一部となる。

　一方で、いわゆる「研究倫理」の問題は、他の社会科学や自然科学の学問分野とは、また違った意味で重要になる。それは、①学問対象として私企業の具体的行動を扱うことが多くなるため、いわば私企業のプライバシーの問題（どこまで企業として公表しているのか、論文等でどこまで周知のこととして企業名を

グループが金属加工製品の専門商社を設立し営業を始めたという（日本経済新聞 2023 年 8 月 4 日朝刊 8 面関口由紀、湯浅兼輔署名記事「細る地銀　異業種で戦う」参照）。記事によれば、「機械設備などに使う切削・板金加工品など基礎的な金属製品を中心に発注者と工場をつなぐ」ものだという。これは、私の見解でいえば、地域金融機関による「ABL の内製」あるいは「ABL の発展形」といえる。地方銀行は、記事も言及している 2016 年の銀行法改正でできた「銀行業高度化等会社」の制度によって、商社等を設立することが可能になったわけであるが、在庫品や売掛債権を担保に融資をして優良な地場企業の資金調達を助ける ABL の発想を、さらに一歩進めて、金融機関が「融資」で助けるのではなく、自ら商社として地場企業と買い手のマッチングを図る、という構図が読み取れるのである。これはまさに私見がビジネス法務学の要諦としている「創意工夫を契約でつなぐ」の実践例といえるのではなかろうか。ちなみに、ふくおか FG の福岡銀行は、2005 年に商工中金と組んで日本初の ABL を実施した銀行である（池田・前掲注 14）『債権譲渡の発展と特例法』327~328 頁。初出は池田・前掲注 14）「ABL 等に見る動産・債権担保の展開と課題──新しい担保概念の認知に向けて」275 頁以下。池田・前掲注 4）「これからの SDGs・ESG とビジネス法務学」17 頁も参照）。

27)　池田・前掲注 4）「これからの SDGs・ESG とビジネス法務学」7 頁以下（本書 33 頁以下）参照。

顕名してよいのか）が出てくる。②またそれに関連して、最新の動態を追う学問であるため、新聞等マスコミの報道について「事実」と「予測」の区別・整理も必要になる。③さらには、新聞報道などを分析に活用する場合には、その報道記事が一社あるいは一記者の独自取材による署名記事であったり、独自の先見的な見解の表明であったりした場合には、そのプライオリティを明らかにしたり、場合によってはその著作権を顕名して尊重したりする必要がある（新聞記事などを旧来の法律学における学説のように扱って出典を明示する必要がある）、ということである。

　以上の点をより深く考察していこう。

2　ルール創りの「可能」性

　対象行動に対する倫理的分析というのは、たとえばある企業の行動が倫理に反しているかどうか、という、旧来の法律学でも行っている規範的判断と同レベルのことを指しているのではない。もちろんそのような（出来上がっているルールから見た）規範的判断もビジネス法務学の守備範囲ではあるが、すでに別稿に述べたように、ビジネス法務学の要諦は「創意工夫を契約でつなぐ」[28]という新しいルール創りにあるのであるから（繰り返すが、契約も当事者間の新しい「ルール」であり、その当事者は個人だけでなく企業である場合も、場合によっては国である場合もある）、ビジネス法務学の倫理的分析は、どのようなルール創りが「可能」か、というレベルに広がることになる。その「可能」性に鍵カッコがつくのは、単に「できる」かどうか、つまり既存の法規制から見た許容性の問題ではなく、どこまでが創意工夫でできるのか、またその創意工夫をしていいのか、その創意工夫をすることが社会あるいは世界にどういう問題を呼び起こすのか、などという問題にまで踏み込むからである。

　そしてそこには、私見の提唱する行動立法学の問題が当然に関係してくる。広い意味でのルール（法律や政令などだけではなく、契約や自主規制の取り決めなども含む）を創る前には、そういうルールがあったら、人はどう行動するのかというシミュレーションを事前にしてから創るべきという主張である[29]。

---

28)　池田・前掲注4)「これからのSDGs・ESGとビジネス法務学」36頁（本書59頁）。
29)　池田・前掲注11)「行動立法学序説」60~61頁（同『債権譲渡と民法改正』603頁）参照。

第4章　ビジネス法務学の確立とそのハブ構想　87

3 ビジネス法務学と Society 5.0 の「規範的判断力」

　既に第2章等で何度か触れたことだが、ここでビジネス法務学と「規範的判断力」の関係を論じておこう。ビジネス法務自体が、企業や金融機関の利潤追求の活動を前提にしていることから、「学」としてのビジネス法務学には、この問題が非常に重要となる。

　元富士通シニアフェローの宮田一雄氏は、日本経済新聞に、「規範的判断力こそ重要」と題した寄稿をしている[30]。論稿の文脈は、職務内容を明確にして成果で評価する「ジョブ型雇用」への移行に際しては、大学院教育を通じて高度な専門性を備えた人材を育てることが重要になるという趣旨であるが、その内容は、宮田氏が分科会の会長を務めた、2018年10月から2年半にわたる、経団連と大学側で作つた産学協議会に置かれた、Society 5.0（超スマート社会）時代の人材育成に関する分科会の検討内容の紹介が中心になっている（ちなみに、「超スマート社会」という、国側のネーミングは全くわかりにくいが、社会情報大学院大学（現在の名称は社会構想大学院大学）の川山竜二教授は、これを「（競争激化の）知識社会」と呼ぶ[31]）。

　宮田氏は、協議会の議論に基づいて、学部レベルのリベラルアーツで思考の枠組みを培い、大学院教育で専門性を伸ばすという提言をするのだが、右の協議会が、高度専門人材のためのリベラルアーツとして「幅広い知識と論理的思考力、規範的判断力を身につけること」と定義したと紹介して、「これからは「望ましい社会や企業とは」「公正な社会とは」といった判断が避けて通れない。それには一定のトレーニングが要る」と書き、「複雑な社会課題の解決や共通善に向けた新たな価値づくりのためには、論理的思考力に加え規範的判断力が必要なのだ」と説いている[32]。

　この宮田氏の指摘は、ビジネス法務学にとって非常に重要である。もちろん、

---

30)　宮田一雄「規範的判断力こそ重要」（日本経済新聞2021年8月3日朝刊経済教室）。

31)　池田眞朗「「コロナを超える」新しい法務キャリアの学び方──ビジネスマッチング実践型「武蔵野大学大学院」の法務人材育成と実務家教員の養成」池田眞朗編著『アイディアレポート　ビジネス法務教育と実務家教員の養成』（武蔵野大学法学研究所（発売創文）、2021年）202頁以下の引用参照。

32)　同氏の立論の詳細は、池田眞朗「ビジネス法務教育と実務家教員の養成──本質的法学教育イノベーションとの連結」池田眞朗編著『実践・展開編　ビジネス法務教育と実務家教員の養成2』（武蔵野大学法学研究所（発売創文）、2022年）8頁以下参照。

88　第Ⅰ部　総　論

いわゆる「社会規範」の問題は、これまで法律学が中心に担ってきたことは確かである。ただそれは、学説の上では、理論形成の根拠の一つとして、「社会正義」とか「弱者保護」とか「公序良俗違反」などという、一般化、抽象化された概念として扱われてきたし、判例の判断に含まれるものは、発生した紛争の解決処理における規範操作であったわけである。しかしここで宮田氏の言う「規範的判断力」は、これからの行動における指針や基準に含まれるものなのである。この点で、まさに動態把握型、課題解決型の学問が必須要素として取り込まなければならないのが、この「規範的判断力」なのである。これをどう学問体系の中に位置づけるか、が今後のビジネス法務学の一つの課題であることは確かである。

　以上の考察から、ビジネス法務学における倫理とか倫理的判断とかの問題は、この学問の本質にかかわる、かなり重要な地位を占めることになるのである。

4　ビジネス法務学における研究倫理の核心

　それでは、先にも若干触れたが、ビジネス法務学におけるいわゆる研究倫理プロパーの問題の核心はどこにあるのか。私は、一番の問題は情報（データ）の処理にあると考えている。つまり、上述したように、ビジネス法務学は動態把握の学問で、具体的には、企業や金融機関、さらには政府や地方公共団体などの最新データを分析対象として扱うことになる。最新の、しかも動いているデータを対象にする学問においては、その分析・評価・選別という作業の客観性の担保が問題になるのは当然であるが、研究倫理としては、データの秘匿性、企業名等の公開可能性、さらには場合によっては、理系の学問と同様な、検証可能性が問題になることもありうる[33]。

　この点を、論文における引用表記法の観点から検討してみよう。法律学の場合は、かなり厳密な引用表記法が確立しており、判例の判決文の引用は（法律学では常識だが）一字一句変えずにして、引用文の前後に鍵カッコをつけるとか、同様に、論文の一節の引用も、そのままの文章を引用するときには、同じ

---

33)　なお、法学系と他の学問分野とで、日本語の概念が異なるという場合もある。私がかつて学術会議法学委員長の時代に寄稿した、池田真朗「研究倫理と悪意——法学者のエッセイとして」学術の動向 2014 年 7 月号 78 頁以下参照。

く引用文の前後に鍵カッコをつけて引用し、鍵カッコの後に注番号を付けて、その出典の掲載誌の巻号に頁まで明記しての引用をし、その論者の論旨を引用する場合には、その引用注記の末尾に「○○頁参照」と表記するなどの引用表記法が確立しているわけである。ビジネス法務学においても、そのような引用・表記に準じる必要がある。

　ただその意味が若干異なる。つまり、法律学の場合の厳密性は、他者の文章に含まれる判断基準等を的確に再現して論評することを重視している（ここに解釈学重視の学問の特徴が表れているといえる）のであるが、ビジネス法務学は、それが使ってよい公知の情報（データ）であるかどうか、また、選別・評価の基準になりうると認められるレベルの情報（データ）であるかどうかを示すための厳密な引用・表記が必要になるということなのである。ここをおろそかにすると、業界のトレンドの紹介や予測のようなものに堕してしまう可能性もあるのであって、学問的成果となりえない恐れがある。そういう意味でビジネス法務学においては、厳格な情報（データ）処理が、研究倫理プロパーの観点からも必須の課題になるのである。

VI　ビジネス法務学のハブ構想

1　ビジネス法務学のハブ構想

　以上述べたところからすれば、ビジネス法務学は、旧来の企業法務や金融法務に関する研究が、法律学との関係において、「理論と実務との架橋」というような位置づけ[34]（そこではあくまでも中心は法律学の理論なのであり、その実践についての研究、という位置づけ）をされていたものとは全く異なる。

　つまり、すでに述べたように動態をとらえる課題解決型の学問であるビジネス法務学は、静態を論じる（出来上がった法律の研究を中心とする）法律学とは本質的に異なるものであり、世の中が目まぐるしく変わる時代にあっては、ルール創りが後追いになる危険性を持つ法律学よりもいわば優位に立つ存在となりうるのである（この点はさらに後述する）。そして、法律学が固有の専門性

---

34)　金井・前掲注10)「ビジネス法務の意義とビジネス法務学構築のための検討課題」参照。

を持つ（いわば一つの聖域を持つ）存在としての優位性を保っていた時代（たとえばビジネススクールでも法律学の授業はなく、そこは弁護士などの専門家に尋ねる話、というように別格に切り分けられている）は終わり、法律を待たずにルール創りを考える（民間企業同士の、あるいは国家間での、契約や協定、合意、などの形でのルール創りが進む）形態が広く行われるようになる、という想定が成り立つ。それらがすべてビジネス法務学のカバーすべき領域になるのである。

さらに、ビジネス法務学の世界では、法律学の知見だけでは足りず、経営学、商学、会計学、経済学、公共政策学、社会学、さらには最近の地政学と呼ばれる形での政治学、の知見も必要になる。また、EV（電気自動車）の話でも太陽光発電の話でもわかるように、一定の理系の知識も必要になる。

加えて言えば、変革の時代の動態に対応する新しいルール創りという観点からは、ビジネス法務学は、他の既存の伝統的な学問体系と連携するだけでなく、私の提唱する行動立法学や、私の紹介してきた普及学[35]など、新しい学問分野の要素を必然的に取り込む必要がある。

つまり、ビジネス法務学は、それらの多数の新旧学問体系を結ぶ、いわゆるハブの中心に位置するべきことになるのである。これが、私見の提唱する、ビジネス法務学のハブ構想である。

これまでの伝統的な学問体系は、（日本だけでなく世界各国において）それぞれの守備範囲が、かなり異なったものとして構築されており、それらの複数にまたがる研究は、「学際的」とか「分野横断的」などと呼ばれて、特殊な位置づけをされてきた。

しかし、進化発展の目まぐるしい時代に、人類はそれで対応できるのであろうか。新しく生起する非常に多くの課題を解決するためには、学問体系においても、そもそも伝統的な縦割りの学問ではなく、本質的に、「学際」だとか「分野横断的」などという垣根をはじめから持たない、その意味で既存の各学

---

35) 私は2015年に発表した論稿で、普及学の最初の紹介をしている。池田真朗「債権取引の「電子化」とその「普及」の課題——債権譲渡登記と電子記録債権における「普及学」的検証」Law & Technology 68号（2015年）23頁以下（池田・前掲注11）『債権譲渡と民法改正』479頁以下所収）。そこで代表的な文献として挙げたのは、E. M. ロジャース著、青池慎一＝宇野善康監訳『イノベーション普及学』（産能大学出版部、1990年）（原題はDiffusion of Innovations、翻訳の対象となったのは 3rd edition, 1982）である。

第4章　ビジネス法務学の確立とそのハブ構想　91

問分野をハブ的につなぐ学問が必要なのではないか。

2　ビジネス法務学の「ハブ適性」

　そのような観点からすると、ビジネス法務学はそのハブとなる適性を非常に強く備えていると考えられるのである。

　そして、私見がそう考えるのは、単なる感覚の問題ではなく、「課題解決のためのルール創り」をキーワードとした場合の、学問的適性の問題からなのである。

　かつて私は、日本学術会議の会員として、その第一部会（人文科学）における法学委員会の委員長を務めた経験がある。その任期の後半に、私は、医学系、震災復興系の小委員会や分科会に、あえて手を挙げて理系の委員に交じって参加をした。というのも、私自身の勝手な観察だったかもしれないが、理系の会員は、もちろんわが国を代表する学者の方々であるので、素人から見ても非常に的確な現状分析や問題提起をされるのだが、その課題を解決するルール創りの手法や手順に疎い、と感じることがままあったからなのである。つまりせっかく的確な課題分析をされても、それを改善する手段や手法において、結論としてまとめられようとする提言などの内容や形態が、これを法律にするのは困難であろうとか、働きかける先や働きかけ方が違うのではないか、などと感じることがあった。そこで僭越ながら、法学委員長の立場で、せっかくのレベルの高い課題分析を、実現可能性の少しでも高い提言につなげる際の「ルール創り」の手段や手法をまとめるところを支援できないかと考えたのである。その経験が、本章につながっているといえる。

　つまり、「創意工夫を契約でつなぐ」ことが肝要となる時代には、その契約による「ルール創り」の考究を中心に置く学問こそが、各学問のハブとなる資質を備えている、という主張である。

3　ビジネス法務学の法律学との関係

　もっとも、ハブとしてのビジネス法務学は、決して従来の法律学と対立関係にあるものではない。ビジネス法務学は、法律学とは「別物」であるとはいっても、法律学の知識や考え方を前提にして成り立っていることは確かなのである。ただ、現在の法律学が、長い歴史の中で法分野ごとの専門性を強めてきた

結果、私法学者が公法学や刑事法学に疎いのはもちろんのこと、例えば、本来一般法と特別法の関係にあったはずの民法学と商法学においても、それぞれを専攻する学者が双方の分野を十分に俯瞰出来ているとはいえない。さらに、すでに述べてきたように、民法学の中でも、研究者教員の多数の関心は、学理的な解釈学に向かっている。このような状況で、法律学が、急速に変化進展する社会に対応していけるのか、というのが、ビジネス法務学の確立を必然とする問題状況であるということはここで繰り返しておきたい。その懸念点の中でも最も重視されるべきが、急速に変化進展する社会に対応する「ルール創り」の能力の問題であって、私見の提唱した「行動立法学」[36]の主眼はまさにそこにあったのである。

4 ビジネス法務学のハブ構想の実証実験例

　それでは、論より証拠、というわけで、ここで実際の「ビジネス法務学の実証実験例」を紹介したい。それが、武蔵野大学法学研究所が 2023 年 2 月 28 日に実施した、中村廉平教授追悼・担保法制シンポジウム「検討！ABL から事業成長担保権へ」である。このシンポジウムについては、それを完全に再現し、さらにそれを補充する 3 篇の論稿を加えて、2023 年 7 月末に書籍化[37]が実現している。【補注】この「事業成長担保権」は、本書第 3 章冒頭に注記した通り、その後 2024 年 6 月 7 日に成立した「事業性融資の推進に関する法律」の中で、「企業価値担保権」と名称を変えて規定されるに至っている。以下本章では、本章初出段階（2023 年 9 月）の記述のまま「事業成長担保権」として紹介する。

　このシンポジウムは、2023 年初めの段階で、一方で法務省法制審議会の担保法制部会が中間試案をパブリックコメントにかけ、その後要綱案の取りまとめに入っており、他方で、金融庁が独自の事業成長担保権の立法提案をしているという、いわば立法案の「競作」の状況にあった、わが国の喫緊の課題を扱ったものである。そのシンポジウムの開会挨拶で私は、「まずご参加の皆さまにご理解いただきたいことは、これは法律学のシンポジウムではなく、法学研究科ビジネス法務専攻を有する武蔵野大学法学研究所が主催する、「ビジネ

---

36)　池田・前掲注 11）の「行動立法学序説」を参照。
37)　前掲注 5）に掲げた、池田編著『検討！ABL から事業成長担保権へ』である。

ス法務学」のシンポジウムであるということであります。ビジネス法務学自体が生成途上でありまして、私どもはその確立に努力している最中なのですけれども、法律学とビジネス法務学は違います。」と、宣言している[38]。それは、このシンポジウムが、発想と構成の両面において、明確に「ビジネス法務学」のシンポジウムと言いきれるものだったからである。

　まず外見的にわかりやすい構成面から言えば、登壇メンバーが、いわゆる法律学のシンポジウムのそれではない、産官学連携の新たな試みといえるものになっていた。産としてのABL協会や関西経済界の関係メンバー、それから官として金融庁、経済産業省、財務省近畿財務局の関係者、学として追手門学院大学経営学部長で事業性評価の専門家である水野浩児教授と、法務省法制審議会部会のメンバーでもある慶應義塾大学法科大学院の前院長の片山直也教授、そして実務と研究を両立させている、本学特任教授でメガファーム所属の弁護士2名（粟田口太郎弁護士、有吉尚哉弁護士）、という構成である（粟田口弁護士には当日、金融庁案と法務省と担保法制改正案との比較を、有吉弁護士には、当日質問のあった金融庁案の信託構成の部分についての論考を、お願いした）。これはすでにどこの大学院法学研究科や法学部でも、どの私法系の学会でも実施していないメンバー構成のシンポジウムとなっているといえる。

　実際、各報告者の報告内容は、学問的に言えば、法律学以外に経済学、経営学等にまたがる内容になっている。ビジネス法務学がハブとなるべきことの一端がここに示されていると言ってよかろう。

　さらに、その発想、課題設定の観点である。それは「ABL（Asset Based Lending, 動産債権担保融資とか流動資産一体担保型融資と訳される）から事業成長担保権へ」というタイトルに示されているのであるが、決して表面的な担保形態の類似性をいうのではなく、わが国のABLが中小企業の事業を継続させる「生かす担保」[39]として機能してきたその発想、理念の、事業成長担保権の提案への継続性の有無を検討するというところにその主眼があった[40]。

---

38)　池田眞朗「開会挨拶と本シンポジウムの趣旨」前掲注5)『検討！ ABLから事業成長担保権へ』17頁。

39)　「生かす担保」論については、池田・前掲注14)の諸論考を参照。

40)　私は開会挨拶において、「本日のシンポジウムは、出発点として、ABLを動産・債権中心の流動資産一体担保型融資と捉えまして、そこからの発展形として、企業の事業性評価とつながる包括担

94　第Ⅰ部　総論

つまり、少なくとも主催者の私の力点は、立法技術や個々の規定案の分析よりも、誰のための、何のための立法（ルール創り）か、という観点に置かれていた。それこそがビジネス法務学なのである。「中小企業金融の近未来」というシンポジウム副題も、（事業成長担保権は決して中小企業金融に用途が限定されるものではないが）そのような発想、理念の観点からご理解いただきたいのである。

　以上のシンポジウムが法学研究所叢書第 2 巻に収録されたわけであるが、すでに本章冒頭で掲げた、武蔵野大学法学研究所叢書第 1 巻『SDGs・ESG とビジネス法務学』も、まさに課題解決型の（これからルールを創る）テーマに取り組んだ、すでにその意味で優れてビジネス法務学の論文集であったことをつけ加えておこう。

5　高齢者法学からの検証

　ここでもう一つ、法律学プロパーの問題でもありビジネス法務学（そしてそのハブ構想）の問題でもある特殊例を挙げて検証を加えておこう。それが、武蔵野大学大学院法学研究科が三つの重点研究課題[41]の一つに挙げている、高齢者法学なのである。

　最初に述べておくことは、そもそも高齢者法学は、非常に広範な領域を持つ「高齢者学」の一部であり、その高齢者学自体が現在も生成過程にあるということである（したがって当然高齢者法学も生成途上のものである）。高齢者学は、福祉、金融、医療、相続等、学問的にも多数の学問分野を包摂するものであり、その広範な領域を持つ高齢者学の中の、「ルール」ないし「ルール創り」に関する部分に焦点を当てるのが「高齢者法学」ととりあえず把握しておこう。ただし私はこの分野に十分な専門的知見を有しているわけではないので、本書の

　保権としての事業成長担保権を考えるということにいたします。また、一方で、周知のように法務省が現在、法制審議会で担保法制の改革を検討して、パブリックコメントを求めたりしている現状でございますので、そちらとの比較も行いつつ、わが国の中小企業金融のあるべき方向性を検討するものとしたいと考えております。」と述べた。池田・前掲注 38）「開会挨拶と本シンポジウムの趣旨」17 頁。

41)　前掲注 5）の開会挨拶中でもその旨明示しているように、担保法制を含む金融法務学、SDGs・ESG とビジネス法務学、そして高齢者法学を 3 本の柱とする。池田・前掲注 38）「開会挨拶と本シンポジウムの趣旨」16 頁参照。

限定された視点からの分析にとどまることをお断わりしておく。

　武蔵野大学では、まず法学部に 2017 年から「高齢化社会と法」という科目を樋口範雄特任教授担当の科目として新設し、大学院法学研究科では、同教授を中心に複数のフォーラムやシンポジウムを行ってきた（その直近のものが、2023 年 3 月 7 日に開催された武蔵野大学法学研究所シンポジウム「高齢者法のカリキュラムと実務家教員の活躍の可能性——これからの『高齢者法学』の確立を目指して」である）[42]。またその実践例として、大学全体の行事としての「古稀式」という産官学連携・地域貢献型イベント[43] の実施を働きかけて実現してきた。

　この高齢者学およびその一部となる高齢者法学は、高齢化社会の諸課題を解決するための、まさに「課題解決型」の学問である。日本をはじめ、高齢化社会が急速に拡大している先進諸国にとっては、喫緊に整備されるべき学問である。学問体系としては、ジェロントロジー（「老人学」と訳されるが最近は「高齢学」などという表記もある）としてスタートし、東京大学高齢社会総合研究機構などで研究が深められてきた。

　ただそうすると、本章で指摘してきたところによれば、高齢者法学は（広範な内容を持つ高齢者学の一部を担うものに過ぎないとしても）、伝統的法律学の枠

---

42)　都合 3 回のフォーラムやシンポジウムを実施している。① 2021 年 3 月 2 日開催の武蔵野大学大学院法学研究科博士課程開設記念連続フォーラム第 3 回「高齢者とビジネスと法 Online フォーラム」がその最初で、武蔵野法学 15 号（2021 年）28 頁以下（横書き 179 頁以下）に掲載されている（報告者は、樋口範雄、尾川宏豪、外岡潤、八谷博喜、東浦亮典の各氏で（報告順）、開会挨拶・本フォーラムの趣旨を池田が述べた）。②次いで 2022 年 3 月 3 日に『高齢者学から実践へ——「古稀式」の開催に向けて』というシンポジウムを、本学のしあわせ研究所と共同で開催し、その記録は 2022 年 9 月刊行の武蔵野法学 17 号（2022 年）241 頁以下（横書き 3 頁以下）に掲載されている（報告者は、樋口範雄、石上和敬、秋山弘子、辻哲夫、西希代子、小此木清、池田眞朗である）。それらから得た知見を基に 2022 年 9 月に武蔵野大学武蔵野キャンパス（西東京市）で、産官学連携の古稀式という、実践イベントの開催につなげた。さらに 2023 年 3 月 7 日に開催された武蔵野大学法学研究所シンポジウム「高齢者法のカリキュラムと実務家教員の活躍の可能性——これからの『高齢者法学』の確立を目指して」となる（武蔵野法学 19 号（2023 年）324 頁以下（横書き 3 頁以下に掲載）。

43)　古稀式は、前注①のフォーラムの報告者尾川宏豪氏が提案した「還暦式」のアイディアを、私どもが 70 歳の「古稀式」に改めて、市民参加型のイベント（古稀を祝いつつ高齢者がよりよく生きるための学びを得る）として考案されたものである。その第 1 回は 2022 年 9 月に、武蔵野市、西東京市等 4 市の支援を受けて、武蔵野大学しあわせ研究所主催のイベントとして成功裏に実施され（基調報告は樋口恵子氏、その後 10 の分科会に分かれて、多数の市民の聴講を得た）、その成果は樋口恵子＝秋山弘子＝樋口範雄編著『しあわせの高齢者学』（弘文堂、2023 年）として出版されている。また第 2 回は 2023 年 9 月 30 日に開催された。

内で構築される限りは、その「課題解決のためのルール作り」に向かない欠陥を有することになる。実際、たとえば民法が定める成年後見の制度が十分に機能していない[44]ことなど、制度的な不備や対応の不十分さは、多く指摘されている[45]。

それゆえ、あるべき高齢者法学は、法律学の中の一科目として設置される場合も、担当者にはマルチな専門能力が要求されるのは当然であるし[46]、さらに言えば、高齢者法学は、その課題解決、ルール創りの機能において、既存の法律学の概念枠組みを超えた、「動態把握からルール創りへ」という流れがスムーズに実現できるものとして、構築されるべきものということになる。つまり、高齢者法学は、まさにビジネス法務学のカテゴリーで構築されるべきものなのである（もちろん実際には、親族関係で完結するケースもあり、また、高齢者法学には、高齢者の自己決定の問題なども含まれるのであるが、それらはビジネス法務としての検討対象からはいったん外しておく）。

ただ、そのように述べた場合の一番の抵抗感は、「高齢者対象ビジネス」に対するイメージの問題かもしれない。つまり、本章が論じてきた「ビジネス法務」は企業法務と金融法務の総体を包含しているのであるが、その場合のビジネスの形態は、ほとんどがいわゆる B to B の問題であるのに対し、高齢者対

---

44)　東京大学高齢社会総合研究機構の未来ビジョン研究センター客員研究員の辻哲夫氏（肩書は当時。元厚労省次官）は、「成年後見制度が基本的には最も大事な制度なんですけども、これは認知症が発症してからしか用いられないということで、逆に言うと非常に使いにくいんですね。そして成年後見人の仕事というのは、民法 858 条にありますように、一つは財産の管理なんですけども、通常、身上監護といわれるそうですが、住居の確保、生活環境の整備、施設への入所の手続きや契約、こういう法的行為を誰かがやらなければいけないわけですよね。成年後見は認知症になってからやっと後見人を選ぶわけですけども、それがわずかしか使われてないとなると」云々と述べている（辻哲夫「超高齢社会での喫緊の課題」（前掲注 42）の②シンポジウム報告）武蔵野法学 17 号（2022年）206 頁（横書き 36 頁）以下。

45)　小此木弁護士は、「法定後見制度はいうまでもないのですが、高齢者需要に応える支援供給者側の仕組みづくりがあまりにも遅れています」として、詳細に解説する（小此木清「超高齢社会におけるシニアを生かす法的支援」（（前掲注 42）の②シンポジウム報告）武蔵野法学 17 号（2022年）183 頁（横書き 63 頁）以下参照。

46)　たとえば、民法のみの研究者として養成された者（しかも現代の日本では民法の中でも財産法と家族法の研究者教員がかなり区別されて養成されている）が単独で担当することはかなり困難であろう。現代のわが国の高齢者法学をリードする樋口範雄教授が、英米法から代理法、医事法、信託法という各専門分野に通じていることがその証左である（それらの専門分野のつながりがまさに高齢者法学を形成するといえる）。なお樋口教授の先導的な著書として、『超高齢社会の法律、何が問題なのか』（朝日新聞出版、2015 年）、『アメリカ高齢者法』（弘文堂、2019 年）がある。

象ビジネスの場合は、その多くが、当事者は、企業（法人）ないし専門家と、高齢者個人、といういわば B to C の問題になる。本章では、企業活動における利潤追求の問題に触れてきたが、それが高齢者法学の場合にはかなりセンシティブな問題としてクローズアップされるのである。契約という「ルール創り」が、当事者の公平や適切な保護を確保してなされるのかという懸念である。

　問題分析の詳細は、専門家の論稿に譲るが[47]、例えば既存の法制度や立法措置を待つよりも任意後見契約や死後事務委任契約等のさまざまな（いわゆる民民の）ルール創りで対処しようとする場合、本章の観点からすると、スキーム提供側（業者・専門家側）の倫理観や規範的判断力が他のビジネス法務学各論よりもいっそう重要となるということである。本章では高齢者法学にこれ以上言及する準備がないが、高齢者対象ビジネスは、非常に広範・大量なビジネスチャンスが想定されるものであるだけに、卑近な表現をすれば、高齢者を「食い物にする」ことがあってはならないのである。その意味で、高齢者対象ビジネスは、ビジネス法務学のいう、倫理や規範的判断力が非常に重要になる分野といえる。

　なお、以上はいわゆる高齢者対象ビジネスの観点から言及したにとどまる。「高齢者学」自体は、現在、アクティブ・エイジング、サクセスフル・エイジング[48]の視点で成長しつつあり、高齢者は「保護」の対象となるだけでなく、元気で資産もある高齢者が人生 100 歳時代をどう充実させて生きていけるか、という観点も重要になっている。ここに、「高齢者法学」のもう一つの問題があることを最後に指摘しておこう。つまり、たとえば「消費者法」の世界では、消費者は情報弱者として保護の対象となり、消費者保護、事業者規制のテーゼで法律が作られてきた。しかし高齢者法学では、高齢者の、加齢による判断力低下等に対する保護と、人生の後期ないし終末期の充実の支援（また取引主体としての正当な尊重）という、複層的な要請に応えるルール創りを目指さなければならないという、独特の複雑な要素があるのである。

---

47)　上記の古稀式の原案提案者でもある尾川宏豪「「任意後見制度のパラダイムシフト」序論——行動立法学の視座に立った実証的研究」武蔵野法学 19 号（2023 年）120 頁以下（横書き 207 頁以下）参照。

48)　秋山弘子「長寿社会に生きる」（前掲注 42）の②シンポジウム報告）武蔵野法学 17 号（2022 年）227 頁（横書き 17 頁以下）参照。

いずれにしても、ビジネス法務学の「動態的把握」「課題解決型」という特質が、高齢者法学に必要不可欠であることは疑いなく、高齢者法学とビジネス法務学の関係性はこれからも考究を深めるべきテーマと言える。

VII　ビジネス法務学の「教育」

1　ビジネス法務学の学部段階での教育とその教材

以上の論旨をもとに、以下では、ビジネス法務学の「教育」について考えてみたい。すでに縷々述べてきたことからすれば、本格的なビジネス法務学教育は、大学院レベルで実施することになろうが、その「素養」は学部段階で培うことになろう。そうすると、現状の大学の学部構成からすれば、やはり法学部法律学科の段階でその「素養」を植え付け、育てる必要がある。

その場合の要点は、これもここまでに述べてきたことから明瞭なように、法律学の知識や考え方をベースとして、いかに法律学から脱却した、広い視野を獲得させる教育が学部段階でできるか、ということになろう。

これも自らの行ってきたことで恐縮なのだが、他にまだあまり類例がなさそうなので、以下の紹介をお許しいただきたい。

2014 年に「マジョリティのための法学教育」を標榜して開設した武蔵野大学法学部法律学科（私池田が開設のカリキュラム等の設計責任者）では、数年前から、「ルール創り教育」を強調した授業を広く行い、私の民法債権法の授業においては、教科書にもそれをうたってきた。

現在第 7 版になっている、学部レベルの入門教科書として位置づけている拙著『スタートライン債権法』[49] では、2017 年月出版の第 6 版から、新たに「ルール創りの観点から」と称するコラムを 50 項目以上設けて、法改正や新規立法のあるべき形態や理念を基本から説くようにしたのである。そのはしがきには、「「マジョリティ」のための「ルール創り教育」の試行例」と明記した[50]。また、その『スタートライン債権法』の一段上の標準教科書としてレベ

---

49)　池田真朗『スタートライン債権法』（日本評論社、第 6 版 2017 年、第 7 版 2020 年。なお初版は 1995 年である）。
50)　池田・前掲注 49）はしがき ii 頁。

第 4 章　ビジネス法務学の確立とそのハブ構想　99

ル設定をしている拙著『新標準講義民法債権各論』[51) では、2010 年の初版の段階から、類書よりも詳細な形で、いわゆる非典型契約（無名契約）の記述を厚くして、リース契約、クレジット契約はもとより、フランチャイズ契約、会員権契約等を紹介し、これも同レベルの類書にはあまり記述のない契約条項の款も設けて、コベナンツ条項、表明保証条項など（一般には大学学部で教える例は多くないがビジネス法務では常識の範疇に入る）を解説している。これらも、「創意工夫を契約でつなぐ」ビジネス法務学を研究する予備軍を育成する布石であった。

　さらに、より明瞭にビジネス法務学を意識して作った教材が、編著の『民法 Visual Materials』の第 3 版[52) であった。これは、第 2 版まで民法学習の補助教材としての資料集と位置付けられていた同書を、明確な問題意識を持って、ビジネス法務学の教材として（ことに実務家教員が民法を教える場合の、主教材にもなりうるものとして）改版したものである[53)。

　その趣旨はすでに別稿に示したところであるが[54)、同書は、前身の『目で見る民法教材』[55)（初版 1988 年、私はその共編者の中で最年少であった）以来、民法の編別順に、登記簿や契約書など、本来講述に必要になる資料を掲げて解説する、資料集（まさに法律学の補助教材）として位置付けられてきた同書を、実務家教員であればその特質を生かして、研究者教員にできない、付加価値を示すことができる教材（単なる資料集ではなく、これを使って相当の授業運営ができる教材）として位置付けたのである。

　私にとっては、これらがいずれも、ビジネス法務学構築の布石ないし助走であった。

---

51)　池田真朗『新標準講義・民法債権各論』（慶應義塾大学出版会、初版 2010 年、第 2 版 2019 年）。
52)　池田真朗編著（石田剛＝田髙寛貴＝北居功＝曽野裕夫＝笠井修＝小池泰＝本山敦）『民法 Visual Materials』〔第 3 版〕（有斐閣、2021 年）。
53)　その改版の意図を述べたものとして、池田眞朗「『民法 Visual Materials』第 3 版の変身──法学教育イノベーションへの一歩」書斎の窓 675 号（2021 年 5 月号）46 頁以下。
54)　池田・前掲注 53）論文および池田眞朗「実務家教員の適性を生かす法律学教材の開発とその使用実践──『民法 Visual Materials』による法学教育イノベーション」池田編著・前掲注 32)『実践・展開編　ビジネス法務教育と実務家教員の養成 2　67 頁以下参照。
55)　下森定＝國井和郎＝泉久雄＝岩城謙二＝淡路剛久＝鎌田薫＝池田真朗編著『目で見る民法教材』（有斐閣、1988 年）。これは当時斬新なものとして評価されたが、その評価はあくまでも「資料集」にとどまっていた。

100　第 I 部　総　論

2 ビジネス法務学の大学院レベルでのテキスト例

　次に、ビジネス法務学そのものを例えば大学院ビジネス法務専攻で教える場合のテキストについて述べたい。これについても私は、自著ではないが、好適なテキスト例を掲げて紹介している[56]。それは、すでにわが法学研究科ビジネス法務専攻の設置科目「再生可能エネルギー法」の教科書として用いられ、「ビジネス民法総合」で参考書指定をしている（本稿Ⅳ2で既述の）『カーボンニュートラル法務』[57]である。共著者の一人の本田圭弁護士が、本学客員教授として上記「再生可能エネルギー法」を担当している。

　カーボンニュートラルに関しては、急速にいくつか類書が現れつつあるが、私は、同書を紹介する中で、同書の教材としての適格性を以下のように指摘した。いささか長くなるが、拙稿の掲載書が一般の目に触れにくいものであるので[58]、あえて転載する。

　　「そもそもビジネス法務（学）は、本質的に既存の静態的な法律学とは異なるものなのであるが（つまり、旧来の法律学が基本的には「出来上がっているルールを教授する」ものであるのに対し、ビジネス法務学は、「これからのルール（この「ルール」は法律や条例に限らない、民事取引ルールなども含む広義の概念である）を探究する」ものであるところに明白な相違がある）（＊1）、前述のようにビジネス法務の中のそれぞれの領域で、その対象や内容を定義・画定するところから始めなければならない。この点、本書は、カーボンニュートラル法務を、「脱炭素社会の実現という目的達成のための手段となるハードローおよびソフトローに対して企業がどうアプローチしていくべきか、という問いに答える戦略的法務である」と明確に位置づけている（＊2）。

　　この点がまず本書の優れた（大学院法学研究科ビジネス法務専攻のテキス

---

56)　池田眞朗「ビジネス法務と実務家教員養成に求められるもの──『カーボンニュートラル法務』を例に」池田編著『実務家教員の養成──ビジネス法務教育から他分野への展開』（武蔵野大学法学研究所（発売創文）、2023年）21頁以下。

57)　前掲注21）24）に既出の、長島・大野・常松法律事務所カーボンニュートラルプラクティスチーム編『カーボンニュートラル法務』（金融財政事情研究会、2022年）。

58)　池田・前掲注56）の掲載書は、書店の取次に出ておらず、一部の通販のみで購入可能となっている。

トたりうる）点といえる。この定義・画定がないと、まず学びのアプローチが成り立たないからである。これまでのビジネス法務関係の書物には、いわゆるノウハウ本のカテゴリーに属するものが多く、目的達成のための対策の公開・指南というレベルにとどまるものが大半であった。右のように「カーボンニュートラル法務」を位置づけられれば、それに対する客観的（あるいは場合によっては批判的）分析を加える「ビジネス法務学」が成り立つのである――私見では、さらにそこに後述のように「規範的判断力」等々が加わって一定の分析・評価がなされることになる。

　同書は、この定義のもとに、第1章「カーボンニュートラル法務と企業活動の交錯」、第2章「脱炭素化のためのキーテクノロジーと法務」、第3章「電気事業とカーボンニュートラル法務」、第4章「不動産・インフラとカーボンニュートラル法務」、第5章「企業カーボンニュートラル法務」、第6章「ファイナンス取引とカーボンニュートラル法務」の6章を構成する。この6章でカーボンニュートラル法務はまずその全容を把握できると言ってよいと思われるが、大事なことは、このうちおそらく1章たりとも、従来の法律専門科目を担当するいわゆる研究者教員には書けない、ということなのである。そのことはつまり、大学院で「カーボンニュートラル法務」などという科目を置くとすれば、それは実務家教員しか担当できないということを意味する。それだけでなく、たとえば本大学院設置の、「再生可能エネルギー法」という科目にしても、研究者教員が担当するとすれば、まさに再生可能エネルギーに関係する既存の法律を解説するだけの平板な講義にとどまってしまう可能性が大きいのである。

　そこに端的に示されるように、ビジネス法務学は「課題解決型」の学問であり、条文解説型（あるいは条文解釈論型）の既存の法律学とは決定的に異なる。そしてそこにおいて、弁護士等、現場で紛争解決や取引ルール創りにあたっている実務家の決定的優位性が示されると思われる（以下略）。」[59]

59）　池田・前掲注56）「ビジネス法務と実務家教員養成に求められるもの」24~26頁。なお引用文には注記が2か所あり、*1は、「この点に関しては、池田・前掲「これからのSDGs・ESGとビジネス法務学」31頁以下の記述を参照。」とするものであり、*2は「ここでは、ハードロー（いわゆる

102　第Ⅰ部　総　論

以上のように私はこの書籍を高く評価しているわけであるが、もとより本書は、カーボンニュートラル法務の第一線で業務を行っている弁護士のグループによって書かれたものであり、このようなレベルの執筆者がそろわなければ、なかなかこれだけのテキストは書けない。逆に言えば、先端の社会動態を扱うビジネス法務学はそれだけプロフェッショナル性の高い学問ということになり、その確立後の「普及」が問題になるともいえる。

　なお、付言すれば、上記引用部分で強調している「課題解決型」ということについては、たとえば各国のビジネススクールの授業はほとんどがこの「課題を提示し、検討し、解決策を探求する」形態で行われているのではないかと思われる。ビジネススクールでは全く目新しくないことが、法律学にとっては斬新に映る。そういう状況も、「ハブ学問」の必要性を示唆するものと言っておきたい。

3　ビジネス法務学と実務家教員の養成——法学教育イノベーションへの道

　「ビジネス法務学と教育」の項目の最後に、ビジネス法務学を教える側の教員の養成について書いておきたい。上に述べたように、それはレベル的に容易なことではないのであるが、実は、私にとって（そして武蔵野大学大学院法学研究科にとって）当初は単なる実務教育志向、社会人受容志向からの設定であった「ビジネス法務専攻」が、ビジネス法務学の確立・教育を目指す大学院に進化するきっかけになったのが、まさに、2019年度からの、「実務家教員養成プロジェクト」への参加であったのである[60]。

　先に述べたように、武蔵野大学は、2019年度の後半から始められた文部科学省の「持続的な産学共同人材育成システム構築事業」において、社会情報大

法律や条例等）に加えて、ソフトロー（官公庁の指導基準とか業界団体作成のガイドライン等）についても記載していることに注意し評価したい。また「戦略的法務」という位置づけにも注目すべきである。」というものである。

60)　その毎年の活動実績は、報告書代わりの書籍として出版されている。本章既出のものもまとめて掲げれば、2019年度＋2020年度分が池田眞朗編著『アイディアレポート　ビジネス法務教育と実務家教員の養成』（武蔵野大学法学研究所（発売創文）、2021年3月）、2021年度分が池田眞朗『実践・展開編　ビジネス法務教育と実務家教員の養成2』（武蔵野大学法学研究所（発売創文）、2022年3月）、2022年度分が池田眞朗編著『実務家教員の養成——ビジネス法務教育から他分野への展開』（武蔵野大学法学研究所（発売創文）、2023年3月）である。

学院大学（現名称は社会構想大学院大学）を中核拠点校とする「実務家教員COE（Center of Excellence）プロジェクト」にその共同申請校の一校として参加した。武蔵野大学ではその際、学長からの委嘱で、法学研究所（法学部と大学院法学研究科を統括する組織）がその引き受け部署となった。そこで、「実務家教員」といっても多様な概念があるが、武蔵野大学としては、とりわけ大学院レベルで、たとえばビジネス法務のプロフェッショナル人材について、大学等に所属する実務家教員を養成することを当初のプロジェクト分担目標としたのである。

そして当初は、①問題状況の把握のための有識者意見聴取会の実施、②第一線の実務家教員による講演会の開催、③大学院博士課程における実務家教員育成のための科目「ビジネス法務専門教育教授法」のカリキュラム構築とその教材開発、④法学研究科院生の主幹校の実務家教員養成課程履修、等を行った。そしてその2年間の活動報告書にあたるものとして、1冊目の報告書代わりの著書『アイディアレポート　ビジネス法務教育と実務家教員の養成』[61]を公刊したのである。

そのように手探りで始めた実務家教員養成プロジェクトであったが、それを継続していくうちに、ある意味で特殊性のある法律学教育において（ここでは特殊職能教育たる法科大学院教育を除いて考えるのだが）、実務家教員養成が、「実は法律学教育の本質的なイノベーションにつながる重要性を持つことを把握しえた」[62]のである。私は当時、「事業執行責任者としては、単なる人材養成の問題にとどまらない、法学教育の根幹にかかわる「大魚」をつかんだという実感がある」[63]と書いた。それがビジネス法務学確立のアイディアだったのである。

つまり、従来の解釈学偏重の法律学の欠点を指摘し、それを補充改善する存在として、実務経験者の、実務からの発想を評価し、その、研究者教員が持た

---

61) この本（前掲注60）の1冊目）には、二度にわたった有識者の意見聴取会が収録されている。1回目の出席者は柏木昇東京大学名誉教授と石川雅規公益社団法人商事法務研究会代表専務理事（当時）であり、2回目の出席者は、小倉隆志リーテックス株式会社代表取締役社長・武蔵野大学客員教授と杉浦綾子株式会社フロネシス執行役員（不動産鑑定士）・武蔵野大学客員教授である。

62) 前掲注60）の2冊目の書籍、池田編著『実践・展開編　ビジネス法務教育と実務家教員の養成2』のはしがき2頁。

63) 同上同所。

ない部分を、実務家教員の利点として、実務家教員養成の合理性・必然性を見出し、その大学教員としての技術やノウハウを植え付ける、という一連のプロジェクトが当初想定されたわけである。

しかし、法律学における実務家教員が、法律学の「改善」に寄与するとはいえ、研究者教員のいわば補助的存在にとどまるのであれば、実務家教員養成は法律学の枠内における単なる（補助的）人材養成事業にとどまるのであって、さしたるイノベィティブなプロジェクトにはなりえない。そうではなく、実務家教員の存在が、新しい学問体系の構築のために必然となる、という論理が導き出せるのであれば、状況とその事業の重要性が一変するのである。

この点で、我々が確立を目指すビジネス法務学においては、ビジネス法務の実務を知らない研究者はいわば存在し得ないのであり（その意味では研究者教員と実務家教員を分けること自体が不適切になるのかもしれない）、かつ研究の学問的ベースにおいても、異なった複数の基礎（学位）を持つ（法律学以外に経済学や経営学、さらには工学や薬学や生物学などが考えられる）教員が必要になる。

このようにして、法律学において、従来の（ほとんどが法律学だけを専攻してきた）研究者教員の抱える問題点を検討し、実務家教員の持つ長所を分析する中で、新たな学問分野としてのビジネス法務学の確立、という命題が明確な形をとるようになり、さらには、ビジネス法務学と法律学との地位の逆転にまで至る道筋さえもが見えてきたのである。

イノベーションという言葉には、「破壊」の要素が含まれると言われるが[64]、新興のビジネス法務学が、中世ヨーロッパにおける大学の誕生以来、世界の大学の主要科目として君臨してきた法律学との地位の逆転にまで至れるとすれば、これは常識の破壊と呼んでもよいほどのイノベーションとなろう。

---

64) たとえば、イノベーション研究を専門とする経営学者である清水洋早稲田大学教授は、「イノベーションは「創造的破壊」といわれる。（中略）イノベーションを持続的に生み出していくためには、創造的な側面と破壊的な側面の両方に目を配る必要がある」と書いている（清水洋「イノベーションの課題（下）」日本経済新聞 2019 年 12 月 25 日朝刊（経済教室）参照）。

VIII　結びにかえて

　世界史の上で、法学系大学の起源としては、1119 年、北イタリアのボロー
ニャ大学が、法学を学ぶ学生の自主的な団体としてつくられ、大学として運営
されるようになったのが最初といわれる（ただし、法学のいわば教典となる体系
的な書物は、すでに 2 世紀の段階で作られている[65]）。当時から法学は、神学、医
学と並んで、草創期の大学の 3 専門学部（上級学部）の一つであった。もっと
も、判例法国のイギリスでは、古くから法律実務家の私塾のような教育機関で
法学が教授されていたようであるが、大陸法の国々では、その後もほぼ似たよ
うな（ボローニャに倣った）カリキュラムで大学での法学の教育がされていた
ようである[66]。つまり、法学はもともと、ローマ法以来のいわば「書かれた教
典」を基盤として、展開されてきたのである。

　安易な関連付けは避けなければならないが、時代が下って、明治維新後のわ
が国の近代法の導入にあたっても、ボワソナードによる、（世界共通と考えられ
た）自然法[67]の講義や、フランス民法典の講義から始まったわけである。その
ボワソナードは、日本の旧民法典（財産法部分）起草作業にあたっても、ロー
マ法大全をつぶさに参照していた[68]。

---

65)　ガイウス（Gaius）の『法学提要』（Institutiones）4 巻がそれである。これについての最近の顕
　　著な研究としては、葛西康徳＝吉原達也＝吉村朋代＝松本英美「比較法学史研究の一素材としての
　　『法学提要（The Institututes）』──特に体系と普及に関して」法制史研究 72 号（法制史学会年報
　　2022 年）161 頁以下が挙げられる。
66)　わかりやすい解説として、三成美保「【法制史】中世の大学と法学教育」──比較ジェンダー史
　　研究会（https://ch-gender.jp/wp/?page_id=1705）参照（2023 年 8 月 5 日最終閲覧）。三成教授は、
　　「大陸の諸大学での法学授業には、共通性が強い。使用言語がラテン語で、用いるテキストもほぼ
　　共通しており、カリキュラムはボローニア大学法学部をモデルとしていたからである。」「主要テキ
　　ストは、ローマ法大全とグラティアーヌス教令集であり、とくに、学説彙纂が重視された。」と書
　　いている。
67)　当時「自然法」（droit naturel）は「性法」と訳された（井上操訳『性法講義』）。その内容は「ボ
　　ワソナード流の自然法思想に基づく民法入門」である。池田真朗「ボワソナード『自然法講義（性
　　法講義）』の再検討」法学研究（慶應義塾大学）55 巻 8 号（1982 年）1 頁以下（池田・後掲注 68）
　　『ボワソナードとその民法』25 頁以下所収）。
68)　わが国の法務図書館に残されるボワソナードの蔵書の中には、彼自身の無数の書き込みのあるラ
　　テン語の『ローマ法大全』の大著がある。池田真朗『ボワソナードとその民法』（慶應義塾大学出
　　版会、初版 2011 年、増補完結版 2021 年）17 頁注 18）。なお、当時のわが国の法学教育の実態に
　　ついては、池田眞朗「日本法学教育史再考──新世代法学部教育の探求のために」武蔵野法学 5 ＝
　　6 号（2016 年）45 頁以下（ことに 47 頁以下）参照。

106　第 I 部　総　論

このような、長い歴史を経てきた法学の基本的な構造（書かれた既存の教典をベースに改良・発展を積み重ねていく）[69] は、その強固さの証明であるとともに、逆に、急速な地球規模の変化・変革に対する耐性に関する疑問符がつくことも否定できない。万人が信頼して疑わなかった、人間社会のコントロール装置としての法律および法律学が、万能・万全でなくなる時代が来つつあるのかもしれないのである。

　もちろん、現代にいたるまでに、法律学（ないしは法学）内部の自己変革の試みは続けられてきた。たとえば、19世紀後半に判例法国のアメリカで生まれたいわゆるプラグマティズム法学は、自然法論や法実証主義に立つ伝統的法理論を批判して、裁判官の法認識や主体的・能動的判断を論じたが、これは結局、裁判官と学者（つまり判例法国における「判例法学」に携わるプロ集団）の中にとどまった議論であり、その意味では既存の法学の枠組みを一歩も抜けるものではなかった。そしてそれが、20世紀前半のリアリズム法学につながり、またロスコー・パウンドの、「社会学的法学（Sociological Jurisprudence)」[70] の提唱となって（直接の時代的背景は当時の司法への批判もあったようだが）、大陸法系の法律学にも一定の影響を与えたようには見える。つまり、社会性の取り込み、社会変化の承認とそれに対する法律学の対応の必要性の指摘への気づきは現れていた[71]。これらの法律学内部の（ことに思想的な意味での）変革の試みの

69）　このように言い切るには批判もあろうが、私見は、これまでの法律学内部の自己変革の試みは必ずしも十分に評価できないと考えている。以下の本文で概説する。

70）　ロスコー・パウンド（Roscoe Pound）の、社会学的法学（Sociological Jurisprudence）であるが、同名の訳書Ｒ・パウンド『社会学的法学』（細野武男訳、日本評論社、1957年）は、パウンドの別タイトルの2講演を訳出したものに、訳者の細野武男が付したタイトルである。パウンドの理論をその主著 Jurisprudence (1959) をもとに整理したものとしては、六本佳平『法社会学』（有斐閣、1986年）の中の「パウンドの社会学的法学と法理論」（同書40~55頁）がある。

71）　なお、ここでは詳論はできないが、「社会学的法学」と大陸法系の「法社会学」はその性格を異にするとされる（前掲注71）の細野武男の訳者あとがき269頁参照。ただし前注の六本博士はパウンドを「古典的法社会学理論」として、法社会学に取り込んでいる（前掲注70）『法社会学』40頁、51頁等参照）。ちなみにわが国でも「法社会学」を論じ実践する法学者グループが現れる。これも入会の研究などにみられるように、社会学的な現地調査の手法を取り込もうとするなど、法律学を社会の実相に近づけようとする試みとしては貴重だったのだが、私見では、社会学と「既存の法律学」とを融合させようとする試みにとどまっていたように思われる。また、いわゆる「法と経済学」については、私見では、そこで導入された経済学が採用する、「人の合理的行動」という前提に異論があり評価できないことはすでに別稿に述べた（いわゆる主流の経済学では人の合理的行動を前提に理論化を試みるが、私見では法律学（とりわけ民法学）では人はかならずしも合理的に

歴史は、わが国では近年の森村進教授らの業績[72]などでまとめられていると評価できるが、繰り返すが、それらはいずれも既存の法律学の内部での変革の試み（あるいは他の学問を既存の法律学に取り込もうとする試み）であり、これに対して本稿に示した私見は、「ビジネス法務学は法律学とは別物である」という位置づけから出発し、「法律」に限定されない、民民の契約（あるいは官民の契約[73]）から国家間の合意等までを含む、広義の「ルール創り」を考究の対象としているのである。

　そして私が本章に述べたビジネス法務学の確立の試みは、そのハブ構想という形で、ビジネス法務学がいわば法律学の上位に位置するという、従来の常識を覆す可能性までを示唆するものとなっている。現状からは飛躍に過ぎるとの批判もあるかもしれないが、これからのめまぐるしい変革の時代は、また地球気候変動についてグテーレス国連事務総長の表現する「地球沸騰の時代」[74]は、それを実現させる可能性がないとは言えない。

　今後、ビジネス法務学は、まずその各論を積み重ねることによって、有用性を認識されて存在意義を高め、「課題対応型」の「ルール創り」の学問として確立されていくことが望まれる。「SDGs・ESG のビジネス法務学」「EV（電気自動車）のビジネス法務学」「再生可能エネルギーのビジネス法務学」などが先陣として進展していく必要があるが[75]、変革の時代のビジネス法務学各論は、

行動しないことが前提であり、また、学問として「理論化」を試みるものでもない）。池田・前掲注 11）「行動立法学序説」60～61 頁を参照。

72）　その一例として、森村進編『法思想の水脈』（法律文化社、2016 年）を挙げておく。

73）　官民の契約というのは、国の民間企業に対する業務委託契約などは従来から広く存在するが、ビジネス法務学が注目するのは、たとえば国が新規技術や新規事業の創出に対して懸賞金を出すようなものである（アメリカなどではすでに一定の例があるが、わが国でも経済産業省が 2023 年度から試験的に開始している）。この、達成要件を明示しての懸賞募集は、民法の債権編に規定のある「懸賞広告」をその法的基礎とする「契約」となろう（懸賞広告については、ことに 2017 年の民法改正後は、「単独行為」として説明するものもある。なお日本経済新聞 2023 年 8 月 26 日無署名記事「研究支援　懸賞金型を倍増」を参照）。これは本章注 16）でも指摘した国の研究支援の強化の問題であるが、まさに私の提唱する「創意工夫を契約でつなぐ」ことの好例である（池田眞朗「懸賞広告のビジネス法務学」NBL1252 号（2023 年）1 頁参照）。

74）　2023 年 7 月にテレビニュースなどで報道された、グテーレス国連事務総長の発言中の表現。なお、SDGs や ESG に至る以前からの国連の試みとアナン事務総長（当時）の尽力については、池田・前掲注 4）「これからの SDGs・ESG とビジネス法務学」『SDGs・ESG とビジネス法務学』2 頁以下（本書 30 頁以下所収）。

75）　その他、現下の金融法務の課題で言えば、本章でも若干言及した「地方銀行のビジネス法務学」

テーマが目白押しの状態にあると言ってよい。

　繰り返すが、ビジネス法務学は、企業等の利益追求のための学問ではなく、人間社会の幸福と持続可能性に寄与する学問として設計され理解されなければならない。

　の研究が急がれるし、さらにこれは技術系の知見から国の政策論や地政学的分析までを必要とするので難問であるが、「半導体のビジネス法務学」も非常に重要な喫緊の課題である。

第5章

女性活躍の
ビジネス法務学

I はじめに

　冒頭に述べておこう。本章のタイトルは、「女性活躍のビジネス法務学」であって、「女性活躍とビジネス法務学」ではない。すなわち、女性の活躍とビジネス法務学とを関係づけて論じようとするものではなく、女性活躍のためのビジネス法務学、あるいはビジネス法務学が女性活躍の後れの解明や推進のために何ができるかを論じようとするものである。

　そのポイントは、一つは、私が自ら確立しようとしているビジネス法務学で要諦として強調している「創意工夫を新しい契約でつなぐ」ことであり、（法律の制定・改正を待たない）「ルール創り」である。もう一つは、私が発表した論考「ビジネス法務学とそのハブ構想」[1]でも示した、ビジネス法務学が多くの学問体系のハブとなることの実証、さらには、アカデミアの領域を超えたところの社会的データも取り込むという姿勢の実践である。

　なお、私が確立しようとしている新学問分野としての「ビジネス法務学」は、企業や金融機関の利便や利潤を研究するものではなく、何よりも人間社会の持続可能性を第一義に考えるものであること[2]をあらかじめ述べておきたい。

　周知のように、世界経済フォーラムが公表した2023年のジェンダー・ギャップ指数では、日本は146カ国中125位という、過去最低のレベルにある。

---

1) 池田眞朗「ビジネス法務学の確立とそのハブ構想」武蔵野法学19号（2023年9月）274頁（横書き53頁）以下（本書第4章所収）。
2) 池田・前掲注1）268~267頁（横書き50~60頁）参照。

111

日本では男女雇用機会均等法が昭和60年（1985年）5月に成立し、平成3年に育児休業法、平成5年にパートタイム労働法、平成11（1999）年に男女共同参画社会基本法、平成15年に次世代育成支援対策推進法、平成27年（2015年）に女性活躍推進法が成立している。したがって、2023年の時点でいわばすでに客観的に明らかになっている事実は、これらの法律に基づく施策が機能していない（より端的にいえば、法律だけ作ってもだめである）、ということであろう。本章ではさらに加えて、法律が女性活躍の明らかな「足かせ」になっている例も掲げて論じたい。

　一方、ビジネス法務学の各論を進めていくと、2030年頃の日本の落日が決定的な形で見えてくる。自動車産業をはじめとする基幹産業の衰退、レアアース等の資源不足、人口減少、超高齢化、脱炭素化の遅れ、等々、多数の指標が日本の落日を予言しているのである。

　そこから日本を救うのは女性活躍社会の形成ではないか。ならば、なぜ日本は先進国でありながらその女性活躍社会の形成が進まないのかを分析して、対応策を論じることが、ビジネス法務学にとっても喫緊の課題となろう（そのような意図から、私は2023年11月20日に武蔵野大学法学研究所主催のシンポジウム「日本はなぜいつまでも女性活躍後進国なのか」を開催した）。

Ⅱ　そもそも論——「反動の明治」？

1　仮説の提示

　ビジネス法務学のもう一つの特徴は、物事を本質からとらえるところから出発する、ということである。ビジネスの世界では、おおもとのところで無理や不合理があれば、長い目で見ての成功・成長は見込めないからである（たとえば、私の考える「EV（電気自動車）のビジネス法務学」では、まずガソリン車と電気自動車の違いを、「ガソリンで走るか電気で走るか」ではなく、「エンジン（内燃機関）があるかないか」でとらえる。実はこれによって、HV（ハイブリッドカー）の分類・立ち位置が決定的に変わってしまうのである）。

　そこで本章は、「日本はなぜいつまでも女性活躍後進国なのか」という問題設定のもとに、まずはその問題の出発点の探究から入りたい。

112　第Ⅰ部　総　論

本章では、いまだ最終的な論証の用意が整っていないので、仮説として提示するが、私は、日本の女性活躍の後れのそもそもの原因は、明治中期におけるわが国の人民に対する政府の社会意識形成（誘導）政策にあると考えている。それは具体的には明治民法制定作業の中での家制度と戸主権の確立にあり、さらにそれは、明治10年代に進行した、政府の（井上毅を中心とした官僚の）人心教導政策、具体的には（政治と教育の一体化ともいえるが）政治による教育のコントロールにあったと考えている。この仮説では、市民の社会意識の形成・誘導において、明治はまさに反動の時代だったということになる。

　この仮説は、現時点ではいくつかの点としての例示による論証にとどまるが、私のボワソナード旧民法の研究[3]から派生しているものである。

2　論証のための例示——夫婦同氏制成立の経緯

　例示としてまず掲げるのは、何年も前から繰り返し国会でも論じられながら実現していない、「選択的夫婦別姓」の問題である。わが国の夫婦同姓（法律的には「同氏」）の賛成者の中には「日本古来の家族の伝統」という意見も聞かれる。しかし、実は、夫婦同氏は明治における民法制定作業からの制度であって、それ以前にはわが国に存在していなかった。

　この点、法務省のホームページページ[4]では、明治民法（明治31年6月公布、7月施行）からの制度と読めるが、これは簡略に過ぎ非常にミスリーディングな記載である。正確に言うと、わが国の夫婦同氏の立法は、そのホームページに記載がない、わが国最初の近代民法典として公布され、法典論争で施行が延期になった、旧民法典（明治23（1890）年公布）からの制度なのである。

　なお、この旧民法典は、一般にボワソナード旧民法と呼ばれるが、注意すべきことは、日本政府のお雇い法律顧問のフランス人法学者ボワソナードがフランス民法等を基礎にして起草したのはその財産編のみであり、人事編（現在の民法でいう親族法、相続法）の部分は日本人報告委員（その多くはフランス法を学

---

3)　池田眞朗『ボワソナードとその民法』（慶應義塾大学出版会、旧版2011年、増補完結版2021年）、同『ボワソナード——「日本近代法の父」の殉教』（山川出版会、2022年）等。
4)　法務省ホームページ「我が国における氏の制度の変遷」（moj.go.jp/MINJI/minji36-02.html、2024年3月24日最終閲覧）。

んでいた）が起草したこと、しかもかなり開明的であったその人事編の第一草案が、法律取調委員会や元老院などの審議を経て（ことにわが国の伝統にないものはすべて削除するという方針で行われた元老院での審議によって）、相当に保守的なものに変えられているという事実である[5]。

　この点、いささか専門的になるが、管見の及ぶ範囲ではわが国の夫婦同氏制度の最初の成り立ちを詳論している文献が見当たらないので、ここに記述しておきたい。

　旧民法典人事編の起草にあたった報告委員[6]が最初に作成した510条からなる「第一草案」と呼ばれるもの[7]には、夫婦の氏に関する規定は見当たらない。その報告委員よりも年長で格上の法律取調委員が第一草案に手を加える中でできた、「戸主及ヒ家族」の章の別案の乙案（これは明治22年6月にできていることがわかっている）[8]のほうに初めて登場するのである。

　それが

　　別案乙案第1条　独立シテ一家ヲ成ス者ヲ戸主ト為ス戸主ノ配偶者及ヒ
　　　其家ニ在ル親族ヲ家族ト為ス家族ハ戸主ノ氏ヲ称ス

というものである。

　さらに、法律取調委員会での審議の結果1889（明治22）年の末ころにでき

---

5)　経緯の詳細については、池田眞朗『ボワソナードとその民法〔増補完結版〕』（慶應義塾大学出版会、2021年）448頁以下。

6)　旧民法家族法部分起草委員は、人事編（親族法部分）が熊野敏三、光妙寺三郎、黒田綱彦、高野真遜、財産取得編一三章以下（相続法部分）が磯部四郎と井上正一である。なお、彼ら起草（起稿）にあたった者は、法律取調委員会の中の「報告委員」であり（「取調委員」は元老院議官や司法高官）、委員会での議決権は与えられていなかった（星野通『明治民法編纂史研究』（ダイヤモンド社、1943年）97頁、99頁、手塚豊『明治民法史の研究（下）』（慶應通信、1991年）107頁、池田・前掲注5）450頁、452頁等参照。なお池田眞朗『ボワソナード──「日本近代法の父」の殉教』（山川出版社日本史リブレット2022年）77頁注にも掲記している）。

7)　この第一草案（全510条）は、『日本近代立法資料叢書16』に『民法草案人事編（完）』として復刻・収録されている。法務大臣官房司法法制調査部監修『民法草案人事編（完）』『日本近代立法資料叢書16』（商事法務研究会、1989年）。

8)　手塚豊博士は、「その内容から判断して甲案、乙案の順に起草されたものと推定されるが、乙案には「本日会議々案戸主及ヒ家族に関する別案報告委員より呈出相成候付御送付候也　明治二十二年六月　庶務担任報告委員」とあるから、その成立時期もおのずから明瞭である」と書いている。手塚「明治二十三年民法（旧民法）における戸主権」法学研究26巻10号（1953年）19~20頁（同『明治民法史の研究（下）』（慶應通信、1991年）234~235頁所収）。ちなみに乙案の前に起草されたと思われる別案甲案第1条には、まだ氏の規定がない。

たとされる472条からなる人事編再調査案[9]では、普通婚姻と入夫婚姻の概念を置き、それぞれに氏を称する形で、

　　　第23条1項　婚姻ニ二種アリ普通婚姻及ヒ入夫婚姻是ナリ

　　　同条2項　婦ガ夫ノ氏ヲ称シ其身分ニ従フトキハ之ヲ普通婚姻ト謂ヒ夫ガ婦ノ氏ヲ称シ其身分ニ従フトキハ之ヲ入夫婚姻ト謂フ

　　　同条3項　入夫婚姻ハ双方ノ明示ノ意思ニ出ツルコトヲ要ス若シ其意思ヲ明示セサルトキハ普通婚姻ト見做ス

となっている（誤読を避けるため一部に濁点を筆者が補充している）。

　結局、上の明治22年6月の別案乙案がほぼ旧民法典の規定となるのである。その旧民法典人事編第13章「戸主及ヒ家族」第243条は、以下のようなものであった。

　　　旧民法人事編第243条1項　戸主トハ一家ノ長ヲ謂ヒ家族トハ戸主ノ配偶者及ヒ其家ニ在ル親族、姻族ヲ謂フ

　　　同条2項　戸主及ヒ家族ハ其家ノ氏ヲ称ス

　このように、第2項において、配偶者を含む家族が戸主の姓を称すると規定し、夫婦同氏の原則を規定しているのである。これが明治民法の第4編に引き継がれ、

　　　第732条1項　戸主ノ親族ニシテ其家ニ在ル者及ヒ其配偶者ハ之ヲ家族トス

　　　第746条　戸主及ヒ家族ハ其家ノ氏ヲ称ス

となっているのである。

　つまり、我が国における夫婦同氏の規定は、考えてみれば論理必然ともいえることなのであるが、民法編纂における戸主制度と家族制度の確立の影響を受けて初めて規定されたということに注意したい（なお、さらにその遠因としては、本章では言及する余裕がないが、明治4（1871）年の戸籍法（1871年4月4日太政官布告170号）制定が挙げられる。この、現代では世界でもごく少ない戸籍制度が、大正、昭和と法律としての内容を変えつつも今日まで残ってしまったことが、法律

---

9)　この人事編再調査案（全472条）も、『日本近代立法資料叢書16』に『民法草案人事編再調査（完）』として復刻・収録されている。法務大臣官房司法法制調査部監修『民法草案人事編再調査（完）』『日本近代立法資料叢書16』（商事法務研究会、1989年）。

第5章　女性活躍のビジネス法務学　115

プロパーとしては夫婦別姓の議論の非常に大きな障害となっていると思われることを付記しておく)[10]。

しかし、さらに注意すべきは、明治初年の状況である。周知のように、そもそも江戸時代には一般に、農民・町人には氏（苗字）の使用は許されておらず、平民に氏の使用が許されたのは、明治3年9月19日の太政官布告からである。そのような時代に、実は明治9年3月17日の太政官指令は、夫婦別氏、すなわち妻の氏は「所生ノ氏」（＝実家の氏）を用いることとしていたのである[11]。つまり、明治政府は明治9年の段階では、今日とは反対の、「夫婦別氏制」の採用を指示していたのである。

この点、前掲の法務省のホームページは、明治9年3月17日の太政官指令を掲げたうえで、「明治政府は、妻の氏に関して、実家の氏を名乗らせることとし、「夫婦別氏」を国民すべてに適用することとした。なお、上記指令にもかかわらず、妻が夫の氏を称することが慣習化していったといわれる」と注記している[12]。

法務省法務ページの注記はそれだけである。では、なぜ「上記指令にもかかわらず、妻が夫の氏を称することが慣習化していった」のか。そこが最も解明すべきところであろう。明治9年の太政官指令から明治23年の旧民法典公布（より正確には22年6月の、人事編第一草案を改変した別案乙案出現）までの間に何があったのか。この点についての詳細は別稿に譲るが、私見ではここに井上毅の人心掌握（誘導）政策の影響があったとみているわけである[13]。いずれにし

---

10) 犬伏由子教授は、この戸籍法（明治4（1871）年4月4日太政官布告170号）が、戸籍による一元的人民管理の実現を目指したもので、「戸」を通して「氏と名」により個人を把握するための厳格な氏の規律が必要となったと指摘している（犬伏由子「選択的夫婦別氏（別姓）制度導入の意味」二宮周平・犬伏由子編『現代家族法講座　第2巻　婚姻と離婚』（日本評論社、2020年）64頁）。なおこの問題に関する最も詳細な学術論文として、水野紀子「夫婦の氏」戸籍時報428号（1993年）6~23頁が挙げられる（東北大学の同教授のHPで閲覧可能）。選択的夫婦別姓を採用した場合の戸籍編製のあり方等についても言及しており、先駆的な業績でありながら、現代において選択的夫婦別姓採用論が具体化した場合は必須の参考文献となろう。

11) この明治9年3月17日の太政官指令は、上記法務省ホームページにも存在は明記されているが、文面としては、「婦女人ニ嫁スルモ尚所生ノ氏ヲ用ユ可事。但夫ノ家ヲ相続シタル上ハ夫家ノ氏ヲ称スヘキ事」というものであった（二宮周平「近代日本の家名──家制度の確立と氏」（https://ch-gender.jp/wp/?page_id=18821、最終閲覧2024年3月26日）。

12) 以上、前掲注4）法務省HP「我が国における氏の制度の変遷」より。

13) ここでは詳論を避けるが、ことは明治14（1881）年の政変にまでつながる話とだけ記しておこ

ても、わが国における「夫婦同氏」の制度の歴史は決して古くないことをはっきり認識しておきたい。

3　論証のための例示——「日本古来の家族観」の形成

では「日本古来」の家族観といわれるものは、歴史上どこから強調されるようになっているのか。

ここで、上記の旧民法典が明治23（1890）年公布後に論争となって結局施行延期となる、いわゆる「法典論争」の内容を見てみよう。繰り返すが、正確にはボワソナードが起草を担当したのは財産法部分のみで、家族法部分（人事編）は日本人委員が起草し、しかもその人事編は当初草案こそかなり開明的だったが、元老院などで、後の明治民法と比較しても勝るとも劣らないと評されるほどの保守的なものに改変される。その人事編がもっぱら法典論争の対象になっていた。

この法典論争で、延期派の最大のスローガンとされたのが、時の帝国大学法科大学教授（後に同大学長）穂積八束の論考のタイトル「民法出デテ忠孝亡ブ」というものであった。この、現代的に言えば圧倒的な力を持ったキャッチコピーのもと、専ら人事編つまり家族法の部分が槍玉に上げられて、延期派が勝利するのであるが、実は実際の論争の内容は、後世に正しく伝えられていない。

ボワソナード民法典の施行断行派は、後に日銀総裁になる水町袈裟六の論考などに見られるように、一つ一つの規定を挙げて、旧民法が我が国の醇風美俗を壊乱するようなものでないことを丹念に反証するのであるが、これに対して、延期派は、そのような個別具体的な批判をほとんどしていないのである。たとえば穂積八束の「民法出テゝ忠孝亡フ」の論文[14]（の内容は、「我国ハ祖先教ノ国ナリ家制ノ郷ナリ権力ト法トハ家ニ生レタリ」「家長権ノ神聖ニシテ犯スベカラザルハ祖先ノ霊ノ神聖ニシテ犯スベカラザルヲ以テナリ」「婚姻ニ由リテ始メテ家ヲ起スニアラス家祠ヲ永続センカ為メニ婚姻ノ礼ヲ行フナリ」という

う。本章後述VIの記述も参照。なお、井上が主たる作成者である教育勅語も、明治23（1890）年に出されている。

14）　穂積八束「民法出テゝ忠孝亡フ」法学新報5号（明治24（1891）年）、星野通『民法典論争資料集（復刻増補版）』（日本評論社、2013年）82頁以下に収録。国立国会図書館デジタルコレクション『穂積八束博士論文集』で閲覧可能。

調子で書かれている。わが国は「祖先教の国」で「家長の権利は神聖にして犯すべからざるもので、極めつけは、「婚姻によってはじめて家を興すのではなく、家祠を永続するために婚姻の礼を行う」というのである。

　現代の感覚からすれば、およそ近代民法典の制定論議とは思えない内容である。これが明治24年に、（現在でいう）東大教授の論文に書かれているのである。もっとも、この旧民法典を施行延期後に修正する三起草委員の一人となる梅謙次郎は、明治25年5月の段階で、人事編を評価して、法典断行を支持する意見を表明し、「我輩ハ常ニ信ス、我カ民法中ニ於テ若シ其細目ノ瑕疵ヲ舎イテ唯其大体ニ就イテ論セハ、人事編ヲ以テ其尤モ宜シキヲ得タルモノトスヘシト。然ルニ民法ハ倫常ヲ壊乱スト曰ヘルカ如キ酷評ヲ為スモノアルハ、実ニ我輩カ解セサル所ナリ。（中略）故ニ民法出テ、忠孝亡フト是レ徹頭徹尾誤謬ノ妄言タルニ過キス」と書いている[15]。すなわち、「民法出デテ忠孝亡ブ」とは「徹頭徹尾の妄言」だと断じていたのである。実際、先に述べたように旧民法典の人事編は最終的に相当保守的な内容に作り変えられていたのであるから、客観的に言葉を選んでも、やはりこの穂積八束の論題は大いなる誇張であったというべきであろう。しかし、彼がその論題だけでなく内容においても家制度の「伝統」を強調した言説を述べ、帝国大学教授として、旧民法典施行延期のオピニオンリーダーとなっていたことは間違いのない事実なのである。

　明治は20年代（西暦でほぼ1890年代）にあってこのような時代だった。しかも、繰り返すがそれは、明治維新初期のおそらくより開明的であった男女間の見方が、明治10年代の、井上毅らによる天皇中心の国体確立のための人心誘導政策によって、この穂積八束の言のごとき反動的な理解を当然視する方向につながり、いわば国が家と戸主の存在を絶対化する中で、男性優位社会という社会意識の固定化に人民を誘導したのではないか、そしてそれが今日までの国民全体の社会意識の基礎の形成につながっているのではないか、というのが私の試論なのである（さらに井上と八束の関係についても別途触れたい）。

　実際、当初の開明的な第一草案から相当に保守的な内容に作り変えられた旧民法典人事編が施行延期となったあと、それを引き継いで家制度や戸主権を確

---

15)　梅謙次郎「法典実施意見」『明法誌叢』3号（明治25（1892）年）15~16頁（傍点と句読点は筆者）。

立した明治民法典第4編第5編（旧民法典との比較は後掲手塚博士の評価を参照）が、明治31年制定施行から昭和22年の民法家族法改正まで用いられ続けることになるのである。

4 論証のための例示——女人禁制

　もう一つ、まったく場違いのように思われるかもしれないが、文化人類学からの例証を加えておこう。それは、わが国におけるいわゆる「女人禁制」の歴史についてである。

　鈴木正崇教授は、その著書『女人禁制の人類学——相撲・穢れ・ジェンダー』[16]の中で、相撲が国技になり、土俵が女人禁制となるのは明治時代からだということを明らかにしている。鈴木博士は、「大相撲の伝統は、時代に応じて微妙に、時には劇的に変化したことを指摘してきた。大きな転機は3回あり、第一は明治17年（1884）年の明治天皇の天覧相撲、第二は明治42年（1909）年6月の國技館開館に当たり土俵上で表彰式を行う制度を作り出したこと、第三は昭和43（1968）年1月に内閣総理大臣杯を導入して、一般人が土俵に上がって授与する方式を作り出したことである。いずれにも祭場である土俵の上に女性を上げないという慣習を適用した」。「極端な言い方をすれば、相撲の女人禁制は、明治42年6月の國技館創設で土俵上での表彰式が導入されたことを遠因とし、昭和43年1月に表彰式に内閣総理大臣杯を創設したことが発生因となって顕在化したのである。」[17]とする。もちろん、鈴木教授が論証するように、「女人禁制」には、宗教、山岳信仰、穢れの概念等、多様な理由があり、「男性の視点が優越した歴史的概念」であることは確かであるものの、しかし「女人禁制は女性差別である」という言説が、「近代が創り出した言説」である例も多いとされるわけである。

　その意味で、「女人禁制」は女性活躍の議論の中での位置づけは単純ではなさそうであるが、いずれにしても、大相撲の女人禁制も明治時代から制度として顕在化しているようである。そしてもうひとつ、上記の大相撲では明治17年の天覧相撲に注目したい。これは、相撲界にとっては、明治維新直後には見

---

16)　鈴木正崇『女人禁制の人類学——相撲・穢れ・ジェンダー』（法蔵館、2021年）。
17)　鈴木・前掲注16）67~68頁。

第5章　女性活躍のビジネス法務学　119

世物扱いされていた相撲[18]が、「国技」を印象付けるお墨付きを得る行事であったのだろうが、そこに皇后は同席されていたのであろうか。というのは、私のボワソナード研究では、鳥居坂の天覧歌舞伎というものが登場する。明治20（1887）年4月26日に鳥居坂の井上薫邸で催されたこの歌舞伎については、当時の錦絵では天皇・皇后が並んで観覧しているのだが、これは想像図で、実際には皇后は同席せず、皇后と高官夫人らは翌日27日に招待されている[19]。

　つまり、明治維新は、わが国の文明開化の中で、結局男女差別ということに関して何を残したのか、ということである。私が試論として考えているのは、明治維新は、天皇制という国体の確立を目指した中で、実は文化的には維新政府の施策による女性差別・反動の確立した時代であって、これが現代の「社会意識」「（無意識の）常識」を形成したのではないか、ということなのである。

　この点については現時点でさらに十分に論証する準備が足りないが、たとえば当時福澤諭吉が、官（政府）の施策が先行する中で「私」としての市民の独立を強く訴え、『学問のすゝめ』第8編（明治7年）で男尊女卑の悪習を批判していたが、そのように正面から男女差別の問題を論じるのは、当時の知識人の中では、ほとんど唯一と言っていいほどの少数派であったように見えること[20]、また、当時の風聞の部分を含むので明記は避けるが、明治政府の功労者や時の文化人でも、女性関係というか女性の扱いに問題があるとされた人物も多いことなどが傍証として考えられる。つまり、明治時代は、社会における男女の関係においては、（為政者たる男性らの意識にも問題があって）逆に封建的な男性上位を確立した時代であったのではないか、という仮説である。

　もしこの仮説が誤っていないとすれば、わが国の家族観や、それに伴う男性中心社会観についての伝統的な「常識」は、実は明治時代に（意図的に）「新しく作られた」ものであって、たかだか、130年くらいの歴史しかないのである。

---

18)　鈴木・前掲注16）52頁参照。

19)　池田・前掲注3）『ボワソナード』68頁。同69頁に収録した井上探景・楊洲周延の「貴顕演劇遊覧図」はそこに注記した通り想像画であって、史実とは異なる。

20)　ここでは詳論しないが、福澤諭吉の女性論、家族論は、氏の問題（婚姻した男女で新しく一家を作るのだから、それぞれの姓を組み合わせて新しい姓を作ればいいなどとも述べている）や、今日で言うジェンダーバイアスの問題、子育ての問題等、現代の論点にも言及する卓越したものであった。西澤直子「福沢諭吉の女性論・家族論」小室正紀編著『近代日本と福澤諭吉』（慶應義塾大学出版会、2013年）47頁以下等参照。

ただ、この仮説だけではまだ不十分である。まず法律学プロパーの観点から
は、明治の民法典が定めた、戸主権や家督相続の概念を、男女差別の観点から
再検討する（その後の日本社会を男性上位社会として固定化していったことへの影
響等も明らかにする）必要があろう。法制史プロパーの重要業績[21]を基礎に再
検討することが望まれる。さらに、ことは法律学からのだけでは足りず、先に
も若干触れた、政治と教育の問題こそが、本質的なカギを握ることになるかと
思われる（この点については再度後述する）。

III　ノーベル経済学賞の業績と「ルール創り」

　さて、視点を現代に戻そう。2023年10月9日にノーベル経済学賞の受賞
が決まった米国ハーバード大学のクラウディア・ゴールディン教授の場合は、
男女間に賃金格差が生じる要因を解明した研究が評価された。同氏のハーバー
ド大学での会見を報じる日本経済新聞の同年10月11日の記事（無署名）は、
「有名なのは、男女間の賃金格差の要因に『労働時間の柔軟性』を挙げた14
年の論文だ。子どもを産んだ女性の昇進が遅れたり、短時間労働に押し出され
たりしてしまう現象は「チャイルドペナルティー」として知られる。」と書い
ている。

　この、働く女性の子育て負担について、上記の武蔵野大学シンポジウムでも
報告された青山直美氏は、男女雇用機会均等法施行の最初期の就職をされた方
だが、当時の大企業では、出産後のキャリア女性に対して、環境整備やきちん
とした制度があっても、応援してあげようという「風土」がない状態だったと
いう。さらに、2004年の段階で存在した「小1の壁」について触れ、当時保
育園は比較的入れやすかったものの、いわゆる学童（放課後児童クラブ）の整
備環境が、非常にまずしかったことを述べている[22]。

---

21)　例えば手塚豊「明治二十三年民法（旧民法）における戸主権──その生成と性格」法学研究26
　　巻10号（1953年）1頁以下、同27巻6号27頁以下、27巻8号36頁以下（同・前掲注8）『明
　　治民法史の研究（下）』215頁以下所収）など。
22)　「小学生になるくらいのお子さんをお持ちのお母さまは、家にいるのが当たり前という形だった」
　　「雇用機会均等法という、あのような法律はできても、人々のいわゆるアンコンシャスバイアスと
　　いうか、子供が小さいうちは、どんなに優秀な女性でも、子供の世話をすることが一番美しい在り
　　方だということがいわれていました」という。青山直美「女性の活躍推進と実務家教員の養成」

第5章　女性活躍のビジネス法務学　121

この「風土」創りに関して、佐賀県知事の山口祥義氏は、2023年10月の日本経済新聞のインタビュー「私のリーダー論」[23]で、「『前例がない』『原則上できない』ことが実現を阻む理由なら、ルールに縛られるのではなく、ルールを変えればいいのです」として、「例えば、佐賀県庁では現在、男性職員の2週間以上の育休の取得率が100％です。2年前までは30％でした。どうやって事態を打開したと思いますか。以前は取得希望者が申請書類を提出していました。『取得しない場合は所属長が不取得の理由書を提出する』というルールにしたら全員が育休を取るようになりました。発想の転換です。」と述べている。まさに発想を逆転させた、見事な「ルール創り」である。

　またこれは、私が提唱している「行動立法学」（ルール創りは、誰のためのルールか、こういうルールがないと誰がどう困るか、を考えて、ルールを創った際の適用対象者の行動をシミュレーションしてから行う）[24]を実践した好個の例と言える。

　日本がいつまでも女性活躍後進国である現状から抜け出すには、（単なる意識改革では足りず）こういう、発想を転換した新たなルール創りが必要なのである。

　もっとも、ゴールディン氏は、この育児負担が女性に偏りがちなことだけに「チャイルドペナルティー」現象の要因があるのではなく、長時間労働や突発的な業務など仕事の質にも問題があるととらえた。男女を問わず勤務時間の調整がしやすい「フレキシビリティー（柔軟性）」こそ賃金格差を埋める最後のカギだと説いたのである（上掲日本経済新聞の記事の文章による）。

　そこでもう一つ、私がビジネス法務学の要諦としている、「創意工夫を新しい契約でつなぐ」好例を挙げてみよう。2023年11月の日本経済新聞に、三段の小さな記事だが、「富士急系、軽EVタクシー」[25]という無署名記事が載った。富士急行グループの甲州タクシーという会社が、電気軽自動車タクシー2

　（インタビュー、聞き手池田眞朗）池田眞朗編『実践・展開編　ビジネス法務教育と実務家教員の養成2』（武蔵野大学法学研究所（発売創文）、2022年）259・266・268頁。
23)　日本経済新聞2023年10月12日夕刊2面、佐賀支局長長谷川聖子署名記事。
24)　池田眞朗「行動立法学序説──民法改正を検証する新しい民法学の提唱」法学研究93巻7号57頁以下（同『債権譲渡と民法改正』（債権譲渡の研究第5巻）（弘文堂、2022年）601頁以下所収）。
25)　2023年11月3日日本経済新聞33面「富士急系、軽EVタクシー」（無署名）。

122　第Ⅰ部　総論

台を導入し、女性パート運転手二人を新規に採用して運行するという記事である。記事によると、「新規採用の女性が軽EVタクシーを運転する。日中5時間のパート勤務で、主に地元の高齢者の通院や買い物などの送迎を担当する」「車両は日産自動車の「サクラ」。タクシーの安全基準に適合して販売されたのを機に導入した」。

まさにここにビジネス法務学が対象とし検討・推奨する要素が満載なのである。超高齢化社会のモビリティ、運転手不足の対応、ジェンダーフリーの女性活躍、ゼロエミッション、これらすべての要素を、「創意工夫を契約でつなぐ」形で実現している。超高齢化社会対応と女性活躍でいえば、「高齢化と人口減少で運転手不足が続き、地方在住の女性の多くが普段運転する軽自動車を女性運転手の獲得を図る」（同記事）のが合理的であるだけでなく、「日中5時間のパート勤務」で、上記ゴールディン教授の言う、勤務時間のフレキシビリティーも確保している。CO_2排出で言えば、日本で導入が遅れている電気自動車を、軽自動車規格でタクシーに必要な安全基準に適合した車種が発売されたのを機に導入したのも大変適切である（法規制や安全基準に対する目配りはビジネス法務学の重要な役割でもある）。

そもそも女性のタクシー運転手は、わが国でも近年かなり増えてきていると感じるが、私は1978年から80年の2年間のフランス留学（パリ第I大学）の際に、既に、当時日本ではほとんど見かけなかった女性のタクシー運転手がいて、その人たちがほぼ全員、助手席に犬（大型犬）を乗せていたのを記憶している（愛犬は、タクシー強盗などに対処するセキュリティ確保手段であったのだと思うが、日本では、コロナ蔓延前まで助手席にもお客を乗せるのが普通であった。もちろんそれは日本が世界的にみて非常に例外的に安全な国であったことの証左とも言えるのだが）。

Ⅳ　少子化対策と夫婦別姓

ここで、「女性活躍」プロパーの問題から少し視野を広げて、人口学の観点からの考察を加えてみたい。2023年段階の日本政府の少子化対策は、実質は「子育て対策」であって、結婚・出産の促進策という意味での直接的な少子化

対策にはなっていない、という批判がある。

　この点に関連して着目したいのが、日本総合研究所シニアスペシャリスト村上芽氏の発言である。村上氏は、「出生率、15年後見据え対策を」と題された日本経済新聞の記事[26]で、「日本では夫婦別性を認めるだけでもキャリアを大事にしたい女性の結婚のハードルは下がるだろう。政策的なコストも高くはない」「離婚などでシングルになっても安心して子育てできる環境づくりも必要となる。給与が一定額を超えると社会保険料が天引きされて手取りが減る「年収の壁」の解消に取り組むべきだ。男女ともに働きやすくなり経済的に自立できる。」と述べている。

　「年収の壁」問題も大変重要なのだが、ここで取り上げたいのは、「夫婦別姓（選択的夫婦別姓）」の採用が、キャリアを大事にしたい女性の結婚のハードルを下げるだろうという指摘であり、さらにビジネス法務学的に重要なのは、「政策的なコストも高くはない」という指摘である。

　つまり、わが政府の対策は、子育て世代への支援金や補助金等、「お金で解決する」発想が全般的に強い。これに対して、制度自体の改善を計った場合は、選択的夫婦別姓でいえば、戸籍関係部署の書式データの修正などに国の支出はあるだろうが、法律を変えるだけで政府の支援金・補助金等の予算支出はゼロで済むのである。

　このように、わが国における積年の課題である「選択的夫婦別姓」制度採用の問題は、伝統的な「家族観」の問題から、現代では女性活躍の問題へ、さらに少子化の問題へとつながっていることを認識すべきであろう（この点、たとえば50代60代の男性地方議員や男性地方首長の意識はどうであろうか。まだこの「因果のつながり」を肯定する人は少ないのではないか。ちなみに、私のゼミナールの2024年3月卒業生の一人の卒業論文では、調査数は少ないが、これらの世代の首長対象者へアンケート調査をして、（選択的夫婦別姓には賛成意見もあったものの）「夫婦別姓と少子化には格別のつながりはないと思う」という多くの回答を引き出している）。

　私の問題意識が的外れではないことを、世界的な人口学者ポール・モーラン

---

26)　Think！「将来推計人口　識者に聞く（上）」日本経済新聞2023年4月28日5面（無署名）。

ドの近著『人口は未来を語る』[27]から論証したい。同書は、「ヨーロッパの低出生率の国々の多くに共通しているのは、女性の教育機会は大いに拡大しているのに、その一方で伝統的な価値観がそのまま残っているという点で、このふたつの組み合わせは出生率にとって致命的である。女性の教育を奨励していながら、女性が仕事と家庭を両立させようとすると眉をひそめるような社会においては、女性は興味のある仕事か母親になる喜びかという二者択一を迫られ、多くの場合前者を選ぶことになるからだ」[28]、「日本はかなり前から低出生率とそれに伴う景気低迷に苦しんでいて、典型的な「低出生率の罠」に陥っている。女性が教育機会を得た国では、一般的に合計特殊出生率が人口置換水準あたりまで下がるが、そこで仕事と出産の両立が奨励されないとなると、出生率は一層低下する。日本がまさにその例で、この国には母親としても働き手としても満たされずにいる女性が大勢いる」[29]と書いている。

V　法律によるコントロールの限界

　さて、ポール・モーランドの「個人の価値観と社会の価値観のずれ」と、私が指摘する、急激な変革の時代には法律の制定や改正が後追いになってしまうという、法律の限界性の問題を、改めて選択的夫婦別姓の問題で検討してみよう。

　第二次大戦後の 1947（昭和 22）年に、全面的に改正された民法第 4 編第 5 編（家族法部分）が施行される。

　そこでは、

第 750 条　夫婦は，婚姻の際に定めるところに従い，夫又は妻の氏を称
　　　　　する。

とされた。

　これについて、前掲の法務省ホームページは、「改正民法は，旧民法以来の夫婦同氏制の原則を維持しつつ，男女平等の理念に沿って，夫婦は，その合意に

---

27)　ポール・モーランド（橘明美訳）『人口は未来を語る』（NHK 出版、2024 年）。

28)　モーランド・前掲注 27）129 頁。

29)　モーランド・前掲注 27）148 頁。

より、夫又は妻のいずれかの氏を称することができるとした」と解説している。

　周知のように、この規定が憲法に違反するかが争われ、この問題について最高裁は大法廷で「①婚姻の際に、「氏の変更を強制されない自由」が憲法上の権利として保障される人格権の一内容であるとはいえず、本条は 13 条に違反するものではない。②本条は、夫婦がいずれの氏を称するかを協議に委ねているのであり、憲法 14 条に違反するものではない。③夫婦同氏制は我が国の社会に定着しており、家族の呼称を一つに定めることには合理性があり、同制度には家族構成員であること対外的に公示し識別する機能があるなどの意味がある。婚姻によって氏を改める者が不利益を受ける場合があることは否定できず、現状では妻となる女性がその不利益を受ける場合が多いことが推認できるが、婚姻前の氏の通称使用が広まることにより右不利益は一定程度は緩和され得る。以上を総合すると、本条は憲法 14 条に違反するものではない。この種の制度の在り方は国会で判断されるべき事柄である」[30] という判断を示している（最大判平 27 年 12 月 16 日民集 69 巻 8 号 2586 頁）。なお 15 名の最高裁裁判官中 1 名の反対意見、計 4 名の意見（それら計 5 名が違憲と判断）、1 名の補足意見があった。その後に出た最大決令和 3 年 6 月 23 日でも、結論は同様であるが、裁判官 15 名中 4 名が違憲と判断している[31]。

　論理的には、「婚姻時に夫婦が合意でいずれかの姓を選択できる」という規定それ自体に男女差別の要素を見出すことはなかなか難しい。したがって、最高裁の裁判官の多数が夫婦同氏の規定を「合憲」とするのは、ある意味では仕方のないことであり、裁判官から、これは国会で検討すべき問題だという意見が加えられるのも当然という見方ができよう。つまりこれが法によるコントロールの限界なのである。

　ただそこに、社会の価値観なり社会意識の問題を投入すれば、実際にわが国では婚姻時に夫の姓を選択する夫婦は約 95％ に上っている。ここに、私の言う「行動立法学」の問題がある。新法の制定など、新しいルールを作る際には

---

30)　本稿は判例評釈が目的ではないので、ここでは判例六法（有斐閣、令和年版）596 頁の民法 750 条に関する判例紹介文を引用した。

31)　最大決令和 3 年 6 月 23 日裁時 1770 号 3 頁・WestlawJapan 文献番号 2021WLJPCA06239001。同決定の紹介として、二宮周平「民法 750 条（夫婦同氏制）と憲法」法学館憲法研究所報 24 号（2021 年）44 頁以下等がある。

対象となる人々の行動のシミュレーションを十分に行ってから作るべきと主張しているわけであるが[32]、そもそも戦後の昭和22年の段階で、「夫婦が合意でいずれかの姓を選択できる」というルールを作ってそれで平等を図れるかといえば、いくら民主化の世の中といっても、それが絵に描いた形式論であることは自明だったはずなのである。

それに加えて、ポール・モーランドも指摘するように、ビジネスなどに携わる女性の意識と、社会の通念とか常識とか呼ばれる価値観の差が、今日までこの数字を生みだしているといえよう。

したがって、ある意味ではこの夫婦別姓の問題は、立法の遅れの最たるもの、という見方もできるのである。社会通念という名の、夫の姓を選ばざるを得ないという、女性の側に課される不当な圧力は今なお厳然と存在している。

こうして、選択的夫婦別姓については、法制審議会の答申が出てからも、何度か国会に提案されかかっても結局立法に至らない。その理由のひとつは、地方議会や地方選出国会議員の反対によるものとも言われている。それはなぜなのか。私は先に本稿で先送りした考察の一端をここで示す必要があるかもしれない。

VI　仮説の帰結としての「価値観の固定化」

ここでやはり再度明治時代に戻る必要がありそうである。社会通念、社会常識、社会意識の固定化、それこそ明治10年代から井上毅が政体の安定のために企図し成功した人心教導策がここまで影響を及ぼしているということなのではなかろうか。

ここでは詳細な論証をする余裕がないが、『維新と人心』の名著を持つ伊藤彌彦教授の研究は、井上毅が、福澤諭吉の言説を異常なまでに警戒し敵視したことを明らかにしている[33]。伊藤教授は、井上が最も恐れたのは、福澤の言説に含まれる、「内閣交代」の発想だったという[34]。井上の伊藤博文に呈した意見

---

32)　池田・前掲注24)「行動立法学序説」参照。
33)　伊藤彌彦『維新と人心』(東京大学出版会、1999年) 134~135頁。
34)　伊藤・前掲注33) 138~139頁

書などを的確に読み解く伊藤教授の筆致は非常に説得的であるが、私は、より一般化していえば、井上が何より恐れたのは、「内閣交代」（政党内閣制）などに象徴される、福澤の言説に一貫する「多様性」の主張であったように思う。井上にとっては、オルタナティブ（代案、代替物）[35] が存在すること自体が、許容できない危険なことであったのである。彼はその意味で、教育を政治に取り込み、人心の（すなわち社会意識の）固定化を図った。官にあっては天皇を頂点とする政体の確立を図り、民に対しては、戸主を頂点とする家制度の確立を図り、官からのコントロールを強化する。そうして、明治日本の国家体制をゆるぎないものとするのが、実質的に明治官僚のトップの地位にあった井上の根本の目標であった。そうみれば、「私」の確立を説く福澤を極端に敵視したのは当然であるし、前掲の穂積八束の言説はまさに時代に適合したものであったのである。

　安易な推測は避けなければならないが、実際この明治の国家体制作りの在り方が、その後の日本の、男性優位社会の形成を決定的・固定的なものにしただけでなく、数次の戦争体験を経て増幅されたいわゆる「同調圧力」の強さとも結びついており、またそれが今日「アンコンシャス・バイアス」と呼ばれるものの基礎にもなっている、と言えるかもしれないと私は考えるのである。

　つまり、その明治以来の「固定化」の呪縛や多様性の排除からなお抜け出せずにいるところに、日本がいつまでも女性活躍後進国であり続けている一因があるのではないか、というのが、私の仮説の帰結である。

VII　制度の問題と個人の意識の問題

　前述の武蔵野大学シンポジウムのクロージングで、八代英輝弁護士（武蔵野大学客員教授）が、「意識」の問題に言及された。この「意識」と「制度」のか

---

35)　alternative について広辞苑は、「代案、代替物」の次にいみじくも「既存の支配的なものに対する、もう一つのもの」と説明している。教育思想論から福澤にアプローチする米山光儀「福澤諭吉の教育思想（2）」小室・前掲注 20)『近代日本と福澤諭吉』85 頁以下は、天皇が教育に関与する最初の文書である明治 12 年の「教学大旨」を取りあげ、それをサポートする内容の伊藤博文の名で出された「教育議」という文書が実は井上毅の書いたものであることを指摘しているが、論考の末尾に、「福沢は近代日本の教育に対して、常にオルタナティブを提唱した」と書いている（同書 98 頁）。

かわりについての私見を述べておこう。

制度として、いわゆる法律のようなものを考えるのであれば、制度から改善・構築して行こうとするのは間違いであろう。先に述べたように、それだけでは大きな成果が得られないのは、わが国の男女雇用機会均等法、男女共同参画基本法、女性活躍推進法等の制定・施行の歴史が如実に物語っている。

加えて、私がビジネス法務学の諸論稿で指摘してきたように、そもそも急激な変革の時代には、法律の制定・改正には（利害関係の対立等も加わって）時間がかかり、法律による社会コントロールは、変化の後追いになって十分な成果を得られない限界性が明らかになってくる。例えば、現代において顕著な問題例として挙げられるのは、2000年の施行後、今日まで本質的な改正が加えられていない、電子署名法（電子署名及び認証業務に関する法律）である。見方によっては、本稿前述の夫婦同氏規定もその代表例とされるかもしれない。

それでは一方で、男性女性を問わない、国民一人一人の意識を高めることはどうか。それは、上記シンポジウムでも複数の報告で指摘されており、貴重な認識であることは間違いない。ただ、その「意識」が、一人一人の自覚のようなものを考えるのであれば、やはり、なかなか目に見える形に結実しない。

つまり、「制度」と「意識」の二項対立の発想では、まだ女性活躍の具体的な成果は生まれてこないのである。そこにおいてビジネス法務学が提案するのが、「意識をどうルール化するか」ということなのである。繰り返しになるが、ここでも「創意工夫を契約でつなぐ」というビジネス法務学の要諦が生きる。つまり、（個々人の意識に基づいた）「あるべき方向の探求」を（オカミから言われるのではなく）「自分たちでルール化する」ことが重要と考える。

その最適な一例が、株式会社メルカリにあった。これも日本経済新聞2023年11月の記事「男女賃金『説明できない格差』」[36]が紹介するものである。要約すると、メルカリでは、正社員の平均賃金を統計的に分析し、等級や職種といった「説明できる格差」以外の影響を受けていることがわかり、調査時に37.5％あった男女間の賃金格差のうち、「説明できない格差」とされた7％の

---

36) 2023年11月2日夕刊8面「男女賃金『説明できない格差』」「メルカリが問う日本企業の姿」（編集委員中村奈津子署名記事）。ちなみにこの記事自体が、ビジネス法務学の手法からすると、その調査の目配り、因果関係の分析等、「レポート」ないし「論文」として見ても、秀逸といえる。

分を、個別にベースアップを実施して 2.5％にまで縮小したというものである。

その記事によれば、スイス政府などは賃金格差診断ツールを無償提供しており、わが国でも、研究者によるそのような診断ツールの大学発企業での提供が始められているようである。

もちろん、このような企業レベルのルール創りだけでなく、最小単位としての夫婦での「ルール創り」も考えられる。たとえば、日本経済新聞 2023 年 11 月 6 日 21 面のダイバーシティの欄には、「育児しにくい企業　パパ去る」という記事（署名杉山恵子）があった。「育児を理由に働き方を変える男性が増えている」というのである。

実際、飲み会に付き合い接待ゴルフに付き合い、とやらなければ出世できないという、従来型日本企業の「基本構造」に対して、「じゃあ出世はいいです、この子の子育てを優先します」という男性も増えているようである。この「意識」を「行動」に移せるかどうかが問題なのだが、たとえば昭和時代の男性と令和時代の男性では、明らかに「出世」よりも「子育て」を選択する男性が増えてきているように思える。それは、その個人にとっての価値観の逆転であり、本人の、また配偶者との二人の間の「ルール創り」なのである。

この「意識を（自主的な）ルール創りへ」という課題設定は、わが国の「制度」の硬直性への異議申し立てにもつながるといえよう。

VIII　小　括

以上、本章は、断片的なデータの寄せ集めにすぎないものではあるが、わが日本がなぜいつまでも女性活躍後進国なのかという設問に対して、その遠因から考究し、その打開策を、新しいビジネス法務学から探ろうとしたものである。私の主張する、ビジネス法務学が多くの学問をつなぐハブになるという「ハブ構想」も、不十分ながら実践してみたところである。

為政者の意識改革とそのルール化の好例として挙げた、先述の佐賀県知事の施策は、ようやく国によって取り入れられようとしている。日本経済新聞が報じたところによれば、政府は、男性の育児休業を促すための育児・介護休業法改正案などを 2024 年 3 月 12 日に閣議決定した。育休取得率実績値の公表を

130　第 I 部　総　論

これまでの従業員 1000 人超の企業から 300 人超の企業に義務付け、さらに従業員 100 人超の企業に男性の育児休業取得率の目標値設定と公表を義務付けるという[37]。ただし、設定できない場合のサンクションが厚労相の勧告というだけではそれほどの効果は望めないし、記事によればそもそもそれを利用できる職場環境ができているか（代替要員が手当てできるか等）がなお問題のようである[38]。

　さらに、日本経済新聞 2024 年 2 月 14 日 23 面の記事「人的資本と女性管理職」（署名は蔦民）によれば、2023 年 3 月期から、有価証券報告書で女性管理職比率と男性の育児休業取得率、男女間賃金格差の 3 つの指標の開示が義務付けられたが、「3 つの指標と株式リターンの研究によれば、特に女性管理職比率の高い企業が有価証券報告書の公表後に超過リターンを生み出している」という。経済産業省と東証が共同で選定するいわゆる「なでしこ銘柄」も公表されており、「女性の活躍に積極的な企業に着目した投資が始まっている」とのことである。

　以上のように、女性活躍を支援し期待する官や企業の新しい動きは出てきている。ただ、それらもなお今後の成果の検証が必要と思われるし、法律その他の枠組みを作っただけでは結果につながらないということは、本章でも見てきたとおりである。

　本章冒頭に述べたように、ビジネス法務学の各論からは、2030 年頃の日本の落日が多くの指標から決定的なものとして見えてくる。そこから日本を救うには、女性活躍社会の形成を、さらにレベルを上げて推進するべきである。民のレベルでの創意工夫、あるいは官民の協働する契約、が積極的に展開されなければならない。そしてそれらを担う人材として、女性は活躍の場を与えられなければならない。

　その観点が、ビジネス法務学を女性活躍の考究に、強い必然性を持って結びつけるのである。

---

37)　日本経済新聞 2024 年 3 月 13 日朝刊 3 面「男性育休　企業に改善迫る」（無署名）。
38)　日本経済新聞 2024 年 3 月 13 日朝刊 3 面「遠慮せず休める環境を」（天野由輝子署名記事）。

IX　エピローグ

　本章の初出には間に合わず書き込めなかったが、最近は企業トップの女性が増えているだけでなく、法曹界関係では、日本弁護士連合会においては 2024 年 2 月に渕上玲子氏が初めての女性会長に選出され、また検察官では畝本直美氏が 2024 年 7 月に女性初の検事総長に就任している。

　そして私が今一番注目している女性は、講談の世界で 2023 年に真打ちに昇進した講談師一龍斎貞鏡さんである。テレビで一度見ただけで、その存在感に驚いた。祖父と父を講談師に持ち、20 歳で父の高座を初めて目にして衝撃を受け、弟子入りしたとのことだが、彼女が記事になった日本経済新聞 2024 年 1 月 4 日夕刊 12 面「文化往来」を読んでまたびっくりした。「高座を降りれば、0 〜 5 歳の 4 児の子育ての真っ最中の 37 歳」とある。記事で彼女は、「高座と家族だんらん、どちらもたまらなく好き」と語っている。誰にもこのようなハイレベルの「二刀流」[39] ができるわけではないだろうし、またそのための環境が与えられているかも問題にはなろう。しかし、こういうスーパーウーマンは、各界で確実に増えている印象がある。このような人たちが、潮目を変える原動力になっていくことは確かであろう。

　貞鏡さんの高座での語りによれば、寄席では一つの話を何回かに分けて話す。次の日も続けて聴きに来てもらえるように、話のヤマで「この話はこれからが面白い」といって「お時間となりました」と終わらせるのだそうだ。日本の女性活躍は、ようやく、これからが目覚ましい発展の段階になるのかもしれない。

---

39)　「二刀流」と書いたが、それ自体が不適切なのかもしれない。つまり、貞鏡さんは、決して「二刀流」をしているとは思っておらず、ただ「女性」として普通に日々充実した人生を送っているだけという意識でおられるのではないだろうか。

第Ⅱ部　各　論

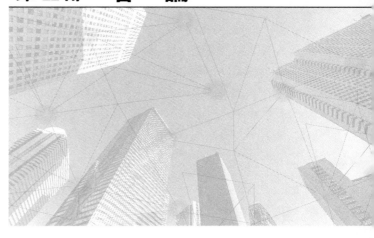

第6章

太陽光発電の
ビジネス法務学

I　はじめに

　本章では、ビジネス法務学の各論として代表的に取り上げられるべき、再生可能エネルギーを扱う。その中でも、太陽光発電に焦点を当てたい。それが、間違いなく現代の日本社会の持続可能性にかかる最重要課題であり、しかも、日本政府の政策にいくつかの問題が見出せ、そこからビジネス法務学の扱う諸課題が次々に現れるというテーマだからである。具体的には、国土や資源の歴史的考察から始まって、政府の電力政策の欠陥と便乗ビジネスの問題、研究支援の不足、企業や市民の自立への創意工夫、などと、ビジネス法務学にとっての分析対象が目白押しなのである。

　著者は既にこの問題についていくつかの論稿を明らかにしているが、ここではそれら[1]を統合・整理し、かつ新たに書き下ろす部分を加えて1章としたい。ポイントは、国のいわゆるFIT政策の問題点の指摘に始まる。そして、各ステークホルダー（企業、金融機関、個人等）ごとにどのように「創意工夫を契約でつな」いで課題を解決しようとしているのかの検討を加え、ビジネス法務学がこの問題をトータルにかつ多角的に扱う様相を示すことにしたい。

---

1)　本章が整理・統合する初出の論稿は、①池田眞朗「太陽光発電ビジネス再考——SDGsとビジネス法務学」銀行法務21・899号（2023年）1頁、②同「太陽光発電とESG融資の展望——行動立法学からみたFITの弊害」銀行法務21・914号（2024年）1頁、③同「ビジネス法務学の確立へ」金融法務事情2209号（2023年）1頁、④同「変革の時代の新しい融資基準」金融法務事情2236号（2024年）1頁である。

135

II 議論の前提──我が国の電力構成と政府の対応

日本の 2022 年度の国内の発電電力の割合は、化石燃料による発電、いわゆる火力発電が 70％以上を占めており、次いで太陽光（9.2％）、水力（7.6％）、原子力（5.6％）、バイオマス（3.7％）、風力（0.9％）、地熱（0.3％）という順で構成されている[2]。再生可能エネルギーは、原子力を除く太陽光以下 5 つの電源で、約 22％程度にとどまる状況であるが、これは、周知のように、ドイツやイタリア等の欧州各国と比較すると、火力の依存度が高く、再生可能エネルギーの活用が大きく遅れている数字である。

この対応として日本政府は既に、東日本大震災（周知のようにわが国における原子力発電の危険性が露呈した）を受けて、再エネ特措法（「電気事業者による再生可能エネルギー電気の調達に関する特別措置法」）を 2011 年に制定し（平成 23 年 8 月 30 日法律第 108 号）、再生エネルギー固定価格買取制度（いわゆる FIT 制度、FIT とは Feed-in Tarif の略である）を開始した。これによって、日本における再エネ発電設備、ことに太陽光発電設備の導入は、大幅に伸長した。その意味では、FIT 制度に一定の評価を与えることはできよう。しかし、これが、ビジネス法務学の指摘する欠陥を抱えたものであったのである

一般論として、日本政府の政策は、補助金、交付金等、問題を金銭で解決しようとする傾向がある。近年でいえば、マイナンバーカード普及のためのポイント（奨励金）制度もまさにその例である。マイナンバーカード自体のメリットや使い勝手・安全性を高めずにポイント付与で普及率を高めようとしても、カード作成者はポイントだけもらってカードを死蔵してしまうのは当然なのである（筆者はこれを後述の「行動立法学」という概念で説明しようとしている）。真の普及に必要な理念、哲学、そしてそれらに基づく、ルールを作った場合の効果に対する配慮が欠けているように思われる。本章ではそれを論証していきたい。

---

2) 経済産業省の発表した、2022 年度における国内の電源構成の速報値による（https://www.meti.
go.jp/press/2023/11/20231129003/20231129003-1.pdf、2024 年 8 月 10 日最終閲覧）。

Ⅲ　FITの欠陥

　2024年の1月に、「違法太陽光2割是正せず」という新聞記事があった[3]。新聞社の調査では。森林の無許可開発など法令違反の太陽光発電施設が政府の再エネ固定価格買取制度（FIT）の認定を取り消されないまま稼働し続ける例が相次ぎ、森林法違反の149カ所中2割が是正されていないというのである。

　私見ではこれはFITの欠陥から生起した当然の結果なのである。FITは、確かに太陽光発電の普及には大きな効果を挙げた政策なのであるが、私の提唱する行動立法学[4]からすれば、この結果は目に見えていた。つまり、行動立法学では、法律などのルールを作る前に、こういうルールを作ったら人はどう行動するかをしっかりシミュレーションをしてから作るべきと主張しているのだが[5]、政府が必ず一定価格で買い上げると聞いたら、事業者は採算点をクリアできる状況を見出せれば誰でも参入しようとするはずである。その結果、多数の新規事業者が、環境などに配慮せず安価な山林などを買い取って、メガソーラーを建設した。中には森林法違反や自治体の開発条件違反のケースもあり、そのため、全国で環境破壊や災害に結びつく例などが続出したのである。太陽光発電事業者の新規参入を禁じる条例を作った地方自治体もある。

　その後FIT制度は、市場価格を反映させるFIP（Feed-in Premiun）制度に変わっているが[6]、単純な固定価格設定での買取り制度はこういう弊害を生むことは本来明白だった。

　政府は、2024年4月に、改正再エネ特措法を施行させ、違反解消をしない業者に対して、国からの交付金を一時停止する措置を発表し、第一弾として森林法違反の開発等をして是正をしていない9社への交付金を停止し[7]、さらに

---

3)　日本経済新聞2024年1月29日1面（高橋耕平ほか署名記事）。
4)　池田真朗「行動立法学序説──民法改正を検証する新時代の民法学の提唱」法学研究（慶應義塾大学）93巻7号（2020年）57頁以下（同『債権譲渡と民法改正』〔債権譲渡の研究第5巻〕（弘文堂、2022年）599頁以下所収）。
5)　池田・前掲注4)「行動立法学序説」61頁（同『債権譲渡と民法改正』603頁）参照。
6)　FIT制度とFIP制度の解説については、長島・大野・常松法律事務所カーボンニュートラル・プラクティスチーム編『カーボンニュートラル法務』（金融財政事情研究会、2022年）19~22頁［本田圭執筆］参照。
7)　日本経済新聞2024年4月3日5面「太陽光9社、交付金停止　経産省、特措法を初適用」参照。

第6章　太陽光発電のビジネス法務学　137

同年8月に、農地で無許可の太陽光発電などをしていた事業者20社に対して、国からの交付金を一時停止する措置をとったのだが[8]、まさにこれは法の後追いの典型である。ルール創りの段階で適切なシミュレーションをし、適切な参入要件の設定をしていれば容易に防げた行動であったと思われるのである。

Ⅳ 「売電」の虚構──「超高度自給自足社会」の提唱

さらに検討を進めよう。日本政府は、太陽光発電の増加支援のために、一定価格での「買取り」政策を実施して、上記の弊害を生んだのであるが、そもそも、電力の「買取り」つまり裏を返せば「売電」は、国の政策の発想として正しいか。

2022年、トヨタ自動車が、自社工場敷地内に大規模な風力発電設備を設置し、この工場の電力をまかなうという新聞記事があったが、そこには「わが国では珍しい」というコメントがあった[9]。もちろんそれは、上述のように日本では、再エネ発電が政府の固定価格買取制度（FIT）に乗った「売電ビジネス」で発展してきた歴史があり、ことに風力の場合は国の買取りを前提に海岸や沖合等に風車を設定してきたからであるが、私はこの「売電」に当初から強い違和感を覚えてきた。つまり、電気の基本的性質は、「ためられない」「運べない」というところにある（実際には「ためにくい」「運びにくい」と表現すべきかもしれないが。いずれにしても、この「基本的性質から考える」のはビジネス法務学のまさに基本である）。その基本的性質に、SDGsの観点を加えれば、電気は売って儲けるものではなく、自分で使う電気は自分で作るという、電力の「自給自足」を考えるべきことが当然となるのであって、このトヨタのやり方こそが多数を占めるべきなのである。

わが国では、一時太陽光発電設備関係がABL（Asset Based Lending）の統計でかなりの割合を占めたが、これは政府の上記買取り制度の設定にいわばつけ

---

8) 日本経済新聞2024年8月6日5面「営農型太陽光発電、20社の交付金一時停止に 経産省、ルール違反で」参照。
9) 日本経済新聞2022年12月15日17面「トヨタ、愛知の工場で風力発電 来年、自家消費で国内最大級 使用電力15％超を供給」参照。

138 第Ⅱ部 各 論

込んだものもあり、私は評価できなかった[10]。本来、SDGs の考え方——その最大のキーワードは、「持続可能性」である——からすれば、脱炭素も地方創生も、その達成のためにはこの社会は「超高度自給自足社会」に向かうべきなのである。

その意味で、今般ある大手不動産会社（三井不動産）が、北海道など国内数か所に新たに太陽光発電所を稼働させ、（FIT や FIP 目的ではなく）自社が保有する商業施設などに直接供給する取り組みを始めるというのは[11]、正しい方向である。またミクロ的には、東京都が新築住宅に太陽光パネル設置を義務付ける[12]のも同様に評価できる。企業も個人も、「売電」で儲けるのではなく、また電気代が安くなるという発想だけでなく、CO_2 排出量の削減などによる「持続可能性」をめざす姿勢が評価されるべきなのである

V 太陽光発電再考

1 他の再生可能エネルギーとの比較

では、太陽光発電自体に問題はないのか。確かに、他の再エネ発電とくらべれば比較優位にあると言える。

---

10) 池田眞朗「今後の金融法務の展望——SDGs と ESG の発想を入れて」銀行法務 21・872 号（2021 年）1 頁。

11) 日本経済新聞 2023 年 3 月 7 日 15 面「三井不、物件に再エネ　自社発電　1 施設、数百万円安く」参照。記事（無署名）によれば、「三井不動産は北海道など国内 7 カ所で太陽光発電所を稼働し、自社が保有する商業施設などに直接供給する取り組みを始める。電力事業者による再生可能エネルギーの固定価格買い取り制度（FIT）を利用せず、各施設に直接送る」「今回、新たに稼働する発電所では FIT を使わず、「自己託送」と呼ばれる仕組みを使い、各施設に直接電力を送る」「電気代は通常、基本料金のほかに電力会社に支払う燃料調整費などがかかる。自己託送の場合は電力会社の送電網だけを利用するだけで済むため、燃料調整費を払う必要がない。エネルギー価格が上昇するなか、物件の電気代を抑えられる」「発電所が全て稼働すると、東京電力などの一般電力事業者から電力を購入した場合に比べて、グループの二酸化炭素（CO_2）排出量を年間で約 1 万トン減らせる」とのことである。

12) 日本経済新聞 2022 年 12 月 16 日首都面「円滑試行へ事業者支援　都、「太陽光」義務化の条例可決」参照。記事によれば、直接義務付けられるのは、都内への住宅供給実績の多い住宅会社などであるが、かつて国が断念した太陽光パネル義務化を東京都が実現しようとするもので、その後追随する市なども出てきている。実際、上記記事も指摘するように、住宅の太陽光発電義務化は欧米が先行しており、記事では、「EU は 2029 年までに全ての新築住宅を対象に設置を義務化することを検討している。ドイツでは 16 州のうち 7 州が義務化条例を既に導入済みだ。米国ではカリフォルニア州やニューヨーク市が 20 年までに新築住宅に設置を義務化した」と紹介している。

まず水力発電は、間違いなくクリーンなエネルギーであり、設備寿命が非常に長く長期的には最も低廉な電力を供給するとされる。また、再生可能エネルギーの中でも、安定した発電と制御性に優れており、電力系統の安定にも貢献しうる[13]。ただ、わが国では大型ダムの設置等は適地も少なくなっており、また大型ダムの場合は設置自体が環境破壊や生活阻害の問題になりうる。近年論じられている小規模水力発電も、わが国の場合は土地の権利関係の複雑さ等もあってなかなか難しいとされる。一方、風力は、わが国では潜在適地は多いとされるものの、住宅の近くでは音の問題等があり、海岸線もしくは海上に固定式もしくは浮遊式で設置する方向になる。当然一定規模の大企業でないと参入が難しくなるのだが、これについても、ここでは詳論する余裕はないが、政府の一連の政策（評価は分かれるだろうが私見の見るところでは海外企業の実質的参入排除、国内企業についても大企業の独占の排除等）[14]が今後吉と出るか凶と出るかというところがある。海外資本や国内大企業の独占の排除はそれなりに国内企業の成長保護や機会均等という意味では一定の評価はできるのだが、資本規模が大きければ当然開発速度も速くなるのに対し、小資本の保護育成ということになると普及速度は遅くなる。また開発規模の細分化は風力発電事業自体およびその装置製造等の採算を取りにくくするため、結局国内企業の風車製造からの撤退を招いている観もある。

　さらに、地熱発電も温泉国日本では有望とされるのだが、実はその適地とされるところが国立公園内に多く、開発がなかなか進まないという報道もされている[15]。

---

13)　以上資源エネルギー庁電力基盤整備課の「2050年カーボンニュートラル達成に向けた水力発電活用拡大の方向性 ver1.0」202310vision.pdf (meti.go.jp) 等参照。

14)　この経緯については、いくつかの報道がされている。問題を深堀りしたものとして、日本経済新聞2面に2022年6月21日から6月25日まで連載された、「洋上風力バトル（1）～（4）」（迫真）（柘植衛＝外山尚之＝末藤加恵＝矢尾隆行＝池田将＝磯貝守也＝伊藤敏克＝真鍋正巳が担当）を挙げておく。

15)　日本経済新聞2022年8月25日地方経済面九州13面（山本夏樹署名記事）では、「有望な場所の8割は国立公園などの自然公園内にあり、温泉や景観、動植物への影響を事前に調べる必要がある。温泉関係の事業者など地元の理解も欠かせず、稼働に至るには10年以上かかるとされる。」「政府は12年度以降、地熱関連で100億円を上回る水準の予算を確保し、資源調査を拡大。環境省は21年、国立公園での規制を緩め、行政手続きを簡略化するなどして開発期間を8年に短縮する方針を示した。」と報じている。

このように見てくると、太陽光発電に比較優位があり、国がそれを FIT で促進したことそれ自体は誤りではなかったが、固定価格での買取りを決め環境基準などに言及しなかった（あるいは他省庁との必要な連携を欠いた）FIT 制度は、まさにビジネス法務学が重視する倫理性や規範的判断力の要素に欠けた、そして私見の提示する行動立法学的考察も欠けた、一国の政策としては単純すぎるものであったと言えよう。

2　FIT に起因するさらなる問題

さらに 2024 年現在では、この太陽光パネルの耐用年数経過後の大量廃棄の問題が、FIT との関連で論じられている[16]。実はこれは、現在まで一般に使われてきた、シリコン型パネルの欠点にかかわるものなのであるが、FIT 制度がもともと 10 年で買取り価格を下げるシステムになっていることも問題に拍車をかけている。これも、行動立法学的に言えば、国の予測不足ということも言える問題なのである。

FIT 制度開始で一度に参入した事業者のメガソーラーなどのパネルが、当然一度に耐用限度を迎える。その場合、現状ではシリコン型太陽光パネルの多くが、再利用されないまま産業廃棄物として地中に埋められるなどの処理をされているというのである。

つまり、ビジネス法務学的にいえば、太陽光発電の奨励自体は間違っていなかったが、そもそも国土が狭く平地の空き地が少ないわが国では、現在のシリコン型パネルは不向きだったのである。しかも、その再活用も廃棄も問題があるとすれば、本来そこまでを考えての脱炭素でなければならないのだから、実はシリコン型パネルはあまり高い点数を与えられないものであった（なおシリコン型パネル（わが国では中国産が多い）は既に世界で供給過剰の値崩れが始まっているという[17]）。

---

16)　日本経済新聞 2024 年 7 月 8 日 19 面「太陽光、迫る大量廃棄　再生エネに 2035 年問題「大廃棄」の懸念」（田中雅久＝大高彩果署名記事）参照。
17)　そもそも既に 2012 年の段階でシリコン型太陽光パネルの主原料の多結晶シリコンが中国メーカーの供給増で値崩れして、国内メーカーが太刀打ちできない状況になっていた。日本経済新聞 2012 年 5 月 29 日夕刊 5 面「トクヤマ——太陽光向け素材不振で急落（注目株を斬る）」（無署名）参照。

第 6 章　太陽光発電のビジネス法務学　141

Ⅵ　ペロブスカイト型太陽光発電パネル

　ではシリコン型パネルの欠点のほとんどを除去するような太陽光発電パネルはできないのか。実はそれがあったのである。しかも、かなり早い時期の、日本人による発明だった（2009年の桐蔭横浜大学宮坂力特任教授の発明になるものである）。それが、ようやく2023年くらいからわが国でも商業化され認知されはじめた、ペロブスカイト型太陽光発電パネルなのである。

　このペロブスカイト型のパネル（「シート」と呼ぶべきか）については、私は既にいくつかの論稿で触れているので、ここでは詳論は避けるが[18]、簡単に言えばフィルム状のものにヨウ素を塗布して出来上がる。したがって、薄く、軽く、曲げることもできる。建物の窓や壁に貼ることもできるのである。つまり、従来のシリコン型パネルの、平地に敷き並べなければいけない、かつ重く、廃棄処分に困る、等の欠点をほとんどすべてクリアできるものである。

　さらにいえば、このペロブスカイト型のパネルの場合、主原料はヨウ素である。このヨウ素は、日本は生産量世界第2位で、日本が元素関係で世界有数のシェアを持つものは、ほかにはない[19]。シリコンパネルの場合はやはり中国が原材料からみても優位なのだが、日本が優位に立てる唯一のといっていい原材料がこのヨウ素なのである。その意味でも、ペロブスカイト型パネルは、比類のない「日本向き」の発明品と言ってよかろう。

　このペロブスカイト型の太陽光発電装置は、2023年に東京都などで実証実験も始まり、2024年にはたとえばカネカと大成建設が建物の窓や壁に貼れるものを商品化したり、YKKが窓に貼れるものを展示したりするに至っているものであるが、このペロブスカイト型パネルについては、実はわが政府の研究支援策の在り方を検討する格好の素材になっている。

　というのは、このノーベル賞級の発明とも言われ、何より日本に最適な太陽

---

18)　本章の元となった前掲注1）の論考のほかに、池田眞朗「懸賞広告のビジネス法務学」NBL1252号（2023年10月15日号）1頁、同「ビジネス法務学の確立とそのハブ構想」武蔵野法学19号（2023年）（本書第4章所収）、同「大学のビジネス法務学」武蔵野法学21号（2024年9月）283（横書き146）頁以下などで言及している。したがって、一部の記述は本書第4章と重複する。

19)　日本経済新聞2024年6月3日13面「産業支える元素　シェア解剖　半導体・EV、争奪戦激しく（ビジュアルデータ）」参照。

光パネルなのであるが、当初は発電効率が高くなかったりしたためそれほど注目されなかったこともあったようで、発明者の宮坂教授は、この発明の基本的な部分についての特許を国内でしか取らなかった。そのため、海外での開発・量産化（ポーランド、中国）が先行した経緯がある[20]。

しかし実際には海外の主要国で特許を取るのは、多額の費用がかかり、一個人、一私立大学では困難なのである。このような事例に際して私は、国の科学技術支援が、補助金型（国側が選抜して限定した企業や大学に対し資金援助をする）ではなく、重要な発明・発見には、その発明者の所属がいずれであっても、その発明を支援できるような懸賞金型であれば、今頃日本は太陽光パネルの国際市場を席捲できていた可能性があると論じたことがある[21]。つまり、実績のある大企業や大学を選定して補助金を出すよりも、課題だけ提示して参入自由で達成者に資金支援ができる形態が、これからの優秀な無名のスタートアップなどに有利な形態になるのである。急激な変革の時代には、無名の中小企業や小規模大学などから刮目すべき発明発見が生まれることもある。ペロブスカイト型パネルは、国の大学に対する研究支援の在り方などを考えさせる素材なのである。

VII　金融機関の新しい融資基準

ではここからは、様々なステークホルダーが太陽光発電の「課題」にどう対処しているか、またどう対処すべきなのかを順次考察してみよう。まずは、金融機関の側から考えてみたい。たとえば、メガソーラーを始めるという新規事業者に融資をした金融機関に手抜かりはなかっただろうか。私が一時 ABL の統計で太陽光発電設備の担保融資などが多数になったのを評価できなかったことは先に述べたが[22]、そこで融資を受けた事業者の中にその後環境破壊等で紐

---

20)　このことは既に 2021 年に報じられていた。日本経済新聞「コスト半減の太陽電池、月内量産、ペロブスカイト型、ポーランド新興、建物壁面に」「日本初も海外勢が先行　発明者、海外特許取らず」（三隅勇気、草塩拓郎署名記事）。筆者は他でもこの記事を引用しているが、管見の及ぶ限り、最も早期に、ペロブスカイト型の開発状況を正確に紹介するだけでなくその背景の特許問題にも言及した記事で、ビジネス法務学の「学術文献資料」として高く評価されるべきものと考えている。

21)　前掲注 18) の池田「懸賞広告のビジネス法務学」1 頁。

22)　前掲注 10) の池田「今後の金融法務の展望」参照。2010 年以来 ABL 協会の理事長を務める筆

弾される会社などはなかったであろうか。また、もしあったとしても、融資段階でそれをチェックするリストなどは存在したであろうか。

「ビジネス法務学」が第一義に考えるのは、企業や金融機関の利益ではなく、人間社会の持続可能性である。その観点からすると、AI のような「社会を便利にする」技術よりも、再生可能エネルギーに関する技術の方を重視する。私が以前からペロブスカイト型太陽光パネルなどに言及していたのはそのゆえである。そのことを前提に以下を論じる。

これまで、金融機関は大企業を相手にするか中小企業を相手にするかで当然融資手法が異なり、役割（業界）分担がされていたように感じる。国は最近「中堅企業」というカテゴリーも作っているが、資本金とか従業員数のような指標は、（それによって国の補助金が受けられるかどうかが変わるというのであれば、当該企業にとっては大問題であるが）私の問題意識からするとあまり意味がない。つまり、これからの変革の時代では、無名の中小企業やスタートアップ企業が技術開発一つで大企業を凌駕する成長を遂げる可能性がある。ペロブスカイトフィルムのヨウ素塗布技術や、EV 電池のセルの安全性廉価性向上技術などが例に挙げられるが、融資する側には、それら「人間社会の持続可能性」に貢献する技術を見抜いて当該企業に融資する「目利き力」が必要となろう。したがって、融資先企業を規模で選別する時代は終わった。

そしてそのことは、「投資先」を探すスポンサー企業としても同様である。全業種に想定される業態の変化が、異業種への「投資」を業務提携、M&A につなげるケースも増えてこよう。

一方、長く冬の時代を過ごしてきた地銀などの地域金融機関は、ローカルベンチマークなどを活用して、債務者たる地場企業と協力しての改善策を重ねてきた[23]。その中での、かつての日本型 ABL が、債務者を「生かす担保」としてきた理念を私は高く評価するのだが[24]、金利のある時代に戻り、（足元のゼロゼ

者としては、そもそも本来の中小企業支援策としての ABL（動産・債権担保融資。在庫動産と売掛金債権を主たる担保としていわば中小企業のトータルな事業性評価をして融資を行う）の実績データに、太陽光発電設備を担保とする融資の数字が入ること自体に違和感があった。

23) たとえば、水野浩児「企業経営における事業性評価のポイント　ローカルベンチマークの活用」ベンチャービジネスレビュー（追手門学院大学）Vol.9（2017 年）59 頁以下、同『債権の良質化における新展開』（経済法令研究会、2023 年）所収参照。

24) 私見が最初に提示した「生かす担保論」については、池田眞朗「変革の時代の民事立法のあり方

ロ融資の返済負荷に堪えられない中小企業の支援も重要なのだが）今後の融資先を選定・再考するにあたっては、従来の評価項目にはなかったと思われる、新たな融資基準が必要になると思われるのである。たとえばいわゆる町工場でも「何に使う何をどのようにして作っているのか」を問うてそれを評価基準に入れるのである。

　つまり、これからの金融法務は、大企業・中小企業を問わず、融資先のそのような「理念」を見極めて融資の優先順位を考えるべきではないだろうか。もちろん、引き合わない融資はできないが、そのビジネスがその企業単独の目先の利益を追うものなのか、一定の理念をもって社会への有用性を考えて行われるものなのか、という判断基準を加えることが必要であろう。

　その意味で、各地の地方銀行、信用金庫、信用組合で、SDGs を基準に取り入れた融資が実行され始めていることはまずは高く評価される。これからの金融法務は、すべてのステークホルダーが持続可能性を自分事と考えて協力しなければ維持発展が望めない状況にあるからである。

　しかし、実際には、言うは易し、行うは難し、であろう。つまり、今般の太陽光発電業者の法令違反等を見れば、再生可能エネルギー事業だからいいというわけではない。ESG（環境、社会、企業統治）の意味を再度確認すべきである。ESG 投資（融資）は、決して大企業限定対象のものではない。先に述べたように、山の中のメガソーラーではなく、ペロブスカイト型のパネルであれば、社屋の屋根にも窓にも貼れる。そういう行動を採る企業に支援の融資を振り向けるべきであるし、川上から川下までのサプライチェーンの脱炭素率が問題になる時代なのであるから[25]、下請け業者でも脱炭素率を上げようとしているところにはより厚い支援をするべきであろう。

　また、先述のように、現状の太陽光パネルは、経年劣化した場合の廃棄処分

とビジネス法務学」（本書第 3 章所収）参照。

25)　EU などでは、SDGs の達成基準として、完成品メーカーなどを企業単独で評価するのではなく、そこへの部品を供給する会社等を含んだ、いわゆるスコープ 3 までの、サプライチェーン全体を評価するようになってきており、国際サステナビリティ基準審議会（ISSB）が 2023 年 6 月にスコープ 3 の国際的な開示基準を確定するに至って、日本の上場企業にも遵守すべき義務が明確に生じたという状況に至っている（池田眞朗「供給網のビジネス法務学」会社法務 A2Z・2024 年 10 月号 58 頁以下参照）。それであれば、たとえば太陽光パネルの部品を製造している町工場などには、より支援の融資が考えられてよいはずである。

第 6 章　太陽光発電のビジネス法務学　145

などが問題として指摘されている。それであれば、パネル素材の改良や、回収再利用などを試みるスタートアップ企業などにも光が当てられるべきであろう。

　もちろん、たとえば工場に CO_2 排出低減装置を取り付ける、ということ自体が、伝統的な「費用極小、利潤極大」のテーゼに反することは明瞭である（私見は、そのテーゼを前提にする旧来の経済学自体を否定しているのだが）。金融機関は、技術と理念と採算とをすべて勘案する「新時代の目利き」にならなければならない。それは容易なことではない。いわゆる行員研修などが、さらにレベルを上げて行われる必要もあろう。

　このように、従来の財務状態や在庫などから融資先を判定する時代は終わっていて、金融機関（ことに地域金融機関）各社が独自の融資基準を研究する時代になったのではなかろうか。企業価値担保権（検討段階では事業成長担保権と呼ばれていた）について規定した「事業性融資の推進等に関する法律」[26]の趣旨も、そのような観点から把握するべきと感じる。

　したがって、かつてよく言われた「リレーションシップ・バンキング」という表現も、数段レベルを上げて再構築される必要があろう。その意味で、これからの金融法務の要諦も、「創意工夫を新しい契約でつなぐ」ところにあると考えるわけである。

　なお、付言すれば、わが国は欧州諸国にくらべて、地球規模の「持続可能性」に対する危機感がいまだに薄いように思われる。ここでは詳論する準備がないが、再生可能エネルギーの開発・利用は、カーボンプライシングなどの（いささか強い表現だが）大企業のお金のやり取り、数字合わせで処理されてはならないと感じているところである。

VIII　市民の対応——「卒 FIT」家庭の問題

　では今度は、この問題を市民の立場で考えてみよう。自宅の屋根に太陽光パネルを設置し、もちろん家の電気代も節約し、FIT で電力会社に買い上げをし

---

26)　2024 年 6 月 7 日、「事業性融資の推進等に関する法律案」が成立し、新たな担保制度として「企業価値担保権」が創設されることになった（新法は 2 年半以内に施行される）。企業価値担保権は、本書第 2 章で検討した「事業成長担保権」の名前を変えた発展形といってよい。

てもらっていたという家庭を検討対象にする。東京都など、自治体が建売業者に、新築住宅に太陽光パネルの設置を義務付ける時代になったので、そういう家庭はこれからも増えてこようが、2011年のFIT制度開始（個人住宅は2012年から）の後間もなく太陽光パネルを設置したという先駆的な家庭が、ここでの問題になる。

　FIT制度では、対象になってから10年間は太陽光パネルで発電した家庭の電気を電力会社が定額で買い取ることが義務付けられているが、対象から外れると買取り価格が急激に下がる。例えば14年にFITの対象になった家庭は1キロワット時あたり37円で売電できていたが、24年には売電価格が10円程度に下がる[27]。日本経済新聞の記事によると、「12年の制度開始から時間がたち、こうした「卒FIT」の家庭は足元で165万軒ほどある。今後も年20万軒ほど増える見通しだ」[28]という。

　この「卒FIT」家庭はどうするべきか。ここに、「創意工夫を契約でつなぐ」ビジネス法務学の世界が展開するのである。

　本章の冒頭の記述を思い出していただきたい。電気の基本的性質は、「ためられない（ためにくい）、運べない（運びにくい）」というものだった。したがって、昼間の太陽光発電が余って地域によっては出力制限がされたりしていることは周知のとおりであるが、家庭でも、昼間太陽光で発電した分を何とか蓄電池にためて夜使うことができれば、買取り価格が下がってもそれなりに家計が対応できる。

　それならば、何とか一般家庭用の蓄電池を安価に購入できないか。このような発想で、市民への提供プランを立てたのが横浜市である。日本経済新聞2024年6月1日地方経済面神奈川26面の記事「卒FIT世帯に蓄電池　横浜市など3者　初期費用ゼロプラン」を紹介しよう。家庭用蓄電池のリースプランを自治体と関係企業が提供するものであるが、ビジネス法務学の恰好の教材にもなっているので、記事を引用したい。

　「横浜市と東急パワーサプライ（東京・世田谷）、東北電力フロンティア（仙

---

27)　日本経済新聞2024年6月22日15面「京セラ、蓄電池の生産2倍　定額買取対象外の家庭用」（無署名）参照。
28)　前掲注27）記事参照。

第6章　太陽光発電のビジネス法務学　147

台市）の３者は、再生可能エネルギーの普及拡大で連携協定を結んだ。横浜市内で住宅用の太陽光発電設備を持つ家庭に対し、初期費用のない蓄電池の設置を提案する。夜間や早朝などの不足分は東北地方の再エネを利用し、100％の再生エネ対応を可能にする」「「ハマでんちプラン」と称し、６月４日からサービスを始める。平均的な家庭１日分の電力を賄える蓄電池を提供する。初期費用はないが、期間15年のリース代として月１万8000円かかる。横浜市は蓄電池導入の助成制度も検討する」「国の固定価格買い取り制度（FIT）の期間を終えた設備は「卒 FIT」と呼ばれる。売電の利点などを感じにくい家庭に蓄電池を導入してもらうことで、一般家庭で毎月3000円程度の電気料金の引き下げ効果が期待できるという。停電時は防災用の電力源になる」「電力の不足分に関しては、東北地方から再生エネを購入できる。余った電力は１キロワット時あたり13円で東急パワーサプライに売ることもできる」「横浜市には３万以上の世帯で FIT が導入されている。山中竹春市長は「脱炭素社会の実現には一人ひとりの行動変容が重要。電力の地産地消を進めたい」と話した」というものである。

　おそらく、初期費用はないものの、「期間15年のリース代として月１万8000円かかる」というところが、市民側にとってどれだけお得感を得られるかが問題のように思われる。記事にあるように横浜市が検討するという「蓄電池導入の助成制度」次第で普及するかどうかが変わってくるかもしれないと感じる。後述の別の記事では、東京都は家庭用蓄電池の導入費用の４分の３を補助する制度があるというが、当面はリースなり購入補助なりの、自治体と住民の「契約」による試行錯誤が続くことになろう。ただ、いずれにしても、上記記事で山中横浜市長がいう「電力の地産地消」は、私の提唱する「超高度自給自足社会」と軌を一にするもので、評価したい。

Ⅸ　蓄電池製造企業の対応

　そうすると、この「卒 FIT」の問題に蓄電池製造企業が反応するのは理の当然であろう。蓄電池ビジネスの商機というわけである。この反応は、ビジネス法務学的には、持続可能性の志向にかなうもので評価できる。

先にも一部引用した、日本経済新聞 2024 年 6 月 22 日 15 面「京セラ、蓄電池の生産 2 倍　定額買取対象外の家庭用　需要拡大、100 億円投資」（無署名）を見てみよう。

　同記事は、「京セラは 2024 年度末までに約 100 億円を投じて家庭用蓄電池の生産能力を 2 倍に増やす。パナソニックホールディングス（HD）の電池子会社は家庭用や産業用蓄電池の売り上げを 27 年度までに 6 割伸ばす」という記述から始まっている。

　記事も言うように、「一方で、電力会社の電気料金は高止まりしている。昼に発電した電気を蓄電池にためて夜間に使うなどして、「自宅での消費を増やすために蓄電池の活用を検討する人が増えている」（京セラの谷本秀夫社長）という」のは、消費者の当然の行動で、繰り返すが超高度自給自足社会の実現に向かうものである。記事では、その他各社の取り組みを紹介しているが、当然市場は今後国際規模で拡大すると思われる。

　記事では、「国内の蓄電池の販売台数は現状は年間 15 万台ほどだが、政府は 30 年度に 35 万台になるとみる。富士経済は住宅向けや系統向けの定置用蓄電システム向けの 2 次電池の世界市場規模が 40 年に 8 兆 741 億円と、22 年の 3.5 倍に拡大すると予測する。」「家庭用蓄電池は日本では 11 年ごろから設置が進み、欧米よりも普及が先行していたが、足元では海外市場が急速に拡大している」として、「一方で、米テスラが EV 電池の技術を生かして 20 年に日本の家庭用蓄電池に参入するなど海外メーカーも日本市場への取り組みを強化している」と紹介している[29]。

　電気を「ためる」技術開発は、家庭用蓄電池だけでなく、電気自動車（EV）関係はもちろん、大規模商業施設などへの汎用性のあるもので、しかも繰り返すが、「企業等の利益よりも人間社会の持続可能性を第一義に考える」ビジネス法務学の理念に合致する。適切な競争と市民社会への寄与を期待したい。

---

29)　その後日本経済新聞 2024 年 10 月 24 日 1 面「テスラ、蓄電池を全国販売」「ヤマダと連携、1000 店規模」（無署名）は、テスラが日本で全国的に蓄電池の販売を販売することを報じている。記事によれば、米テスラはヤマダホールディングスの「全国 1000 店の家電量販店で蓄電池の注文を受け付け、ヤマダの住宅や太陽光発電設備と組み合わせる」という。同記事によれば、さらにこのビジネスは、米欧では複数の家庭に設置した蓄電池を束ねて制御する「仮想発電所（VPP）」と呼ばれる電力ビジネスに発展しているとのことで、テスラも米国ではすでに VPP を展開しているという。

X　大学の対応

　「卒 FIT」問題への対応の考察は実はまだ終わらない。私は別稿で「大学の
ビジネス法務学」[30]を論じて、脱炭素は（SDGs を必修で教えたりするよりも）大
学自身が実践しなければいけないことを説いた[31]。ただその観点から努力をし
ても、千葉商科大学等、キャンパスの電力をすべて再生可能エネルギーにした
大学も誕生する一方で、キャンパスの立地条件などからして、再エネ化の比率
をそこまで高められない大学もある。そういう大学が、電力会社との産学連携
で、再エネ数値を高める努力をしようというのが、日本経済新聞 2024 年 5 月
23 日 14 面[32]が紹介する、慶應義塾大学と東京電力ホールディングスの連携事
例である。記事のニュアンスは、卒 FIT の家庭用太陽光発電電力の買取り争
奪戦という表現であるが、ビジネス法務学的には、まさに大学と電力会社の
win-win の「創意工夫を契約でつなぐ」好例と思われる。

　記事は、「固定価格買い取り制度（FIT）の期間を終えた家庭用太陽光発電を
巡り、電力会社間の争奪戦が激しくなってきた。東京電力ホールディングスは
学校法人慶応義塾の卒業生や教員の自宅の電力買い取りを 4 月に始めた」と
いう記述で始まる。

　記事によると、「慶応義塾大学の卒業生らの自宅にある卒 FIT の太陽光発電
で、家で使い切れなかった電気を東京電力エナジーパートナーが購入するサー
ビスを始めた。買い取り価格は 1 キロワット時あたり 8.5 円。現在の FIT 買
い取り価格（16 円）の約半分だ。」「東電は買い取った電力が CO_2 削減に貢献
したかを示す環境価値[33]を証書にして慶応義塾に提供する。まずは 1000 戸の
契約を目指す。」「慶応義塾は 30 年に学校施設の脱炭素を目指すが、敷地内な

---

30)　池田・前掲注 18)「大学のビジネス法務学」参照。

31)　実際、米国では脱炭素を実践している大学のランキングができている。池田・前掲注 18)「大学
　　のビジネス法務学」278（横書き 151）頁参照。

32)　日本経済新聞 2024 年 5 月 23 日 14 面「東電、慶応と電力買い集め　家庭用太陽光「固定価格
　　後」に照準　メガソーラー頼み脱却急ぐ」（泉洸希署名記事）参照。なお本章本文では「慶應義塾
　　大学」と表記するが、新聞引用は「慶応」のままとする。

33)　2024 年 3 月現在、日本では環境価値をあらわす証書として 3 つの方法が用いられている。J−ク
　　レジット、非化石証書（以上は国が認証）、グリーン電力証書（民間団体が認証）、であるが、記事
　　ではこの環境価値の証明方法を明示してはいない。ただ記事が言及しているのは J−クレジットで
　　ある。

150　第 II 部　各　論

どで発電設備を置ける場所が少ない。敷地などに発電設備を置いて減らせるのは「排出量の半分未満になりそう」（慶応義塾の担当者）という。東電とは住宅への太陽光の新設支援を通じ、慶応義塾に環境価値を寄付してもらう枠組みも設けた。卒FIT電力で得た環境価値も使い、慶応義塾は脱炭素を実現させる。」「東電は慶応卒業生に、屋根上でつくった電力の販売で母校に貢献できることを訴求。新電力が台頭する中、電力契約のつなぎ留めにつなげる。」というのである。

　もっとも、記事によれば、新電力数社は、このような「卒FIT」（慶應義塾卒業生の家庭に限らない）の電力買い取りに、東電の8.5円よりも高い価格を提示しているようで、このスキームには、卒業生の母校への貢献（実質的寄付）を期待する部分も含まれているかと思われるし、大学側も、前述の校舎の窓や壁面にも貼れるペロブスカイト型パネルの活用等で、なお実質の数字を上げる努力はなすべきと思われるが、いずれにしても、大学と企業のいずれにもメリットのある「契約」になっているのである。

XI　小　括

　以上見てきたところから、太陽光発電というテーマは、まさに多様なステークホルダーがどう現代の「課題」を乗り切るかを考える「ビジネス法務学」の、格好の研究素材になっていることが理解されるであろう。

　電気は、買うものでも、売るものでもない。出来うる限り、自分で作って自分で使うものである。Society 5.0 の時代[34] に、人は、「超高度自給自足社会」に向かわなければならない。これが、「太陽光発電のビジネス法務学」の示す結論である。

---

34)　Society 5.0 については、池田眞朗「ビジンス法務学の確立とそのハブ構想」（本書第4章V3参照）。

第7章

物流のビジネス法務学

Ⅰ　はじめに

　本章は、ビジネス法務学の各論のひとつとして「物流」の問題を論じる。周知のように、物流に関しては、2024年問題というものが言われている。ただ、本章はそれだけの理由でこのテーマを選んだのではない[1]。「創意工夫を契約でつなぐ」ビジネス法務学からこの問題にアプローチする場合の最大のポイントは、「契約当事者の力関係」なのである。たとえば従来の法学部の民法の授業などでは、この点が教えられていない[2]。このキーワードが、2024年問題を抱える物流の世界の分析にどうつながっていくのかを読み取っていただきたい。

　一方に急速な技術革新があり、他方に止まらない地球環境の悪化があるこの急激な変革の時代に、ビジネスはめまぐるしく変わり、実務も、学問も、従来の「常識」が通用しない状況が生まれつつある。その「常識」をどう覆すか、という話なのである。

　イノベィティブな議論は、意識改革の問題にも及び、従来の法律学の範囲を

---

1)　2024年問題を受けて、物流業界では、運送会社の吸収・合併や系列の再編等がいろいろと報じられているが、それら自体は、本文にも後述するように、業界の当然の対応行動であって、筆者の論じようとするビジネス法務学でとりたてて問題とするものではない。

2)　従来の法学部教育では、契約自由の原則が当事者の平等を前提に規定されたものの、しかし現実には経済力の差や情報の非対称性があるとして、いわゆる大企業と消費者の問題に言及する等のことは一般になされているのだが、企業間、いわゆる B to B での力関係についてはほとんど論じられていない。たとえば、債権譲渡の譲渡制限（禁止）特約という債権総論の重要問題があるが、実際には、この譲渡制限（禁止）特約は力関係で債務者側が強い場合に付けられる。したがって、譲渡制限（禁止）特約に関して債務者保護を図ることは、多くの場合、力の強い大企業保護になるのであるが、そのような考察をしている債権法の教科書はほとんどない。

153

当然に超えることになる。

Ⅱ　物流のビジネス法務学

　物流に関しては、2024 年 4 月から、労働基準法改正の猶予期間満了によって、運転者の時間外労働の上限が年間 960 時間以内に制限されるため、運転手不足が問題になるとして議論されている。しかし、運転手の長時間労働を是正すること自体は間違いではない。そうすると、物流の危機などと騒がれているが、問題の本質は、いかにして物流の効率を良くするか、にあるはずである。つまり、効率を良くしなければ、これまでと同様にすべての物を運ぶことはできない[3]。あるいは、効率を良くしても、すべての物が運べなくなるかもしれないのである。ビジネス法務学は、まずこの課題に注目する。すなわち、この課題を誰がどう解決できるかによって、これまでいわば荷主に従属してきた立場であった物流会社[4]が、逆に優越的地位に立つことすら可能であると私は考えている。

　もちろん、2024 年問題への対応としては、その「効率化」の施策として、①運送会社の M&A などによる再編、②運送会社とコンビニ等のタイアップ、

---

3)　本章の初出（2024 年 4 月）以降の報道では、詳細は不明だが、野村総合研究所の試算によると、30 年度に全国の荷物の 36% を運べなくなる可能性があるという。日本経済新聞 2024 年 6 月 12 日 37 面「荷主優位の商慣習にメス」（菊池喬之介署名記事）参照。

4)　前掲注 2）の新聞記事「荷主優位の商慣習にメス」は、公正取引委員会が管工機材販売会社（大企業の子会社）が運送会社に支払う代金を割戻金名目で不当に減額した疑いで立ち入り検査した（独占禁止法違反）というものであるが、記事（菊池喬之介署名）では、「今回立ち入り検査に入った背景にはトラック運転手の時間外労働の上限規制導入による「24 年問題」が念頭にある」と指摘しつつ、以下の優れた法律的な解説を付しているので引用する。「発注側の荷主は運送会社より立場が強く「下請けいじめ」と同様の構図に陥りやすい。公取委は特定業種ごとに独禁法の違反行為を告示する「特殊指定」を用いて 04 年に「物流特殊指定」をルール化。運送会社に責任がない代金の減額や金銭やサービスの不当強要といった行為を下請法同様に禁止した経緯がある。」「生産性の向上が求められる中、障壁となっていたのが独自の商慣習だ。物流業界は小規模事業者が多い「多重下請け構造」により競争が激しい。荷主が優位な立場にあるため、運送会社はコストに見合わない代金で業務を請け負ったり運転以外の作業によって拘束時間が長くなったりするケースが多いとされてきた。」「政府は 23 年 6 月に策定した「物流革新に向けた政策パッケージ」で、商慣習の改善や賃金引き上げの取り組みを盛り込んだ。同パッケージを踏まえ、今国会で成立した物流関連 2 法の改正案は、一定規模以上の貨物を扱う運送会社と荷主に対し、運転手の負担軽減のための計画策定と定期報告を義務付ける」。国側の課題対応に関するビジネス法務学的分析として、お手本としたい解説である。

さらに、③荷待ち時間の短縮化や④荷下ろし業務の改善（これまで運送業者が行っていたものを届け先企業側が行う）等々の「創意工夫」がマスコミで多数報じられている。しかしそれらは、もちろんビジネス法務学からみても必要であり重要ではあるのだが、いわば当然に誰もが考え付く施策である。本章では、それをもう一歩踏み出した形で、私の考える「ビジネス法務学」オリジナルの「物流イノベーション」を考えてみたい。

III　「力関係」逆転の契機

　すでに初出誌[5]に書いてしまった段階でいわばパテント性は失われているのだが、私は、電子記録債権法の立法に携わった2007年のころに、電子記録債権の可視性、確定性に着目して、物流会社が電子記録債権を活用すれば、「物の流れとお金の流れ」の両方を押さえられて、ビジネスにおいて優位に立てるはず、と一部の物流関係者に説いたことがある。具体的には、電子債権記録機関と物流会社がタイアップする、さらには、物流会社が電子債権記録機関を作る、というアイディアだったのだが、さすがに時期尚早で思わしい反応は得られなかった[6]。しかし、物流のデータ化が進んだ今、物流（関係）会社と荷主との地位を逆転させうる新しい「創意工夫」が登場したようである。

　日本経済新聞2023年12月1日朝刊1面は、「三菱地所、物流に5000億円」という記事（無署名）を掲げた。これは、ビジネス法務学としては、まさに読みどころ満載の教材なのである。大手不動産会社が、その保有する土地に物流施設、ことにEVのリチウムイオン電池や半導体向け高圧ガスなどを意識した「危険物倉庫」を設けるというのである。

　2024年問題は、物流のデータ化を図って、いかに無駄な物資移動を避ける

---

5)　初出は池田眞朗「『ビジネス法務学』総論と物流のビジネス法務学」ビジネス法務2024年4月号126頁以下。本章では本文に加筆修正をし、注記を施している。

6)　実はここにも、前述の力関係の問題が厳然と存在していた。（まだブロックチェーン技術が普及していない時期だったので）運送料債権を電子記録債権化することによって、代金債権の可視化、債権額の確定性（債権は記録によって発生し、記録された債権にはダイリューションリスク等がない）による譲渡性や担保適性の向上などを意識した提言であったのだが、そもそも前掲注4）の菊池記者記事の言うように発注側の荷主が運送会社より立場が強い状況では、実際上、（荷主側が意図的に採用する場合を除いて）運送料債権を電子記録債権にする合意が得られないのである。

か、という方向での解決方法が考えられる。つまり、物流会社は、「どう運ぶか」ではなく、「どう運ばないか」を考えるべきなのである。ということは、焦点は、物を運ぶ運転手の問題から、物を貯留する「倉庫」の問題に置き換えられるのである。

ここに、物流会社、さらに倉庫建設の土地を保有する不動産会社の優位性が現れてくる。上記記事も触れているように、インターチェンジ近くに倉庫を置いて、トラックの自動運転に対応させることも想定されているようである。「運ぶ（貯める）物」も「運び方」も、筆者の説く、CSR や SDGs を必須の構成要素とするビジネス法務学に合致している。その意味では理想的な「創意工夫」といえよう[7]。

IV　自動運転のビジネス法務学

上述の、インターチェンジ近くに倉庫を置いて、トラックの自動運転に対応させるという点についても、言及しておこう。以下はいわば「自動運転のビジネス法務学」である。

ここでも、本質論から発想したい。自動車は、「安心、安全な移動手段」であることがその第一の目的である。人を、あるいは物を、目的地に安全に正確に移動させることが何より大切なのである。

この観点から自動運転を考えると、ビジネス法務学の観点から最も問題になるのは、人的交通事故の場合の責任問題である。無人の遠隔運転の場合、道路に飛び出した通行人や信号無視の自転車等との衝突・接触が一番のリスクになろう。また、無人タクシーが事故を起こした場合の乗客の負傷なども大きな問題になる。もちろん、これらのことも、技術が進歩すれば徐々に解決されていくのだろうが、現状（本章のもとになった論稿は 2024 年春に活字になっている）では、東京オリンピックの自動運転バスが歩行者と接触したり、アメリカで無人タクシーが事故を起こして営業を停止したりしている。

そうすると、まず現状でビジネスとして自動運転を早期に実現させるために

---

7)　SDGs・ESG とビジネス法務学の関係については、本書第 2 章所収の池田「これからの SDGs・ESG とビジネス法務学」参照。

156　第Ⅱ部　各　論

最も有効な手段は、「人と接触させない」「人を乗せない」ことなのである。その観点からすると、「人が通らない」道を、「人を乗せずに物だけを載せて運ぶ」のが、自動運転の安全な実現の一番の近道ということになる。つまりそれは、「高速道路などに自動運転専用レーンを作り、自動運転の貨物輸送トラックを走らせる」プランということになる。

　一時ある自動車会社が、人気タレントを使って、高速道路をハンドルから手を放して走る CM を流していたが、自動運転技術は、車好きの個人ユーザーが、高速道路を手放しで走って喜ぶための技術ではない。たとえば過疎地の高齢者が買い物に出かける移動手段を確保したり[8]、まさにトラック運転手不足の物流を支援するための技術であるはずなのである。

　折しも日本経済新聞 2023 年 12 月 4 日 1 面に、「自動運転へ専用電波」「ルール整備・実証急ぐ」という記事（無署名）が載った。記事によれば、「専用電波を通じて車両が近くの車や道路上の管制設備と情報を直接やりとりし、人が介在せずに周囲の車の動きに合わせた車線変更、合流などができるようになる。車載センサーやカメラの情報に追加することで、衝突を回避しやすくなる。」「専用電波は政府が新東名高速道路の駿河湾沼津と浜松間の 100 キロメートル超で計画する自動運転専用レーンで 24 年度にも実験する。」というのである。

　前記三菱地所の、インターチェンジ近くに倉庫を作る施策は、この政府方針にも合致する。これは、「利にさとい」というより、関係省庁と情報共有をし

---

8)　鉄道の駅がなく、高齢化が進んでいる茨城県境町では、2020 年 11 月に、全国の自治体で初めて、公道を定常運行する方式で自動運転バスの運行を始めた。「レベル 4」に対応する外国製のバスも導入しているというが（日本経済新聞 2023 年 12 月 5 日地方経済面北関東 41 面）、1 年経過後のレポートによれば、乗降補助のオペレーターが同乗し、仏ナビヤ社製の「ナビヤ アルマ（NAVYA ARMA）」を使って定員 11 名で最高速度 20km で走行させている（詳細は、渡辺和博「茨城県境町で自動運転バス実用化から 1 年。見えてきた成果と課題」日経 BP 総合研究所 2022 年 3 月 16 日。「新・公民連携最前線　PPP まちづくり」(nikkeibp.co.jp)）（2024 年 8 月 8 日最終閲覧）。
　同町はこの事業について自動運転スタートアップとも提携し（運行体制の構築業務はソフトバンクの子会社であるボードリー（BOLDLY）が受託し、運行管理も車体のメンテナンスも別会社が受託しているという）、地方自治体と新興企業のまさに「創意工夫を契約でつなぐ」好例となっている。2023 年段階でテレビニュースでも見る限りは、自治体の支出で無料での実証実験という形で、乗降補助員が同乗し、病院や町役場、スーパーなどを巡る高齢者のモビリティとして十分に機能しているようである。同町は、町長が他にも意欲的な試みを行っており、「地方自体体のビジネス法務学」のお手本と言ってよかろう。

た上での企業行動であったのだろうと思われる。もちろんビジネスである以上、利益が出なければいけないのだが、ビジネス法務学における評価・判断基準は、「その企業行動が、社会の持続可能性につながっているか」ということなのである。

V　物流と金流のデータサイエンス

　ここで話は、前述の、物流と金流の両方を押さえてコントロールできれば優位に立てるはず、という、私見の問題設定に戻る。つまり、物流の方は、「何を、いつ、どう運ぶか」ではなく「何を、いつ、どう運ばないか」までを検討して移動データの最適解を見出す。金流の方も、電子契約や電子記録債権などを駆使して、エビデンスを明確にして最適な債権管理や決済、さらに担保化や資金調達を図る。まさに問題は物流と金流のデータサイエンスなのである。その両者を物流会社が高いレベルで達成できた場合、主導権は、荷主から物流会社に移る可能性がある。たとえば運転手不足が深刻化した場合、これまでメーカーが行ってきた出庫調整にしても、メーカーの思惑通りに物が市場や納入先に流れない可能性がある。物流会社が運搬計画の優先順位を決める状況になれば、荷主と物流会社の力関係は逆転しうるのである。もちろん、その流れを作るためには、まず、三菱地所クラスの、大「物流会社」の登場が必要であろう。

　ここに、私の提唱するビジネス法務学の考究の場ができる。「創意工夫を契約で結ぶ」というのはどういうことか。たとえば、大メーカーが自社で出庫調整をするよりも、巨大倉庫を持つ大物流会社に出庫調整委託契約をする方が有利と判断するところまで行くと、大物流会社が大メーカーに代わって国内供給網を再編成する可能性が出てくる。いわゆる運送会社も、自社で最適運行の算出に腐心するよりも、大物流会社と提携契約を結んで物流会社のデータ管理に任せた方が効率的かもしれない。そうすると、国内配送網も再編される。そして大物流会社は何よりも社会の持続可能性に資する物資の輸送を優先するのである。そうすると、それらは、SDGs や CSR に叶い、エネルギーの有効活用や脱炭素に寄与するという評価を受ける。

　このような流れが本当に実現するかどうかはわからない。しかし、社会の動

態を把握するビジネス法務学は、例えばこのような時代のトレンドと可能性を分析・追究して、近未来を予測することまでをその学問内容とするのである。

VI 補 論──ミクロの「物流のビジネス法務学」

なお、本章ではもっぱらいわばマクロ的に物流のビジネス法務学を扱ったが、ミクロつまり消費者向けの EC でいえば、たとえばメルカリが、2022 年 4 月から、数日遅い配達を選べば送料を安くする「ゆっくり宅配」を始めていると報じられた[9]。これも、配達期日を早めようとする 2022 年当時の他業者の傾向の中で、いわば 2024 年問題を先取りした形の「創意工夫を契約でつなぐ」ものである。消費者も、書籍や衣類の購入で、とくに急ぐものでなければ、送料の安さのほうを選ぶであろう（最近のテレビニュースでは、メルカリはかえってまとめ買いが増えたとの情報もあった）。どういうルールを提供すれば人はどう行動するか、を検討してから立法すべきという、筆者の行動立法学[10] の発想に合致したやり方で成功した例といえる。

ビジネス法務学にはこのように、一つの課題をマクロレベルとミクロレベルの双方から考察する面白さもあることを付言しておこう。

---

9) 日本経済新聞 2022 年 4 月 8 日 14 面「EC、あえて「ゆっくり宅配」──メルカリ、速さ競争に一石、送料安く、物流に優しく（消えぬ宅配クライシス）」（宮嶋梓帆署名記事）参照。
10) 池田真朗「行動立法学序説──民法改正を検証する新時代の民法学の提唱」法学研究（慶應義塾大学）93 巻 7 号（2020 年）57 頁以下（同『債権譲渡と民法改正』〔債権譲渡の研究第 5 巻〕（弘文堂、2022 年、599 頁以下所収）参照。

第 7 章 物流のビジネス法務学 159

第8章

国際規格・国際標準の
ビジネス法務学

I はじめに──国産スペースジェット（MSJ）は
なぜ就航できなかったのか

　本章は、ビジネス法務学の各論として「国際規格・国際標準」の問題を論じる。ただこの問題は、これまで法律学をはじめとするいわゆる文系の学問の中では、商学系の一部（交通論、マーケティング論）を除いて、ほとんど論じられてこなかったように思われる。しかしこれが、ビジネス法務学では非常に重要な問題なのである。

　学術的な文章としては異例だが、あるエピソードを紹介するところから始めたい。私は、ある私的な席で、文系の、図書館関係の仕事をしている方と、理系の、ロケット関係を専門にしている方に、三菱重工業のMSJ（三菱スペースジェット、旧名MRJ）が試験飛行にまで成功しながら開発断念に至った件で、その大きな理由が、米国主導の「型式証明」が取れなかったからだと話したことがある。そのとき、文系の方は、法律学者の私が話したからかもしれないが、「そんな大企業で法務部の人たちは何をしていたんですか」と反応した。それに対して、理系のロケット専門家がすぐに、「型式証明は法律の話ではありません、技術の話です」と応じたのである。

　確かに、「型式証明」はこれまでの企業の法務部が扱うような法律の話ではない。しかし、本質は技術の問題ではあろうが、ビジネス法務学ではこれが大

161

問題なのである（また型式証明についてはれっきとした法律の条文がある[1]）。ここに、ビジネス法務学の、法律学を超えるのみか[2]、理系の問題にまで及ぶ実相がある。

II　型式証明とは

　正確に言えば、「型式証明」は「国際基準」とは異なる。型式証明（TC、Type Certificate）は、航空機の開発時に必要な証明で、あらかじめ開発段階で設計や製造過程の検査を行っておくものである。我が国の法律（航空法）の定義に従えば、「国土交通大臣は、申請により、航空機の型式の設計について型式証明を行う。」（12条）のであって、型式証明は、申請された国が出す、航空機の「設計」についての証明である。ただしこの場合の設計とは、「単に、航空機の形態等についてだけでなく、航空機、その装備品及びその部品の全般にわたって、その構造、性能、材料、使用方法、整備方法等委ついての計画を含む」[3] ものとされ、「ある型式の航空機の設計が、その強度、構造及び性能に

---

1) 型式証明は、本文に後述するように、国内法としては航空法（昭和27（1952）年公布・施行）12条に規定されている。

2) 実は法律学には「航空法」という分野があるのだが、これはいわゆる国際法や海商法などの系列で、「航空機による空の利用から生ずる法律関係を規律する法規範の総体」と定義される（初期の文献として池田文雄『国際航空法概論』（有信堂、1956年）3頁、高田桂一『空法概論（再版）』（評論社、1965年）9頁。近年の基本書と評してもよい藤田勝利編『新航空法講義』（信山社、2007年）1頁も同一の定義を採用する）。つまり、出来上って運航している航空機に関する条約関係、運航ルール、権利関係、責任関係などを論じるものであって、私見の及ぶ範囲では、航空機設計・製造段階での型式証明については、簡略な言及・紹介はあっても議論の対象にはなっていない（昭和39（1964）年出版の伊沢孝平『航空法』（有斐閣法律学全集、海商法と合本）では、まったく言及がない。上記藤田編『新航空法講義』も、航空犯罪、航空保険、航空機金融などの新しい項目を加えているが、型式証明については、耐空証明、予備品証明とともに数か所で言及するにとどまっている）。型式証明について詳細に解説するのは、山口真弘『航空法規解説』（航空振興財団、1976年、全訂版1993年）が嚆矢となろうか（山口氏は内閣法制局参事官として、航空法、日本国有鉄道法、道路運送法等の運輸関係法令の立案審議にあたった）。近年の法学系文献としては、現役の航空従事者や法学部の学生向けに航空法の教科書として書かれた池内宏『航空法──国際法と航空法令の解説〔2訂版〕』（成山堂書店、2021年）が、「航空機の耐空性」に一章をあて（27頁分）、耐空証明の記述に続いて型式証明について約1頁をあてて紹介しているのが目立つくらいである。なお、航空関係法令集として、『航空六法』（国土交通省交通局監修、鳳文書林出版販売、令和5年版まで確認）、『航空法』（令和5年版、令和5年7月5日現在）（鳳文書林出版販売、2023年）がある（後者は国内法規に限定しており、主要条約関係は前者に収録されている）。

3) 山口真弘・前掲注2）『航空法規解説』（1976年）124頁。

162　第Ⅱ部　各　論

ついて、技術上の基準に適合することを証明するものである」[4]ということになる。

　これは、法制度上、航空機については「耐空証明」というものが中心にあり、その前段階という位置づけになる。前掲の山口真弘『航空法規解説』によれば、「航空機の型式証明は、航空機の型式の設計のみを、安全性の確保のために、独自の証明の対象としたものである。航空機の安全性を証明するためには、その構造及び設備が、航空法施行規則附属書に定める技術上の基準に適合しなければならないが、そのための検査は、設計、製造課程（ママ）及び完成後の現状について行われる。しかし、大量に生産される航空機については、当該航空機、一機一機について、設計等のすべてを検査することは、煩瑣である。そこで、このような航空機については、あらかじめ、設計について検査を行い、証明をすることによって、同一の型式の個々の航空機については、その検査に当り、設計等の検査を省略することができるならば、便利である。航空機の型式証明は、このような目的で設けられた制度である」[5]と解説される。

　つまり、航空機は実際に飛行するには「耐空証明」を得なければならないのだが（日本では航空法10条以下）、型式証明には、完成後の耐空証明の一部省略という機能があり、実質的には型式証明が耐空証明の内容を先取りしている部分がかなりあるとされるわけである。

　このように、型式証明は各国家当局において認められるものであるのだが（日本では前述のように国土交通大臣が発行する。航空法12条）、ただ航空機の場合、国際的には型式証明の基準として、FAA（Federal Aviation Administration：アメリカ連邦航空局）が定める基準と EASA（European Aviation Safety Agency：欧州航空安全庁）が定める基準が広く通用している。なお、輸出入における耐空性の検査の重複を避けるため耐空性互認協定（BAA：Bilateral Airworthiness Agreement/Arrangement）が広く締結されているということで、結局 FAA か EASA の型式証明を得るか、それと同等の内容の型式証明を協定国のいずれかで得れば、その航空機は円滑に国際的な運航ができることになる[6]。

---

4)　山口・前掲注2)『航空法規解説』123〜124頁。

5)　山口・前掲注2)『航空法規解説』123頁。

6)　日本は米国（FAA）、カナダ（TCCA）、欧州（EASA）、ブラジル（ANAC）との間で型式証明につ

第8章　国際規格・国際標準のビジネス法務学　　163

したがって型式証明は各国家当局が承認するものであるから、一国の当局による型式証明を取得することでその証明が通用する域内のみで商業運航している事例も中国などに存在するのだが、多くの場合、航空機開発は、開発後の販売を考えると米欧の FAA か EASA の承認するレベルの型式証明を取らなければビジネスとして成立しないということになる。

　FAA や EASA の基準には、1200 以上の項目が存在するというが、表現が曖昧で具体的な証明方法が示されていない項目もあり、どのように証明するかをメーカー側が考える必要があるとされ、技術的に設計製造の能力が十分あるメーカーでも型式証明取得には相応のノウハウが問題になるのだという。

III　日本企業の技術的ルール観

　MSJ の撤退には、型式証明が取れなかったことと、それに関する企業側の認識不足や見通しの甘さのほかに、技術陣の、技術的に良いと思うものを造ればよいのだという姿勢の問題があったともされている。折しも 2024 年 6 月に、自動車業界で、こちらは型式証明ではなく「型式指定」というのであるが、トヨタ自動車など 5 社について、量産に必要な型式指定の認証を得る実験データなどの不正が報じられた[7]。トヨタについては同年 7 月に新たな不正が判明して国土交通省から是正命令を受けるに至っている[8]。

　その不正には、虚偽データの提出などもあるが、法規とは異なる条件で試験をしていたというものも多い。各社は、製品の安全性には問題がないと声明し、ある自動車評論家は、トヨタは日本の安全基準よりもさらに高いレベルの検査

いての相互承認の協定を締結しているようだが、日本には YS11 以降、国産の一定規模の旅客機の開発がなく、したがって日本の官庁（2001 年 1 月まで運輸省、その後国土交通省）にはジェット旅客機の型式証明を出せる独自のノウハウがなかったようで、基本的に日本の型式証明の検査項目は米国 FAA のそれに準拠していることから、米国に係官を派遣したりもしてきたようである。なお、部品数などから一概に比較はできないようだが、成功例であるホンダジェットは、本田技研工業の航空事業会社であるホンダ エアクラフト カンパニー（HACI）が研究開発、製造販売をする小型ビジネスジェット機で、2022 年 2 月現在世界で約 200 機以上が運用され、小型ジェット機カテゴリーにおける出荷数で 2017 年から 5 年連続で世界一を達成しているとのことであるが、このホンダジェットは、2015（平成 27）年 12 月に米国 FAA から型式証明を取得している。

7)　多数の報道があるが、日本経済新聞 2024 年 6 月 4 日 1 面等参照。

8)　これも多数の報道があるが、日本経済新聞 2024 年 7 月 31 日夕刊 1 面等参照。

をしているのだから、今回の事案は何も問題はなく安全性は保証されていると
コメントしていた。ここが、企業も企業、評論家も評論家、なのである。いず
れもが、安全基準、型式指定という「ルール」の意味を分かっていない。確か
に、製品自体の安全性には問題がないのであろう。またマスコミが一律に「不
正」として煽るようなことは戒めなければならない。しかし型式指定は、メー
カーが独自により高い基準で安全性を証明すればいいというものではないので
ある[9]。ここにも、おそらく三菱航空機の技術者と同様な技術優位の発想が
あったのではなかろうか。

　私は、ビジネス法務学の要諦として、「創意工夫を契約でつなぐ」ことを挙
げている。しかし、「契約」でつなげるのは、当事者の個別の合意による
「ルール創り」で課題が解決できる場合である。量産され世界的に使用される
製品の安全基準は、個々の当事者が創意工夫で変えたり勝手に作り出したりす
るわけにはいかないものである。

　このように、航空機、自動車と、我が国の技術者の技術至上主義というか、
法令（ないし広い意味のルール）の軽視が明らかになっている。ビジネス法務学
としては、法令遵守をお題目のように唱えるのではなく、その前提としての倫
理観とか、規範的判断力の醸成の必要性を問題としたい。

IV　型式証明のビジネス法務学

　改めて、本題に戻ろう。2023 年 2 月に、三菱重工業の撤退を報じた日本経
済新聞の記事「国産ジェット、迷走の末撤退　三菱重工の開発費 1 兆円　経
験不足、設計相次ぎ変更」（無署名）[10]は、

　　「三菱重工業は 7 日、国産ジェット旅客機事業から撤退すると発表した。
　　開発子会社を清算する方向だ。旅客機参入に向けて、工程管理や当局指示に

---

9)　たとえば一定条件で 50km で負荷をかける実験を同一条件で 60km で行ったものを不正として目
　　くじらを立てるのはいかがかと思うが、報道にあった、安全基準よりも別の、より衝撃が大きくな
　　るとされる衝突角度のデータを使うというのは、やはり安全基準の適合性は不検証とされるのでは
　　なかろうか。
10)　日本経済新聞 2023 年 2 月 8 日朝刊 3 面。

よる度重なる設計変更といった多くの難問に対応できなかった。

「三菱スペースジェット（MSJ、旧 MRJ）」は、1962 年に初飛行した「YS
―11」以来の国産旅客機の開発だった。2008 年の事業化決定から約 15 年。
6 度も開発期限を延期し、当初 1500 億円としていた開発費は最終的に 1 兆
円規模に膨らんだ。」

（中略）「航空機の部品点数は 100 万点にのぼり、素材や金属加工、電子機
器など産業の裾野が広い。国は自動車産業に次ぐ次世代産業に育てようとす
る期待があった。ただ 3 万点の自動車とは開発・生産工程が全く異なる。
同社はボーイング向け航空部品などを手掛けるが、完成機の組み立てと部品
製造は別物で経験やノウハウ不足が露呈した。その最たるものが同社の参入
を最終的に阻む形になった型式証明（TC）の取得だ。米欧が決めてきた航
空分野のルールの下、証明取得の手続きは難航を極めた。当初の見積もりは
甘く、経験豊富な技術者を早期に外部登用していれば状況が変わった可能性
がある」とし、さらに「MSJ に対し小型ジェット機で成功したホンダの
「ホンダジェット」は開発姿勢が違った。同機は 8 人乗りと MSJ の 90 人と
は異なり比較は難しいが、開発ではリーダーを変えず一貫して取り組んだ。
一方の三菱重工は開発子会社社長を何度も交代させ、海外技術者を招くこと
でかえって迷走を深める結果となった」と指摘する。

ここがビジネス法務学なのである。スペースジェットが撤退に至った原因は
いろいろと報じられているが、この、型式証明取得のための姿勢ないし戦略は、
まさに、技術の話ではなく、ビジネス法務学の話なのである[11]。「創意工夫を契

---

11) 上に掲げた新聞記事でははっきりしなかったが、三菱は結局日本と米国 FAA の両方に型式証明
の申請をしているようである（国土交通省の 2021 年以降の審査担当責任者の証言による。「愛知の
ニュース」（経済（総合）コラム 2023 年 8 月 23 日「MRJ 無念の中止　審査現場は「最後の最後ま
で混乱が続いていた」国交省の審査トップが証言」）参照）（2024 年 9 月 9 日最終閲覧）。その理由
は、「一般的にはまず製造国の日本が安全を確認し、型式証明を発行。そのうえで、輸出先のアメ
リカに型式証明を申請します。仮にこの時、アメリカ側から機体の設計変更を求められれば、対応
しなければなりません。このため、三菱航空機は、日本とアメリカの両国で並行して審査を受け、
まとめて両国の型式証明を所得しようと考えたのです」という証言である。それで 2016 年の段階
で MRJ の試作機は米国に運ばれる。もちろん、三菱側にしてみれば、日本の審査に業を煮やした
のかもしれないが、それがさらに（つまり日米両方からのチェックが入るわけであるから）型式証
明の取得を困難にしたということはなかったのだろうか。

約でつなぐルール創り」を要諦とするビジネス法務学であるが、先述のように安全基準は相対当事者の合意の問題ではない。莫大な開発費もかかる航空機の場合、耐空性という重大な安全基準を設計段階で事前審査することには十分な合理性も認められる。つまり、型式証明は参入のための必須の動かせない前提ルールであると認識しなければならないのである（言葉を変えれば、技術的にいくらいいものを作ったとしても、この前提ルールに適合しなければ参入はできない、ということになる）。それだけ重要な型式証明について、三菱重工業および三菱航空機の理解と対応は果たして十分であったのだろうか[12]。もちろん、国側の経験不足等も指摘されるのだが、ことは、全社を挙げて取り組むべき「戦略法務」の問題だったというべきである。

V　国際規格と国際標準

　以上の型式証明の話を前提にして、国際規格と国際標準について論じることにしたい。型式証明は、結局有力国が既に作成しているルールに従わなければいけないという話であった。国際規格と国際基準については、重要性、必然性についても様々なものがあるのだが、いずれにしてもそれを制する者が世界のビジネスを制する、という様相がある。また、国際規格と国際標準については、この急激な技術革新の時代には、当然これまで存在しないルールをこれから作る、という場合も多いはずである。ということは、「ルール創り」でビジネスリーダーとなるチャンスがこれからも多くある、ということなのである。

　しかしそれはもちろん容易な話ではない。世界はこういうルールを作ってビジネスリーダーになることに長けているのに対し、日本は遅れていると言われ

---

12)　ある新聞記事では、同社がまだ型式証明を取得していない 2019 年の段階で、既に見込みでこの MSJ の量産を始めようとしたことが伝えられている。日本経済新聞 2019 年 7 月 6 日朝刊 10 面の、「三菱航空機、スペースジェット量産に着手、型式証明が焦点に」という記事であるが、「三菱重工業傘下の三菱航空機（愛知県豊山町）は、開発中のジェット旅客機「三菱スペースジェット（MSJ）」の量産をこのほど始めた。商用運航に必要な型式証明（TC）取得の手続きが最終局面を迎え、2020 年半ばの納入に向けた準備を本格化する。5 度の納期延期で部品・素材メーカーの負担は増しており、確実な TC 取得が焦点となる。」（中略）「TC は 20 年前半にも取得し、ANA ホールディングスへの初号機納入は同年 8 月ころになりそう。TC 取得を待って生産すると納入が間に合わない可能性があり、取得手続きと同時に量産を始め、部材の在庫を確保する。」と報じている。型式証明という重要な前提ルールの把握に甘さはなかったであろうか。

る。ではビジネス法務学としては、その「課題」を解決する方策を探る必要が
ある。

　まず用語について確認しておこう。国際規格と国際標準は、各種報道などで
も工業製品などについてはほぼ同じ意味で使われているようであるが[13]、いず
れも英語では、international standard となり、国際標準化団体が策定した規
格・標準として使われるのが一般である。もっとも、「国際標準」の表現はよ
り広く、たとえば企業統治原則などについても使われることがある[14]。一方工
業製品等については、新聞報道では両者が混在するようであるが、書籍では
「国際規格」が多い。一方で、マーケティングの世界では、「国際標準」であっ
て「国際規格」の用法はかなり少なくなる。この 10 年ほどの ICT 関連では、
すなわち工業系でも商業系でも「情報技術」に関するものは、「規格」ではな
く「標準」がほぼ統一的に使われるようである。

　本章では、この工業系・商業系にまたがる ICT 関連の用法を前提として、
とくに国際規格と国際標準の両者を区別せず、各種報道の表記も尊重して記載
するが、原則として「国際規格」の意味を含んだ「国際標準」の語を使用する。

　それを前提にすれば、一応以下の日本経済新聞の記事の文章を定義的に紹介
しておきたい。「国際標準とは製品の品質や性能、安全性などについての国際
的な取り決めとされている。世界共通の基準になり、製品やサービスが同等の
品質を持つことを保証する。企業間の取引や国内外での販売で条件になる場合
がある。新たな国際標準をつくることが自社の製品やサービスの世界的な競争
力を高め、展開できる市場を広げる。国際標準を決める機関として影響力が大
きいのは、国際標準化機構（ISO）と国際電気標準会議（IEC）だ。ISO が発
行した標準規格は約 2 万 5000 件あり、IEC も約 8000 件ある」[15]。

　ただ、大事なことは、この用語の話が学問体系の話となり、「ビジネス法務
学」の位置づけの話につながるということなのである。それについては、本章

---

13)　たとえば 2014 年の日本経済新聞には、「規格の国際標準化」という記事もある（日本経済新聞
　　2014 年 7 月 3 日 3 面「規格の国際標準──時刻製品の展開しやすく」（きょうのことば）参照。
14)　たとえば日本経済新聞 2022 年 10 月 10 日 3 面「OECD の企業統治原則　G20 承認の国際標準」
　　（きょうのことば）参照。
15)　「私たちの逆襲　欧米中狙う技術覇権　ルール作り巡る競争激化（NEO─COMPANY）」日本経済
　　新聞 2024 年 7 月 10 日朝刊 15 面（無署名）より。

168　第Ⅱ部　各　論

の末尾で再説したい。

VI 「標準」の重要性

　国際標準の問題は、時代の進展を映す鏡のようなものである。IT 化の入り口で「標準」の重要性を説いた先駆的な一冊として、2001 年に出版された、栗原史郎＝竹内修『21 世紀標準学』[16] を挙げておこう。同書のはしがきでは、パソコンの OS とか、グローバルスタンダードとかデファクトスタンダードという言葉が並ぶ。しかしすでにこの段階で、同書は今日の問題を正しく指摘していた。いわく、

　　「従来欧米中心で進められてきた国際標準化に対しても、日本として新たな国家戦略の構築が必須のものとなっている。出来上がった国際規格を受け入れるというやり方から、積極的に国際規格作りに参画することが従来に増して必要となっている」「イノベーションに社会的なお墨付きを与え、商品や技術及びサービスやシステムを時代の変化に適応した正しい方向に進化させていくこと、その手段となるのが標準なのである」。

　そして栗原氏らは、「標準学」という新しい学問分野を提唱されるのである[17]。その後「標準学」がどの程度広く浸透・確立されているのか、分野違いの私には詳しく知るところではないが、貴重な業績として紹介しておきたい。
　さらに 2007 年の出版物として、梶浦雅己編著『国際ビジネスと技術標準』[18] がある。編者のまえがきによれば、同書は、「今日のグローバル化するビ

---

16)　栗原史郎＝竹内修『21 世紀標準学』（日本規格協会、2001 年）。共著者お二人はいずれも工学部のご出身であるが、栗原氏は、通商産業省（経済産業省）で国際規格調整官、電気規格課長を務められて、ジョンズ・ホプキンス大学経済学博士となり、一橋大学の商学部教授となられた方である。
17)　栗原＝竹内・前掲注 16）が「標準学」の学問としての必要性を説いた先駆者として挙げるのは、1986 年の菅野卓雄氏（当時東京大学工学部教授、後に東洋大学学長、同理事長を歴任）の言葉である（菅野「IEC/TC47 の活動に寄せて」RCJ 会報 12 巻 6 号（日本電子部品信頼性センター、1986）から紹介している）。
18)　梶浦雅己編著『国際ビジネスと技術標準』（文眞堂、2007 年）。同書によると編著者梶原氏は、北海道大学水産学部のご出身で、23 年間企業に勤務されてから横浜国立大学博士（学術）、出版時現職は愛知学院大学商学部教授・同大学院商学研究科教授とのことであるから、本書で後述する実

第 8 章　国際規格・国際標準のビジネス法務学　169

ジネス世界について、企業の競争戦略と自由貿易における今日的課題と動向を表している」ものであって、論文集形式の執筆メンバーは、「わが国の国家戦略並びに企業戦略において標準化活動・研究の重要性を深く認識する同志」とのことである。

そしてその同じまえがきには、「国際ビジネスにおける技術標準化が国家戦略として、また企業戦略、競争戦略として注目されたのは1990年以降であるが、2000年以降その内容も大きく変化している」との記述がある。前掲の栗原史郎＝竹内修『21世紀標準学』の記述と平仄の合うもので、わが国において「国際標準」の重要性が学問的に認識され論議されるようになってまだ四半世紀という把握ができるのかもしれない。

いずれにしても、これらの書籍はビジネス法務学にとっても参考になるものが多い。ことに、梶浦氏が、2000年以降の変化として、ICTの国際標準化に関しては、従来の標準パターンが業界の単独有力企業によって支配的に形成されるパターンから、企業を中心とするグループ組織（梶浦氏が「コンソーシアム」と呼ぶもの）によって形成されるパターンになっている」という指摘は、ビジネス法務学の要諦と考える「ルール創り」のそのルールの形成過程を考えるうえで興味深い。それが2024年現在の生成AIなどに関する「ルール創り」でも同じなのかまた別の様相を呈してきているのか、というあたりが我々の現下の関心事となる。

VII　国際標準獲得への努力

では日本は、どのようにして国際標準を獲得していかなければならないか。具体例として、2024年7月の新聞記事を挙げよう。2024年6月にフィンランドで開かれた工場の安全技術の国際標準を巡る会議についての記事であるが、「ルール作りでは欧米が優位のなか、日本が多くの賛同を集めた。」「ロボットと人間が工場で安全に作業できるか。ロボットと協業する時代に向け、各国が安全技術のルールを競う。日本は音や光によりロボットの接近を知らせる技術

務家教員のカテゴリーに入れる方かもしれない。

などを考案し標準化を狙う。」という書き出しであり、その会議の日本代表団を率いた藤田俊弘氏の行動がビジネス法務学的に評価できる。

　「負けられぬ戦いで代表団を率いたのはスイッチメーカー、IDEC。売上高700億円の企業が45兆円のトヨタ自動車など大企業を引き連れた。日本の「技術神話」を捨てる――。技術があれば世界で勝てる。高度成長期の幻想は通じない。交渉団を束ねた藤田俊弘名誉顧問が考えた要諦は仲間作りを進め有利な土俵を作ることだった。」「ドイツ連邦労働安全衛生協会などを回り、関係を構築。会議後も安全技術で影響力の大きい国際労働機関（ILO）の事務局長を訪ね握手を交わした。ILO事務局長が一介の日本企業の幹部と会うのは異例だ。ルール作りでは、伝統的に欧州が強い。国際標準化機構（ISO）で各国の提案数をみると、欧州は4割を占め、日本は8％にとどまる。オウルズコンサルティンググループ（東京・港）の羽生田慶介代表は「欧州は植民地化の歴史を背景に、ルールを作り市場を広げる意識が強い」と語る。スイスの国際経営開発研究所の世界競争力ランキングによると、1989年に1位の日本は2024年に過去最低の38位に沈む。技術神話に固執しルール形成をおろそかにしたことが競争力の低下を招いた。仲間作りが巧みな欧州に勝つにはずる賢く戦うほかない。」という記述である。

　この記事は、藤田氏の「仲間作りを進め有利な土俵を作ること」という戦略は非常に納得できるものであり、また国際標準化機構（ISO）の各国の提案数なども挙げて説得的なのであるが、ただ私見では若干の違和感がある部分もある。「欧州は植民地化の歴史を背景に、ルールを作り市場を広げる意識が強い」というコメントが紹介されているが、これは私の感覚では、植民地化云々と言わずとも、ルール作りの国際会議では当然の行動なのであり、また、「仲間作りが巧みな欧州に勝つにはずる賢く戦うほかない」とあるのはいわば言葉の綾であろうが、仲間作りをしてルール作りの会議に臨むのは、これまた当然の行動で、端的に言って日本が下手なだけなのである。日本も、少しも「ずる賢く」はないやり方で、仲間を増やさなければならない。

　自らの経験を挙げるのは恐縮だが、私は1995年から2001年に、国連国際

商取引法委員会（UNCITRAL）の国際債権譲渡条約案を作成する国際契約実務作業部会に日本代表として参加した。当時は1セッションが2週間の会議で、日本はテーマごとに1名の学者を代表として派遣するのが慣わしだった。UNCITRALは本部がウィーンにあり、ニューヨークと交互に初夏と初冬に毎年2回のセッションが開かれ、初日は現地の国連代表部の職員がサポートをしてくれるが、会期中は原則として派遣された委員1名で対応する形になる。その際私は、日本の外務省からの連絡（当時はFAX）での依頼事項（単純にclarifyを求めるという指示が多かったのだが、それをそのまま発言したら各国から理解不足の代表と思われるのが落ちである）のほかに、自らの判断で、この条約案が成立したときに日本の国益が損なわれることがないように留意しながら発言した。その条約案作りで学んだのは、各国が自国の有利になるようなルールをどんどん提案してくることだった。一例を挙げれば、英米法にあって大陸法や日本法にないproceeds（代わり金などと訳される）という制度の取り込みである。アメリカの提案で事務局原案に入れられたものだった。日本法では物上代位に類似するものだが、条約の条文に入れることが批准の際の障壁になる可能性を考えて、私は反対意見を表明した。するとフランス代表（フランスは日本と同じ仕組みの民法ルールを持つ）も同じ意見を述べてくれ、その日の会議は、我々の提案が優勢となって終わったのだが（フランス代表から「やっとアメリカの船から降りられたね」と声をかけられた）、翌日の会議で見事に逆転された。前日の会議後にアメリカが強い根回しを各国に行ったようである。これがルール作りの国際会議での常識なのである。

　それゆえ、記事の交渉団を束ねた藤田氏の行動は至当であったと思うのだが、藤田氏がその行動を取った理由が記事の続きでわかった。

　記事にはこうあった。「藤田氏には苦い教訓がある。90年に産業用スイッチが知らぬ間に欧米主導で標準化され、自社規格は除外された。シェアは激減し、01年度に売上高は除外前の4割減の248億円まで減った。「ルールを作れなければ勝てない」。03年に新規格を提案すると、根回しを徹底し新たな国際標準にすることに成功。売上高は727億円まで成長を遂げ、今やルール作りで日本の先頭に立つ」というのである。藤田氏は今回は見事にその教訓を生かしたことになる。

172　第II部　各論

記事は続けて大変適切なデータを紹介している。「ルール形成は小が大に勝つゲームチェンジャーになる。21 年の日本の研究開発費は 28 兆円。米国は 128 兆円、中国が 107 兆円と差が開く。競争力を左右するデジタル投資は日本が 94 年からほぼ一定だが、米国は約 4 倍も拡大した。資本力で劣る日本にとって、ルール形成の重要性は増す」とある。これは非常に重要な指摘である。私は、日本でゼロ金利政策からマイナス金利政策の続いていた間、「結局、国内では物価も上がらなかった代わりに賃金も上がらず、気が付いてみれば国内総生産も増えず、世界的にみる日本の地位の下落という結果につながった」と書いているが[19]、国際競争力の落ちた日本は、ビジネス法務学のいう「創意工夫によるルール創り」に力を入れなければ、長期低落傾向から脱することは難しいと思うのである。

Ⅷ　ドローンの国際標準——ある自動車会社のナラティブ

　そしてこれから書くのが、国際標準のビジネス法務学としては白眉の例とも言うべきものなのである。それは、自動車会社 SUBARU（以下スバルと表記する）が無人航空機（ドローン）の衝突回避で国際標準を勝ち取ったという話である。先に、国際規格と国際標準については、これまで存在しないルールをこれから作る、という場合も多い、と書いた。この話は、まさにその典型例であると同時に、ドローンという、無人で荷物などの遠隔運搬ができる次世代技術に関して、衝突事故回避という、ビジネス法務学が第一義に考える「人間社会の持続可能性」に貢献する技術をルール化するという、何より称揚すべき教材なのである。

　しかもそれは、「アイサイト」という「ぶつからない車」の技術で日本一の評価を得ている自動車会社の、技術陣の DNA が結実した結果と言えるものだった。2024 年 7 月 18 日の日本経済新聞朝刊 16 面の記事「私たちの逆襲　勝ち取った「空のスバル」ドローン規格、標準化の舞台裏　世界へ売り込む商機（NEO–COMPANY）」（無署名）は、「2023 年 10 月、スバルに吉報が届いた。

---

19)　池田眞朗「法定利率のビジネス法務学」会社法務 A2Z・2024 年 7 月号 57 頁。

第 8 章　国際規格・国際標準のビジネス法務学　173

スバル中心に発案したドローンの衝突を回避する手順が国際標準に認められた。日本発の規格が世界からお墨付きを得られた。世界で採用が広がれば、普及が加速する。」と報じている。

　しかもその衝突回避技術開発のスタートは、国の支援政策がうまくはまった例だった。記事によると、スバルが「ドローンに本格的に関わり始めたのは2017年。新エネルギー・産業技術総合開発機構（NEDO）が普及に向けた実証事業を公募した。テーマはドローンの衝突回避技術。当時、有人航空機とのニアミスが社会問題になっていた。自社のノウハウを生かせると考えて手を挙げた。実証の一つが、相対速度100キロのドローン同士をどう回避させるか。日本無線などと組み、ドローンにセンサーを搭載する技術を考えた。有人航空機を探知すると、衝突を回避するルートを即座に算出する。実験を繰り返し、19年に技術の確立にメドがついた」とのことである。私は本書で先にペロブスカイト型太陽光発電パネルについて述べたように、NEDOの政策に関しては、国側で対象企業等を選定して補助金を与えるよりは課題公募型がよく、しかも弱小スタートアップの業績でも評価できるような（事前の事業者限定がない）懸賞金型が望ましいと主張してきた[20]。その、NEDOの高速ドローン同士の衝突回避の課題にスバルが手を挙げたところからサクセス・ストーリーが始まっている。これは国にとっても幸運なことだった。

　そして記事はこう続く。「だが、まだ課題が残っていた。ドローンはルールが未整備な所が多く、衝突回避の手順が世界で統一されていなかった。回避技術があっても、回避に向けた手順がバラバラでは偶発的に衝突するリスクがある」。

　船舶の衝突回避ルールを考えてもわかることだが、双方の船が同じルールで衝突回避行動を取らなければ衝突事故は起こってしまう。衝突回避のルールが、世界共通ルールとして存在しなければいけないことは自明だった。

　記事は言う。「車の普及に交通ルールが不可欠なのと同様に、ドローンにも安全ルールが必要だ。「誰かがやらないといけない」」。スバルの航空宇宙技術開発部の山根章弘部長は回避ルール作りに乗り出した。ルール作りのためには、

---

20) 池田眞朗「懸賞広告のビジネス法務学」NBL1252号（2023年）1頁、また本書第6章「太陽光発電のビジネス法務学」参照。

国際標準化機構（ISO）[21]に認められなければいけない。提案から決定まで一般的に6工程ある。3〜4年かかる道のりを、スバルは日本無線やNEDOと挑んだ」。

そしてこの記事の秀逸なところは、そこからのステップを時系列的に詳細に報じているところなのである。「第1ステージは19年6月にロンドンであったISOの国際会議。スバル連合で構成する日本は、ドローンの回避手順の標準化を提案した。手順は6段階で安全性を判断する。対象物を探知し、回避の必要があれば回避する。回避結果を確認し、衝突のリスクがないと判断してから元のルートに戻る。この共通ルールに従い、意図せぬ衝突を避ける内容だ。次に原案をまとめる作業部会に進む。スバル連合の提案に対し、各国が議論をする。利害がぶつかり合う国際舞台は、一筋縄ではいかない」。ここは先述の、私がUNCITRALの作業部会で感じたことそのままである。

そして、「成長が見込めるドローンで、存在感を高めたい韓国が独自案を出してきたという。日本案よりもさらに細かく区切った回避手順を示してきた。だが、日本は韓国案に勝つ自信があった。回避手順を細かくしすぎると、技術開発の難易度が上がる恐れもある。作業部会の関係者に説明して回ると理解を得られ、日本案が採用された」。

この、修正案が出されてそれについての応酬をするのも、作業部会でのよくあるパターンである。そして、「次の舞台は分科会。ISOの会員に投票を図るかを決める。中国や韓国、米国などの専門家が検討し、通過すると国際標準に大きく前進する。最大の山場に向け、スバル連合は、あらかじめ根回しに動いていた。19年、ドローンの衝突回避の実証試験に、分科会の米国人議長を招いた。偶然、別件で来日しており、先を見据えて声をかけていた。議長はドローンが衝突回避する光景を見て感嘆した。分科会の議論では、議長と良好な関係を築いていたことが実った。議長が後押ししてくれ、分科会も無事に通過

---

21)　同記事は、ISOについて以下のような注記をつけている。「ISO（International Organization for Standardization、国際標準化機構）工業関連分野の規格統一や標準化を行う機関。スイスのジュネーブが本部。世界169カ国で構成する。分野別に約260の専門委員会、約500の分科委員会、約2500の作業グループがある。国同士が合意した権威のある基準となる」。ちなみに、ISOは英文表記の略語ではない（略語ならIOSになる）。ISOは、「相等しい」という意味を表すギリシア語であるisosから取られたものである（海外規格基礎知識シリーズ『ISO規格の基礎知識』（改訂2版、日本規格協会、2000年）7頁）。

した」とのことである。これは、議長が偶然来日していたというのが事実ならある意味幸運な根回しであったわけだが、国際感覚からすると、議長を日本に招待してまでもすべき根回しであったかもしれない[22]。

そして、記事によれば 2022 年から ISO 会員による投票が行われ、賛成多数で承認され、23 年 10 月、ようやく国際標準に認められたという。いずれにしても、国際条約作りの作業部会にかかわった経験者としては、このような、結果に至るプロセスを詳細に報じてくれることは非常に有難いと思うところである。

この話を私が称揚するのにはさらにもう一つ理由がある。それは、戦後間もない生まれの世代には、親から語り継がれたりしている話でもあるのだが、スバルの前身は、中島飛行機[23]という会社である。戦時中は「東洋一の航空機メーカー」といわれた。戦後軍需産業に戻らないよう GHQ に解体・分社された歴史を持つ。確かにドローンも軍事利用されている面もあるが、衝突回避はまず平和利用に貢献する技術であろう。ビジネス法務学としては、ここは飛行機作りの技術者の DNA が、生まれ変わって自動車会社となりアイサイトという衝突回避技術を生み、それらがドローンの衝突回避技術とその国際標準化につながったという、物語[24]を評価したい。「空のスバル」は、同社の技術陣の悲願であったろうと思うのである。

---

22) 私は 1992 年から 1993 年にかけての半年、外務省の日欧学者交流計画によって、フランス国立東洋言語文明大学（旧パリ大学東洋語学校）に招聘教授として赴任し、maîtrise（修士課程）の学生を相手に「日本の契約社会入門」という講義をした。その際、「根回し」を日本の会社の特徴として講じたのだが、先に述べた 95 年からの UNCITRAL の WG 参加で、条約作りの国際会議での徹底した根回しを知ることになる。

23) 1917（大正 6）年 5 月、海軍を休職中であった中島知久平が、群馬県尾島町に「飛行機研究所」を創業、東洋一の大飛行機メーカーに育てる。現在の武蔵野市にある都立武蔵野中央公園は、中島飛行機の大工場の跡地であり、実は戦争末期には空襲で多くの犠牲者を出した。

24) ノーベル賞受賞者の野依良治博士は、大学の研究者にはナラティブ（物語性）が必要と説いておられる（日本経済新聞 2024 年 5 月 21 日 15 面の「科技立国こうみる」のインタビュー記事「研究者の数値評価は有害」（聞き手は松田省吾）参照）。私はそれを別稿でも取り上げているが（池田眞朗「大学のビジネス法務学」武蔵野法学 21 号（2024 年）261（横書き 168）頁）、企業の技術者においても、ある程度同じことが言えるのではなかろうか。

Ⅸ　国際標準という「ルール創り」と日本の危機

1　諸外国の攻勢と日本の意識

　しかし、日本にとって、国際標準をめぐる状況は厳しい。前述の 2024 年 7 月 18 日の日本経済新聞朝刊 16 面のスバルのドローン記事の後に、「中国、標準作りへ攻勢　国連専門職員 3 倍　日本、目立つ後手」と題する記事があった。

　「国際標準を巡り、欧州と米国、中国を中心に競う。欧州連合（EU）は国際標準を主導するための戦略を打ち出し、米国も人工知能（AI）などで標準化へ力を入れる。中国も攻勢に出ており、日本が新たな国際標準を勝ち取ることは、容易ではない。」「中国は自国に有利なルール作りに動いている。通信の国際規格を定める国連の専門機関事務局に勤める自国の職員を、2009 年から 10 年間で 3 倍以上に増やした。日本は遅れている。5 月末に国際標準作りに向けた会議体をようやく設けた。24 年度にも「国家標準戦略」を策定する」という内容である。

　私は、先に書いた 1995 年から 2001 年の UNCITRAL 作業部会への関与のなかで、日本はなぜこれだけ多額の国連拠出金（当時は米国に次いで世界 2 位だったと記憶する）を出しながら国連職員が少ないのか、といつも感じていた。国際標準に限らず、国連のルール創りということに関して、日本人は認識と理解に欠けていると強く思ったものである。

　さらにこの記事の続きに、わが意を得たりと思って読んだ部分があった。それは、ルール創りについての日本企業の意識に関するものである。

　「ルール作りへの日本企業の意識も低い。経済産業省は 18 年にルール形成に対する意識調査を企業にしたところ、「事業活動はルールに適合していなければならない」との回答が 61％に達した。一方、「事業活動を利するようにルールを変えていくべき」は 5％にとどまる。ルールは守るものであり、成長につながる武器と捉えている企業は乏しいのが実態だ。」（中略）「日本企業はルールが海外から来て従うことに違和感を覚えていなかった。高い技術があれば勝てるという過信があだとなり、先端技術で次々と市場を奪われた。国際舞台の場で戦い続けるには、ルールは「つくるもの」という攻めの意識に転換す

ることが重要となる」という一節である。

　私は、2006年から学者間で準備の研究会が始まり2009年から法制審議会がスタートして2017年に公布、2020年に施行となった、民法債権関係の大改正の検討プロセスで、民間企業の動きが鈍いことを痛感し、積極的な意見の発出を何度も呼びかけたことがある[25]。それに対して「変われば変わったでウチは対処しますけれど」という反応が複数あり、その態度はぜひ改めてほしいものと思ったものである。

　これも個人の経験談で恐縮だが、そのような経験と、40年に及ぶ大学法学教員の経験を踏まえて、私が設計責任者となった2014年開設の武蔵野大学法学部法律学科では、「マジョリティのための法学部教育」として「ルール創り教育」を標榜した。法学部生の9割以上は法曹にならない。それなのにどこの法学部でも判例や学説を事細かに教える解釈学偏重教育がまかり通っている。私が新しく作る新世代法学部では、条文や学説を暗記するのではなく、法律の一つ一つのルールの意味を理解させ、誰のためのルールか、こういうルールがないと誰が困り、人はどう行動するのかを考えさせる。そして、卒業して入っていく様々な社会集団の中で、集団の構成員を幸福に出来るルールを創れるような人を育てるのが、武蔵野大学の「ルール創り教育」である、とうたったのである。さらに、「楽しく学んで人生を変える」をいわばキャッチコピーとして掲げた。

　その成果については別途書籍化するが[26]（結果的には偏差値50を切るスタートで1期生から2名、4期生までで計10名の司法試験合格者も輩出している）、私は、上述のような日本企業の、ただ与えられたルールに従うという意識は、法学部教育の段階から変えていかなければいけないと考えているのである[27]。

---

25)　たとえば池田真朗「民法改正と法務部の示すべき「民意」」Business Law Journal 2016年7月号7頁参照。

26)　池田眞朗『法学教育イノベーション──新世代法学部を創る』（弘文堂、2024年11月刊）参照。

27)　逆の観点からいうと、本章IIIで書いた「型式指定」認証実験不正のケースなどについて、技術過信を改めるコンプライアンス（法令遵守）教育を社内で行う場合には、法令遵守をお題目のように唱えて「ルールを守らせる」教育をするのではなく、本文に示したような「ルールの意味を考えさせる」教育をするべきである。何のためのルールかを理解することによって、どう守らなければいけないのかも理解されるはずだからである。

2 国際標準というルール創りの国内的プロセス

では、実際の国際標準作成の一般的プロセスはどのようになっているのか。
ISO などへの提案をするにも、そのベースとなる日本案をどこが作るのか。
上述のように企業の連合体（梶浦教授の言うコンソーシアム）のようなものの活
動を重視するのか、それとも国内に認証機関を一定数創設して、そのような国
内認証機関が取りまとめて ISO などに提案するのか。この「標準ルール創り
のプロセス」については、いわゆる工業製品の標準規格と、ICT の情報技術
等の標準とでは作り方も変わってこよう。ここは、ビジネス法務学としては、
今後上述の「標準学」の成果等も十分に学んで考究すべきところであろう。た
とえば、工業製品の規格の場合は、ISO などによる世界単一標準になるが、
ICT 関係の場合には、各国の、あるいは世界でいくつかの、認証機関が並立
して、それらの相互認証の問題になるという、富士山型ではない八ヶ岳型の標
準形成システムも想定されるところである。

ただ、著者として一点強調しておきたいのは、まずそれらの国内標準作りの
プロセスは、国が勝手に決めるべきことではない、ということである。この変
革の時代には、ビジネスが目まぐるしく変わる。情報の収集が一番早いのは、
官ではなく産である（私はある政府関係機関の会議で、出された複数提案の選択肢
自体が、お役所内部の発案ですでに限定されてしまっていると感じたことがある）。
イニシアティブを取るべきはビジネスである。したがって手順は、まず産の要
望を集め、それについて学が最適な「ルール創りシステム」を検討し、それを
官が吸い上げて予算措置をする、という順序になるべきである[28]。

そのプロセスをよりスムーズに進めるには、最初から、産官学の関係者が集

---

28) 前述の梶浦教授は、2007 年の段階で、ICT 産業における「標準」と「標準化」の動向を論じ、
市場の構造変化がその動向に深くかかわっているとして、「こうした新しい動向において、われわ
れは「技術」、「標準」、「市場」三者の関連に注目する必要があるだろう。周知のように「技術」と
「標準」の関連については多くの指摘がある。本章ではコンソーシアムの概念を概観することを通
じて、「標準」と「市場」の関連について示唆できた。しかし三者の関連についてはさらに精緻化
する必要がある。また「標準」間の違い、すなわち部品や製品の「モノの標準」（material
standards）と、プロトコール、データフォーマットなど「目で見えない標準」（intangible
standards）についても詳しく比較して取り扱う必要がある」と述べている（梶浦雅己「グループ
による標準化——理論と実態」梶浦・前掲注 18）『国際ビジネスと技術標準』28 頁）。私見の理解
では、梶浦教授が「市場」という表現で、ビジネス先行の今日の状況を予測していたと考えるわけ
である。

第 8 章　国際規格・国際標準のビジネス法務学　179

まる、文字通りの産官学連携のチームが（それをコンソーシアムと呼ぶかフォーラムと称するか、研究会という名称にするかはどれでもよいが）、自由に作り出されることとも適切であろう。

いずれにしても、大事なのは、それが産の要望から始められる、つまり、いわば「公」ではなく「私」がイニシアチブをとる形でのスキームを採用すべきと私は考えている。それが現代では一番、的を外さないやり方と思うからである。

もちろんその場合、学としてはビジネス法務学の研究者などが率先して尽力をしなければならない。その場合の学者の姿勢は、従来のように官から指名された学者が審議会で、結局、官の予定した結論に賛同するというような形は改めるべきで、官から指名されようがされなかろうが、産のニーズを正しく汲み取って社会実装をする提案者となるべきである（学者にはそれだけの見識や規範的判断力が問われることになる）。また、産におけるスタートアップの台頭のように、学においても当然スタートアップの登場可能性があり、新興大学から（あるいはそもそも所属大学などを問わない個人研究者から）刮目すべき研究成果が生まれてくるかもしれない。

だからこそ、私は前述のように経済産業省に対して、国が選定する補助金型よりも、国が課題だけを提示して達成者に報いる懸賞金型を推奨しているのである[29]。

官の皆さんにも意識改革をお願いしたい。役所の中で案を作り、審議会などで有識者の意見を求める、というやり方はもはや時代遅れである。役所が時代の流れをすべてはキャッチアップできていない、と思うべきである。有識者といわれる学者も、時代に追いついていない場合もあることを知るべきである。

産がビジネスの最前線からのニーズを発信し、学がその社会実装を考え、官がそれらのプランを受けて取捨選択し予算付けを考える。これからの時代にあっては、このような、「私」がイニシアチブを取るシステムが考えられてしかるべき、と重ねて提案しておきたい。

---

29)　池田・前掲注20)「懸賞広告のビジネス法務学」参照。

X　小　括——ビジネス法務学から再考する、国際標準という「ルール創り」の意味

　以上の論旨をまとめておこう。

　変革の時代に法律は後追いになる、それゆえ（法律の制定を待たず）当事者間で創意工夫を契約（広い意味のルール）でつないで課題を解決して行くという、ビジネス法務学の提案は、一国内ではまず問題なく成立するのだが、国際ビジネスになるとなかなかそれでは通用しない。新しい取引、新しいスキームについても、可能な限り新しい共通ルールを作ってそのルールの中で競争をしなければならない。つまり見方を変えれば、技術が高ければ国際競争に勝てるという「技術神話」は終わりを告げていて、その「共通ルール」作りで有利な立場に立てなければ勝てないという時代の到来が鮮明になった、というのが（引用した記事等にも示されているところであるが）本章の第一の結論である。

　つまり、変革の時代であっても国際ビジネスでは恣意的な個別ルールでの取引は通用せず、急速な変革の時代だからこそ急速な共通ルール作りが必要になるという考え方である（そのために各国代表があの手この手で——中にはかなり強引な手法もあって——競うのだが、そのプロセスを経ることこそが Fairness の実現なのだというのが、かつて UNCITRAL においてある国の代表から聞かされたところである）。

　そうすると、次に考えるべきは、たとえば ISO への日本からの提案が少ないというが、では ISO などへの提案は誰がどう準備するのか、ということであろう。本章ではいくつかの日本企業の努力が実った例を挙げたが、基本的には、ISO などへの提案を扱う民間の専門機関を作って（あるいは現在存在するならそれを強化して）提案の準備作業を国が支援するという、「国策」が必要なのではないか。

　「国策」と書いたが、先に IX で述べたように、これは官がおカミからのお仕着せで決めるべきことではなく、まさに産官学が連携して議論しながら、最適のシステムを構築していくべき課題と思われる。

　そして、国内認証機関をまず増やして業務を活発化させることが肝要、ということになるのであれば、そのための人材確保、予算確保なども必要になって

くる。数字の出典根拠が不明なのだが、先にも掲げた日本経済新聞の記事は、
「課題は日本の体制強化にある。民間の認証機関が基準作成から認証に必要な
試験法の開発までを担い、実用化の環境整備を先導する。主要な認証機関の人
員数で日本は約 1000 人とスイスの 100 分の 1、フランスの 80 分の 1 しか
ない。欧米中も国の威信をかけて人員増などを進めるなか、日本も官民で対抗
する必要がある」[30]と書いている。

　この「民間の認証機関」の育成と、それに対する国の「お墨付き」の与え方
が今後の日本の課題となりそうである。私は、国際基準の認証機関について、
工業規格の問題とは異なり ICT の世界では、世界でいくつかの認証機関が並
立してそれらの間を相互認証で結ぶ形態も想定されると書いたが、現状からは、
米国、欧州、中国の三大認証機関が出来上がり、日本はそのどれかに従属しな
ければならないという図式も想像できる。本章冒頭で述べた型式証明の話は、
教訓として生かすべきである。

　なお、以上の考察から明らかになるのは、必然的に国境を越える取引、つま
りデジタル化された取引についての対処（ルール創り）に喫緊の必要性がある
ということである。これについては、章を改め、本書の「おわりに」で扱うこ
とにしたい。

XI　補　論——ビジネス法務学のハブ構想

　さて、ここまで考察したうえで、本章の冒頭に戻りたい。文系の論文で型式
証明と国際規格と国際標準を一つの論文で論じるものがこれまでに存在したで
あろうか。型式証明は、（実際には法律の問題でもあるのだが）これまでは航空
機製造の技術の問題として、航空工学の分野で扱われてきた。航空法という分
野も、パイロット養成目的で講じられるもののほかは、法学部系での数少ない
業績はほとんどが（就航後の航空機を前提とした）国際ルールやその責任関係、
経済紛争等を問題にするもので、型式証明には言及が及ばない[31]。国際規格・

---

30)　前掲注 15)「私たちの逆襲　欧米中狙う技術覇権　ルール作り巡る競争激化（NEO–
　　COMPANY）」日本経済新聞 2024 年 7 月 10 日朝刊 15 面。
31)　最近の出版である中谷和弘『航空経済紛争と国際法』（信山社、2022 年）は、国際法の中に国際

182　第Ⅱ部　各　論

国際標準は工業製品プロパーとしては工学部門だが、貿易やマーケティングの問題としては商学・経営学分野で論じられてきたようである。

ここに、ビジネス法務学の出番がある。ルール創りの観点から人間社会の持続可能性を考えれば、検討は当然、国境を越える。本章が扱った安全基準や製品規格しかりであり、また、現下の喫緊の課題であるICTやデジタル取引も、文系理系をまたがり、かつ国内国際を問わない（必然的に国境を越える）。しかしそこにこそ、「ルール化」が重要になる。

つまり、工学だけ、商学だけ、経営学だけという従来の個々の学問分野では解決ができないものなのである。さらに、新しい「ルール化」の問題なのであるから、今日の法律学のように出来上がった法律の解釈に偏重する学問では役に立たない。しかし、出来上がった法律を解釈するのではなく、でき上がった法律から「ルール創り」の仕方を考究する学問に変容し脱却できれば、そこから展開される新しい学問が、「ハブ」となって既存の諸学問体系を「ルール創り」の観点から結びつけ、ルールの社会実装や国際統一に貢献できるはずであろう。

ちなみに、これはいわゆる「学際研究」の話ではない。「学際」という考え方は、それぞれの学問分野の領域とされるものを前提にしたうえで、その領域をまたがるような研究を言うのであるが、ビジネス法務学は、その学問領域をまたぐとか間を埋めるなどという発想はしていない。急激な変革の時代に、人間社会の持続可能性を第一義にした新しい学問分野の旗を立てるのであって、その観点から、必要な知見や分析手法については非常に多様な既成学問領域の成果を活用してつなぎ合わせる、という考え方をしている。

これがビジネス法務学の発想とそのハブ構想の根本である。したがって本章は、不十分ながらもその「ビジネス法務学のハブ構想」の一例を示すものとして書き下ろされたという次第である。

航空法という分野を提示しようとするもので、その意義は大いに認められるが、結局法律学の枠内での議論であって、内容的に本章の論点にはかかわらないようである。

第Ⅲ部　誕生の背景

第9章

実務家教員養成プロジェクトと
ビジネス法務学

〔第Ⅲ部についての説明〕

　本書が第Ⅲ部として用意したうちの第9章と第10章は、ビジネス法務学を生んだその成り立ちの契機となった、武蔵野大学が文部科学省から得た補助金に基づく「実務家教員養成プログラム」に関して紹介するものである。ビジネス法務学誕生のきっかけを報告すると同時に、ビジネス法務学が学問体系として確立した暁には、どういう人材がそれを教えることになるのか、を考察する資料ともなっている。また、急激な変革の時代のリカレント・リスキリング教育の一つのありかたとしても、検討・評価の一要素になるとお考えいただきたい。さらに、第11章は、前2章の考察を受けて、ビジネス法務学の本題の側から、教員養成を考え、ビジネス法務学に携わる人々の研鑽をあり方を考究する、書き下ろし論考である。

I　はじめに

　武蔵野大学は、2019年度の後半から始められた文部科学省の「持続的な産学共同人材育成システム構築事業」において、社会情報大学院大学（現在社会構想大学院大学）を中核拠点校とする「実務家教員 COE（Center of Excellence）プロジェクト」にその共同申請校の一校として参加した。このプロジェクトは5年間の設定であり、2023年度で終了した。本章は、武蔵野大学におけるその5年間の実施の総合最終報告書として編まれたものの第1章として書かれた。したがってその内容は、5年間の事業全体の経過報告から始めることとな

るが、ただ、平板な業務報告ではなく、本事業の遂行の結果「発見」できたことと、それに基づいて学問的に「到達」できたことを明らかにしたい。

「実務家教員」といっても多様な概念があるが、武蔵野大学は、とりわけ大学院レベルで、たとえばビジネス法務のプロフェッショナル人材について、教育指導能力の涵養を図り、大学等に所属する実務家教員を養成することを当初のプロジェクト分担目標とした。

学内実施拠点となったのは、2018年度に修士課程ビジネス法務専攻が開設されたばかりの大学院法学研究科（予算組織としては、学部と大学院を統括する法学研究所）である。実施責任者は当時副学長も兼務していた、法学研究所長（法学部長兼大学院法学研究科長）の池田眞朗が務めることになった。ただ、武蔵野大学の本プロジェクト参加は、中核拠点校からの勧誘を受けて大学間の交渉で決まったもので、法学研究所ないし法学研究科としては、ビジネス法務専攻という接点で引き受けたものの、その段階ではいわば晴天の霹靂であったのである。

II　年次報告書の出版

これまで、武蔵野大学「実務家教員COEプロジェクト」は、3編の年次報告書に当たる書籍を出版してきた。第1巻が、2019年度と20年度の報告書にあたる、池田眞朗編『アイディアレポート　ビジネス法務教育と実務家教員の養成』（武蔵野大学法学研究所（発売創文）[1]、2021年3月）、第2巻が池田眞朗編『実践・展開編　ビジネス法務教育と実務家教員の養成2』（武蔵野大学法学研究所（発売創文）、2022年3月）、第3巻が池田眞朗編『実務家教員の養成──ビジネス法務教育から他分野への展開』（武蔵野大学法学研究所（発売創文）、2023年3月）である。これら3冊は、この後に述べる、本学の事業の3段階の構成を反映したものになっている。

そして4巻目にあたる総合最終報告書『実務家教員の養成──ビジネス法務教育からの展開』（武蔵野大学法学研究所（発売創文）、2024年3月）は、総集

---

1)　以下本プロジェクトの年次報告書に当たる出版物は、アマゾン等では購入可能であるが、一般の書店では販売されていないものである。

編として、最終年度の活動や全体の報告の論稿（本章）に、中核拠点校社会構想大学院大学学監の川山竜二教授によるビジネス法務学についての新論稿、本年度ビジネス法務専門教育教授法履修の科目等履修生の実践報告、さらに外部評価としての安永雄彦氏（当時西本願寺代表役員執行長にしてグロービス経営大学院大学専任教授）[2]の論稿「武蔵野大学の「ビジネス法務教育と実務家教員養成」（実務家教員 COE プロジェクト）について——経営専門職大学院実務家教員からの考察」、そして総括として責任者池田の「プロジェクトの総括と展望——実務家教員とリカレント・リスキリング、さらには教育イノベーション」（本書第 10 章所収）を掲げて、さらに上記 3 巻から主要論稿を抜粋したものを再録して加える構成を取った。

III　5年間の事業の報告——段階的発展

　武蔵野大学「実務家教員 COE プロジェクト」の 5 年間の活動は、上掲の 3 編の年次報告書の書名からも明らかなように、3 つの段階を経て実施された。

1　第一段階

　第一段階は、大学専門分野レベルでの実務家教員養成の歴史と現状の把握である。そこで、本事業は、まずは有識者からの聞き取り調査から入ったのである。その内容は、第 1 巻『アイディアレポート』に、「有識者に聞く実務家教員像とその教育（1）（2）」として収録している（参加者は、第 1 回意見聴取会が柏木昇東京大学名誉教授と、公益社団法人商事法務研究会代表専務理事（当時）石川雅規氏、第 2 回がリーテックス株式会社代表取締役社長（武蔵野大学客員教授）小倉隆志氏と、株式会社フロネシス執行役員（当時）・不動産鑑定士（武蔵野大学客員教授）杉浦綾子氏である）。

　この段階でまず明らかになったことは、法律学分野の実務家教員の草分けとされる方々は、研究者教員の知らない、取引実務のノウハウに長けた専門家であって（例えば国際契約実務など）、そのような内容を大学で教授する必要が生

---

2)　安永氏は、金融機関等を経て 2004 年から経営大学院の実務家教員として教壇に立たれ、かつ得度して僧職に就いておられる。

じた際のスペシャリストとして大学教員に採用されていた。したがって、法律学の本流は厳然として理論法学、解釈法学の研究者が独占しており、実務家教員はその保有するノウハウによって、理論と実務の架橋をする役割を担っていたにすぎない。つまり法律学においては、弁護士や企業法務部員は（その職業としての重要性はもちろん認識されていたのではあるが）、大学の実務家教員としては、あくまでも研究者教員の業務を補充する存在として理解されていたのである（この点が重要である）。したがって、この初期段階の聞き取り調査では、たとえば実務家が大学教員として採用されて現場を離れると、そこから手持ちのノウハウの陳腐化が始まってしまう、という欠点も指摘されていた。

　そうすると、法律学分野における実務家教員は、結局研究者教員の補佐役なのか、つまり、法律学分野における実務家教員養成事業は、結局研究者教員を補充補足する人材の育成にとどまるのか、という疑問に逢着する。この問題認識が、実は法律学における実務家教員養成事業の成果の大きな第一歩であったことが、後に明らかとなってくるのである。

　なお、本事業では対象としなかったものに、2004年からの法科大学院の設置がある。法律学分野では、この段階でいわゆる実務家教員が大量に採用されるのだが、そこで言う実務家教員は、いわゆる法曹三者の弁護士、裁判官、検察官であり、当時の司法試験改革の結果、法曹育成の職能教育を司法研修所から一部法科大学院に下ろす目的で法曹が法科大学院教育に加わったものである。それ自体は、学理と訴訟実務の乖離をなくす、良い施策であったとはいえるが、それはあくまでも職能教育内部での改革ととらえるべきで、今回の実務家教員養成の趣旨とは異なるものと考え、本実務家教員COEプロジェクトでは分析の対象としなかった。

　またこの第一段階では、銀行員から大学院に進学して大学教員に転じた方の講演もうかがった（水野浩児追手門学院大学経営学部長「私の実務家教員論──銀行員から大学学部長へ」（第1巻に収録））。この方の場合も、途中から研究者教員養成ルートにその大学院段階から入られているので、厳密な意味で実務家教員とは言えないかもしれないが、大学教員となられてからの専門が、法律と経営にまたがる、新しい形態になっていることが注目される。明らかに、当初の実務家経験が、その後の研究者教員としての独自の分野横断的研究内容に影響

を与えているといえる。

さらにこの第一段階では、担当責任者であった私自身のいくつかの研究報告も加え（池田眞朗「専門職教育と実務家教員の養成」、同「大学の教育現場で求められる実務家教員像——大学の学問の変容と実務家教員の新たな役割」、同「「コロナを超える」新しい法務キャリアの学び方——ビジネスマッチング実践型「武蔵野大学大学院」の法務人材育成と実務家教員の養成」（いずれも第1巻に収録））、さらに、武蔵野大学法学研究科修士課程に所属した社会人院生の、主幹校社会情報大学院大学（名称は当時）の実務家教員養成課程を受講した感想なども掲記した（尾川宏豪「実践と理論の融合——実務家教員養成課程の受講を終えて」）。

このように、2019年度と2020年度は、現状と問題把握に努め、そこからの展開の構想を練った時期であり、年次報告書第1巻に『アイディアレポート』と銘打った所以はそこにある。

2　第二段階——その1

第二段階では、コア科目として設置した「ビジネス法務専門教育教授法」のカリキュラムを確立させた上で、プロジェクトの実践・展開を図った。第2巻『実践・展開編』では、一方で本プロジェクトの理論的強化を図ったうえで（池田眞朗「ビジネス法務教育と実務家教員の養成——本質的法学教育イノベーションとの連結」、川山竜二「現代社会と新しい知の形式——法の実践の理論へ向けて」）、具体的に実務家教員によって実施されたビジネス法務教育の実践を紹介している（金井高志教授（当時）「「ビジネス法務専門教育教授法」における実務家教員による講義——経験並行型実務家教員としての実務家・研究者教員の立場から」、赤松耕治講師「ビジネス法務実務家教員の役割と有用性〈対談〉」、森下幹夫教授「税法分野における実務家教員の役割と有用性」の各論稿）。さらに、実務家教員の適性を生かす教材開発（池田眞朗「実務家教員の適性を生かす法律学教材の開発とその使用実践——『民法 Visual Materials』による法学教育イノベーション」）、武蔵野大学法学研究科博士後期課程に所属した社会人院生の、主幹校社会情報大学院大学（名称は当時）の実務家教員養成課程を受講した感想と、本学のほうの科目「ビジネス法務専門教育教授法」のシラバスに組みこまれた模擬授業の報告（いずれも小山晋資「実務家から実務家「教員」になるための速習トレーニング」

「大学で学んだことは実務でどう生きるか」）を掲載した。

　さらにこの21年度では、新規実践事業として、「優秀講義認定証」プログラムというものも実施した（詳細は第2巻『実践・展開編』第5章参照）。これは、外国の一部の大学において、シンポジウムや特別授業等での講演を行った場合に、それを証明する証書（感謝状等を兼ねるものもある）を授与する制度があり、それを参考にしたものである。たとえば、ブラジル・サンパウロ大学などでは、ディプロムと称する立派な証書を発行し、大学教員だけでなく弁護士や裁判官、実務家等の講演者は、それを自らの判事室や事務所の壁に飾ったりしている。

　武蔵野大学実務家教員COEプロジェクトでは、これを参考に、大学院に限らず法学部の授業までを対象にして、特別講師やゲストスピーカーと呼ばれる方々に、講義の認定証を差し上げて、将来その方々がたとえば実務家教員として大学教員等に応募をされる場合に、プロモーションの一助としていただければという考えで開始したものである。

　その認定基準としては、①シラバス（講義プログラム）構成、②配布資料、③講義内画面資料、④講義進行の4点を掲げた。もちろん①については、一般の専任教員の場合は、一定期間の授業計画を示すものであるが、ひとコマの特別講師については、その一回の講義内での進行レジュメ等を指すものとしている。②は受講生への事前配布資料、③はパワーポイントなど、講義中に表示される資料を指す。④は実際の講義進行において、受講生の注意を引く進行上の工夫であったり、受講生に質問をしたり、挙手をさせたりスマホでの統計を取ったりという、教育効果を上げる工夫などが含まれる。こうして、①から④の要素を総合的に判断して、大学教育の基準として十分なレベルにあると判断したものについて、この「優秀講義認定証」を後日差し上げるわけである。

　もとより事前にそのようなシステムがあることをお伝えしているわけではなく、また差し上げるのが失礼に当たるケースもあろうが、幸い、2021年度は合計10件の認定証を発行し、それぞれの講師の皆様にお受け取りをいただいた。なお、プログラムの趣旨からして当然ながら無償である。

　ただ、この試みは新型コロナウイルスの蔓延もあって定着しないままに終わったが（2021年度からは多くの講義が遠隔授業（原則Zoomを使用）で実施され

た）、今後一定数の大学で同様の試みが行われて評価が定着するようになれば、実務家教員志望者にとっては、経歴書に書けるなど一定の価値を持つものになりえよう。

3　第二段階──その2

さらにこの第2巻『実践・展開編』では、このプロジェクトを法律学以外に展開する準備段階を示すものとして、西本照真武蔵野大学学長の講演「実務家教員のキャリアデザイン──教育現場の現状と今後の期待」、小西聖子副学長との対談「人間科学の分野における実務家教員とその養成」を掲載している。中でも、小西副学長の「大学教員のパイは限られている」という指摘が重要である（この点は本書第10章でも触れる）。

また、実務家教員養成は、人材養成、ことに女性活躍の観点からも検討されるべきものであるとして、女性独立経営者の方との対談も行った（有限会社スタイルビズ社長青山直美氏「女性の活躍推進と実務家教員の養成」（第2巻収録））。なおこの成果は、2023年11月22日に本学法学研究所が主催したシンポジウム「日本はなぜいつまでも女性活躍後進国なのか」の実施につながることになる（本書第5章「女性活躍のビジネス法務学」参照）。

4　第三段階

第三段階では、本格的に他分野（他学部他学科）への展開を図った。2022年度の年次報告書第3巻の書名も『実務家教員の養成──ビジネス法務教育から他分野への展開』と改めた所以である。

具体的には、教育学部については、上岡学武蔵野大学教育学部長（同大学副学長）の論稿「教育学部における実務家教員の将来性と課題ならびに育成プログラム」と、教育学部の教員の座談会（「教育学部における実務家教員の実績と可能性」を掲げ、さらに伊藤羊一武蔵野大学アントレプレナーシップ学部長と同学部の先生方に法学研究科の授業「起業ビジネス法務総合」の授業参観をしていただいたうえで、伊藤学部長から「アントレプレナーシップ学部における教育、および実務家教員養成の現状と展望」の寄稿を受けた。

もとより各学部学科において、それぞれ実務家教員の位置づけも役割も異な

第9章　実務家教員養成プロジェクトとビジネス法務学　193

るので、必ずしも育成ノウハウなどが共通するわけではないが、この作業によって、他分野との協働の可能性や必要性が見えてきた。そしてさらには、それが、後述する、法律学とは独立した新学問分野「ビジネス法務学」の必要性・有用性とその「ビジネス法務学」の諸学問のハブとしての役割の「発見」につながっていったのである。

またこの第3巻でも実習院生の記録として、志岐信和「二つの実務家教員養成講座を受講して」同「実務家教員としての立ち位置の確認──模擬授業を経験して」を掲げてある。

5　最終年度の活動──ビジネス法務学の確立へ

最終年度（2023年度）の主たる活動は、以下に述べる「ビジネス法務学」の確立である。実はそれは、ある意味で実務家教員論の核心にかかわるものであった。

そもそも、実務家教員というものの立ち位置は、いわゆる研究者教員と比較した場合にどのようなものなのか。誤解を恐れずに例示すれば、たとえば看護学部の場合でいえば、教員の多くが看護師の資格を持っていると考えられる。その場合は、その意味での実務家教員が主流を占めているわけだが、法律学の場合は、法律実務を知る者（法曹とか企業法務部員）は、伝統的に大学教育の世界では少数であり、圧倒的多数は、実務経験のない、大学院博士課程までいわゆる法解釈学の研究で育ってきた研究者教員である。そして、その学理と実務の関係では、明確に学理の研究が優位に立っていた。そうすると、法律学教育の世界では、実務家教員は、研究者教員の補佐役、あるいは研究者教員が不案内な部分を埋めるというだけの存在であって、実務家教員養成の作業もしょせんその限界の中での、研究者教員の補佐役を育成するだけの話になってしまう。

それはおかしくないか、というのがすべての出発点になった。つまり、実務家教員には、研究者教員をしのぐ部分はないのか、それも特定の技術やノウハウの保有というようなレベルではなく、本質的に実務家教員が研究者教員を凌駕するという話にはなりえないのか。この問題意識から、実務家教員育成事業が、法律学とは別物の、しかも法律学を含む社会科学の様々な学問分野を連結

させるようなハブ的存在になりうるという「ビジネス法務学」の形成・構築につながったのである。

　そもそも、法律学という固定的かつアプリオリな学問体系の存在があって、そこに（法科大学院という職能教育の場を除いて）実務家教員をより多く参入させるというのではなく、法律学自体を実務家教員でなければ教授できない学問体系に作り変える、あるいは、既存の法律学はそのままにして、いわゆる実務家教員が主導する、新しい別の学問体系を構築することは考えられないか、という発想に至ったのである。

　その気づきを与えたのは、現在の、100年に一度という変革の時代である。科学技術の急速な進化発展と、「地球沸騰の時代」と称される、止まらない地球温暖化の中で、既存の法律学は、（出来上がっている法律というルールの解釈学に偏重した、静態的な学問になってしまっており）法律の立法・改正という形での社会対応が後追いになるという限界性を露呈してきている。すなわち、中世以来当然のこととして疑われなかった、法律による社会コントロールが、十分に機能しなくなる時代になっているのである。

　そこで、武蔵野大学法学研究所および大学院法学研究科ビジネス法務専攻は、「実務家教員 COE プロジェクト」の究極の到達点として、「ビジネス法務学」の確立を目指すこととなった次第である。

　その詳細は、2023 年度に発表した書籍、論文に譲るが[3]、要旨を述べれば、①これまで「学」として認識されてこなかった「ビジネス法務」（企業法務と金融法務を有機的に結合させたもの）を新しい学問体系として構築する。②社会の動態をとらえて課題を解決し、持続可能な人間社会を形成していくことに何よりも重点を置き、法律の制定・改正を待たずに当事者の「創意工夫」を「新しい契約でつなぐ」ことが肝要であると提唱し、「学」として必要な、倫理性や規範的判断力の観点を加え、CSR、SDGs、ESG などを必須の考慮要素として取り込む、というものである。

---

3)　池田眞朗「これからの SDGs・ESG とビジネス法務学」池田編『SDGs・ESG とビジネス法務学』（武蔵野大学出版会、2023 年）（本書第 2 章所収）、池田眞朗「変革の時代の民事立法のあり方とビジネス法務学」池田編『検討！ ABL から事業成長担保権へ』（武蔵野大学出版会、2023 年）（本書第 3 章所収）、池田眞朗「ビジネス法務学の確立とそのハブ構想」武蔵野法学 19 号（2023年）（本書第 4 章所収）等。

この「ビジネス法務学」の構築に到達したことが、共同申請校としての武蔵野大学の最大の事業成果であると報告することができる。すなわち、実務家教員を、既存の学問体系に補助的、補完的要員として養成し供給するのではなく、実務家教員が（研究者教員との位置関係を逆転して）主要メンバーとなる新たな学問体系を構築し、実務家教員はその学問体系の普及・発展に努める役割を果たす、という、まったく新たな、イノベィティブな世界観への到達である。

もっとも、2023 年度末の段階では、上記「ビジネス法務学」について公表された研究成果は、COE プロジェクト実施責任者の池田の論稿にほぼ限られ、成熟度も十分と言えないが、本学博士課程院生の論文や、他大学の研究者の論文も発表予定という状況であり、今後の発展が期待される。

Ⅳ　おわりに

当初いわば思いがけずにお引き受けすることになった実務家教員養成プロジェクトであったが、最終的に所期の分担事業をほぼ達成でき、さらにその副産物あるいはそれ以上といえる「ビジネス法務学」の誕生に結び付けられたことは、誠に有難い収穫であった。プロジェクト中核拠点校のリーダーであった川山竜二教授（社会構想大学院大学学監、武蔵野大学客員教授として「ビジネス法務専門教育教授法」の講義も分担していただいている）はじめ関係の皆さんに厚く御礼を申し上げたい。

第10章

実務家教員と
リカレント・リスキリング教育、
さらには教育イノベーション

I　はじめに

　本章は、前章で扱った、「実務家教員 COE プロジェクト」の総括にあたる論稿[1]に、加筆修正を加えたものである。その内容は、第一にはこの文部科学省の補助金を得た事業全体の客観的評価であり、第二には、その一部の推進を担った、武蔵野大学のプロジェクトについての主観的評価である。さらに第三には、このプロジェクトを含む文部科学省事業のキーワードである「人材育成事業」の将来展望をつけ加えたい。つまりそこに、内閣府や文部科学省が力を入れるリカレント・リスキリング教育の展開と、実務家教員養成の結びつきが見出せるからであり、またそこから、変革の時代の教育イノベーションへのつながりが見てとれるからである。

II　実務家教員養成事業の客観的評価

　本プロジェクトは、そもそも文部科学省の「2019 年度大学教育再生戦略推進費」における「Society 5.0 に対応した高度技術人材育成事業」の中の「持続的な産学共同人材育成システム構築事業」の補助金を得て始まっている。しか

---

1)　池田眞朗「プロジェクトの総括と展望──実務家教員とリカレント・リスキリング、さらには教育イノベーション」池田編『実務家教員の養成──ビジネス法務教育からの展開』（武蔵野大学法学研究所〔発売創文〕、2024 年 3 月）437 頁以下。

しこの 5 年間の事業期間に、実は世の中は大きく変わった。一方では急速な技術革新があり、他方では、止まらない地球温暖化の進行があった。今や時代は「急激な変革の時代」に突入している（もっとも、日本国民全般にはまだその認識が乏しいのかもしれないのだが）。

　そのことは学問の世界では、一般論として、学理と実務の乖離が大きくなることを意味している。というのは、社会科学全般でいえるのが、人間行動を分析して理論化する性質を持つ学問の場合には、急激な社会変革の中では、理論形成が社会変化に追いつかなくなる。一方で社会変化に即してビジネスその他の市民活動はめまぐるしく変化するのである。

　この時代状況を踏まえれば、実務を知り実務経験の豊富な人材を教育面で活用するという方策は、疑う余地なく正しいものであり、またその必要性はこの 5 年間でより高まったと言えよう。

　もっとも、その教育の現場は多様であり、高等教育から中等、初等教育までが対象となりうるわけで、またその教育者、ことに実務家教員を育てる場も多様でありうる。しかしながら、今回のプロジェクトはそもそも「2019 年度大学教育再生戦略推進費」の中の事業として設定されていたことから、基本的には、大学教育の中での実務家教員の育成と役割とを考えるという設計と理解して進行させた次第である。

　東北大学等、他のプロジェクトの中核拠点校らの実績については詳らかでないので言及を避けるが、社会構想大学院大学（プロジェクト開始時の校名は社会情報大学院大学）を中核拠点校とする「実務家教員 COE プロジェクト」の場合は、まず拠点校社会構想大学院大学が、「実務家教員養成講座」をメイン事業として開始・展開したことは、本事業の趣旨にかなった、大変適切なものであったと言えるであろう。また共同申請校の一つである日本女子大学が、自学独自のリカレント教育講座を展開しつつ、社会構想大学院大学の「実務家教員養成講座」のカリキュラムに協力して模擬授業の実施・審査の場を設けたのも大変適切と思われる。

　しかしながら、一方で、（実務家教員自体にはその活動レベルにさまざまなバリエーションがあるものの）そもそも大学教員養成をターゲットとした実務家教員養成論は、急速な少子化と大学淘汰加速の時代には、展望がない。2022 年

の日本人の出生数は 77 万人にまで落ち込んでいる。文部科学省は、2023 年 7 月の中教審の大学分科会に「2040 〜 50 年の大学入学者数は現状より 2 割減の 50 万人になる」という試算を示している[2]。したがって、大学入学者がこのように減少するのであるから、大学教員の「パイ」は明らかに小さくなる。その中での実務家教員の養成事業には、当然の数的困難性があることは明瞭であった。私は、別の論考に、大学の生き残る道は、オンリーワンでナンバーワンの存在になるか、18 歳よりも上の世代の入学者や科目等履修生を増やすことだと書いたが[3]、いずれにしても、大学入学者数がこれだけ縮小していく中で、現状の研究者教員の雇用自体が厳しくなる状況下での実務家教員の新規採用ニーズは、たとえあっても現実には顕在化しにくいといえよう。その意味では、実務家教員養成プロジェクトは、やはり 5 年の期限で、その成果を確認しつつ、ここはいったん終結させるべきものであろう。

Ⅲ　武蔵野大学のプロジェクトについての主観的評価

　さはさりながら、武蔵野大学では、大学院法学研究科ビジネス法務専攻と大学法学部法律学科を包含する組織である法学研究所をこの事業の主たる引き受け組織としたことから、まさに「Society 5.0 に対応した高度技術人材育成事業」という位置づけを意識して、大学法学教育における実務家教員の養成に特化した活動を行った。その骨子は、本書前章に述べた通りであるが、主に博士課程生もしくは専門社会人の修士課程生を、中核拠点校の「実務家教員養成講座」を受講させたうえで、本学大学院に開設した「ビジネス法務専門教育教授法」という科目を受講させ、さらに本学法学部法律学科のゼミナールにおける模擬授業を、そのいわば修了試験と位置付けるという、「大学実務家教員養成カリキュラム」を設定したのである。

　もとよりこの事業実施方法は、履修対象者を博士課程生もしくは専門社会人の修士課程生に限定するので、履修可能者がそもそも毎年 1、2 名に限定され

---

2)　大学ジャーナル ONLINE2023 年 7 月 17 日（univ-journal.jp/232997/、最終閲覧 2024 年 9 月 5 日）
3)　池田眞朗「古稀式のビジネス法務学」樋口範雄編『しあわせの高齢者学 2』（弘文堂、2024 年）280 頁以下、ことに 293 頁参照。

てしまうという欠点を持つ（したがって最終年度には、大学院の科目等履修生にも対象を広げた）。しかしながら、大学の正規教員には博士号が要求される時代の流れの中で、大学専門教育にたずさわる実務家教員を（ゲストスピーカーや特別講師ではなく）実質的に正規教員として養成するためには、このような設定は必須なのである。

さらに反省点としては、武蔵野大学の法学研究科および法学研究所の内部でも、このプロジェクトに関するシステマティックな研究体制の構築とまでは至らず、実施責任者と数名の教員のみが関与する形で終わってしまったことである。加えて、他研究科・他学部学科への展開も、模索段階で終わってしまったことが残念である。ただこれも、たとえば「起業」科目で共通するアントレプレナーシップ学部は 2021 年の開設であるので、今後の協働などが期待できよう（法学研究科では、法律学科 4 年生に選考をして奨学金を与えて（実質受講料が無料になるようにして）「起業ビジネス法務総合」などの大学院科目を履修できる制度を作っている。これをアントレプレナーシップ学部の 4 年生にも機会を与える計画がある）。

Ⅳ　武蔵野大学法学研究科限定の成果──ビジネス法務学の誕生

もっとも、そのような反省にもかかわらず、武蔵野大学大学院法学研究科ビジネス法務専攻としては、本プロジェクト参加の結果、非常に大きな成果を得ることができた。それが、本書前章にも述べた、「ビジネス法務学」の形成である。法律学における実務家教員の活躍場面を模索する作業の中で、出来上がっている法律の解釈学に偏した、静態的な学問になってしまっている現在の法律学からイノベィティブに脱却した、世の中の動態を把握して課題を解決する、新たな学問体系を私どもは見出すことができた。これまで、「学」としてはほとんど意識されていなかった、企業法務や金融法務に倫理や規範判断力の要素を加え、CSR（企業の社会的責任）論や、SDGs・ESG を必須の考慮要素として、変革の時代の既存学問分野をつなぐハブとなりうる学問分野を創出するきっかけをつかんだのである。

それが、実務家教員養成を模索する中でたどり着いた、（ことに法律学固有の

ともいうべき）「研究者教員の絶対優位」という、確立したヒエラルキーに対するアンチテーゼの産物であったことが改めて記録されなければならない。

　これは、プロジェクトの副産物という評価では足りない、大きな学問的創造といえるものではないかと自負する次第である。

V　実務家教員養成事業の今後の展開

　先に、大学生というパイの縮小に触れ、大学の生き残る道の一つは、18歳よりも上の世代の入学者や科目等履修生を増やすことだと書いた。ということはすなわち、社会人や高齢者対象の授業を、既存の大学教育課程のカリキュラムとはまた異なった形で、それらの教育に適性の高い教員によって行う、ということが想定できる。そしてこの考え方が、今日盛んに言われるようになったリカレント教育、リスキリング教育のニーズに合致するのである。実務家教員養成事業の今後想定できる一つの発展の方向性は、まさにそこにあるように思われる。

　つまり、リカレント教育、リスキリング教育の充実と言っても、それを誰が教えるのか。ことにたとえば法律学で考えた場合、既存の研究者教員の行ってきた「研究」は、そのような教育に適合的か。以前と法律がこう変わっていますといって、改正された条文の解釈を講じるのがリカレント教育だというのであれば、それは非常に視野の狭い、価値の限定された教育ということになろう。この急激な変革の時代には、まさに法律の機能の限界とか、ソフトローなどを含んだ広い意味のルール創りを教えなければ、真の意味のリカレント教育にはならないと思われる。それを教える適性は、明らかにいわゆる実務家教員の方にあるのではないか。

　このような観点からみれば、今回の文部科学省事業の基本キーワードである「人材育成事業」からしても、リカレント・リスキリング教育の担当要員として実務家教員を養成するというカリキュラムが、さまざまな専門分野で検討されてよいであろう。

VI 結 論

　以上を総括すれば、「実務家教員 COE プロジェクト」は、現代の（人口減少等の）時代状況の中で、いくつかの限界性・困難性を内包しながらも、この時点でなされるべき、必須の取り組みであったといえよう。そして、かつて象牙の塔と揶揄された大学が、現代もなお自己完結的な学問体系に安住しているところがあるとすれば、この「実務家教員 COE プロジェクト」は、学問分野を問わず、当該分野のイノベーションを掘り起こすきっかけになりうる（その法律学分野での成果こそが、ビジネス法務学の形成であった）。その点への「気づき」を可能にしたことが、この 5 年間にわたるプロジェクトの最大の意義ではないかというのが、武蔵野大学での「実務家教員 COE プロジェクト」執行責任者であった私の得た結論である。

第 11 章

ビジネス法務学の教員養成

——学問としての持続可能性のために——

I　はじめに

　本書は「ビジネス法務学」という新しい学問の旗を立てる。ではその「ビジネス法務学」の教員はどのように養成されるべきなのか。もちろん、旗を挙げたばかりの学問分野であるから、まずは既存の各分野の研究者に呼び掛けて、ひとりでも多くこのビジネス法務学の趣旨についての賛同者を増やし、新しい仲間としてビジネス法務学の発展に資する研究論文を発表していただく、ということが先決である。しかし、ビジネス法務学はその第一の目的が人間社会の持続可能性であると宣言する以上、そのビジネス法務学自身が教員の再生産の途を確保して持続していかなければならない。

　本書の前々章と前章で扱った、「実務家教員 COE プロジェクト」からの発想をヒントに、ここで若干の考察を加えておくこととしたい。

II　ビジネス法務学教員の養成母体

1　大学院

　ビジネス法務学の教員の養成母体は、やはり大学院法学研究科ビジネス法務専攻の博士後期課程となろう。一般にどの分野でも大学教員の学歴として博士号が要求される時代であるから、これは当然であろう。

　そうすると、現状ではビジネス法務専攻というその名の通りをうたう大学院は武蔵野大学くらいであると思われるが、たとえば一橋大学の法学研究科のビ

203

ジネスロー専攻は、もともと 2000 年に経営法務専攻（国際企業戦略研究科）として開設された歴史を持っている[1]。武蔵野大学の法学研究科が午前と夕方以降の開講で、オンライン授業も積極的に取り入れているのに対し、一橋大学では働きながら通える夜間開講の法律系大学院としての構成はそのまま維持されているという違いはあるが、すでに日本銀行行員の博士を誕生させるなど、高い実績を持っており、本書の趣旨を取り入れた教育体制を構築されるのも困難ではないと推察される。もちろん逆に武蔵野大学が学ぶべき要素は多いかと思われる。

　他にも、ビジネスを冠する社会人向けの夜間大学院はあるようだが、社会人が働きながら（従来のカリキュラムと教授法で）法律を学ぶ、というだけのコンセプトでは、ビジネス法務学の教員養成にはつながらないと思われる。

　しかしながら、本書で示したビジネス法務学の広がりと多様性を考えると、全国の経営系大学院で民法の債権法や契約法をカリキュラムに入れている（あるいは経営学部などの学部段階で入れている）ところは、逆にかなり適性がありそうである（たとえば追手門学院大学経営学部では、学部長自らが債権法を講じているという）。民事法学の学習経験のある企業人がビジネス法務学に賛同する経営系大学院の博士後期課程を修了するというケースなどは、ビジネス法務学教員養成に適しているのではなかろうか。

2　学部

　ビジネス法務学教員の出身学部は、あえて問わない、というべきであろう。法学部が向いてはいるのだが、本書で何度も繰り返してきたように、出来上がっている法律の解釈論ばかりを教える法学部で学ぶのはかえって視野を狭くするかもしれない。これからの法学部は、学説や判例を覚えさせるのではなく、それぞれの法律、条文が誰の何のためにできている「ルール」なのかを学ばせ、各人が社会に出て、所属する集団の構成員を幸福にできる「ルール創り」を学ばせる教育をしなければいけない[2]。そうでなければ、急激な変革の時代に対処

---

1)　その他青山学院大学に法学研究科ビジネス法務専攻があるが、内容は 2018 年以降「税法プログラム」のみとなっている。

2)　池田眞朗『法学教育イノベーション──新世代法学部を創る』（弘文堂、2024 年 11 月刊）参照。

するイマジネーションとクリエイティビティは育たないのである。

　したがって、ビジネス法務学を意識した法学部法律学科が全国に増えてくることが、ビジネス法務学教員の再生産に資することになるのは間違いのないことであるが、他学部の出身でも「ルール」の意味を学んで企業で法務関係の業務についてきたなどのキャリアのある人がビジネス法務専攻の大学院で博士論文を書くところまでこられれば、何の遜色もない（逆に他学部で学んだ経験がオリジナリティとして生きる）ビジネス法務学教員が生まれるはずである。

III　想定されるビジネス法務学の科目・カリキュラム

　ただ、養成母体などを考える前に、ビジネス法務学で何を教えるのか、という科目・カリキュラムの議論が先であるとの意見もあろう。すなわち、何をどう教えられる教員を養成するのか、という問題になる。現時点ではなお断片的な記述にならざるをえないが、それらについても言及しておきたい。

　まず一般論として述べておけば、すでに本書の冒頭部分で触れたように、特定の取引スキームや技術のノウハウを教える教員というのであれば、それは当人の知識やノウハウが陳腐化のリスクを免れない（本書 19 頁参照）。そうではなくて、倫理や規範的判断力に裏打ちされた、「課題解決」型の科目を、持続性のある形で教えられなければならないのである。

　では、何が教えられるべきなのか。具体的には、①大学院レベルでは、武蔵野大学大学院法学研究科ビジネス法務専攻においては、すでに（以下に述べるように）ある程度の実践ができつつある。②一方、学部レベルでは、武蔵野大学法学部法律学科では現状、ルールを暗記するのではなくルールの意味を考えさせる「ルール創り教育」を実践するにとどまっているので、ビジネス法務学の学部への導入はこれから、ほぼゼロから考える必要があろう。

1　大学院の場合

　武蔵野大学大学院法学研究科ビジネス法務専攻の場合を例に挙げれば、現在のカリキュラムに置かれている科目でかなり対応が可能であるし実際に対応しているケースも多い。たとえば、本書でも繰り返し論じた「創意工夫を契約で

つなぐ」という、契約ベースのテーマのほとんどは、民法契約法を扱う「ビジネス民法総合」で吸収できる。すでにこれまでも 2023 年度までの同科目の中で、「EV 充電器契約のビジネス法務学」などを扱った実績がある。電子契約関係や担保取引関係、再生可能エネルギー関係は、「金融法（FinTech）」、「金融法（ABL・担保取引）」、「再生可能エネルギー法」等の科目で対応できる（いずれも現在弁護士教員が担当している）。また、「知的財産政策」という科目があり、単なる「知的財産法」を教えるのではなく、国の政策としての知財の問題を扱える。2023 年度には、先の「ビジネス民法総合」と「知的財産政策」の担当者の合同で、本書でも扱った、「ペロブスカイト型太陽光発電パネルの特許問題」の授業をした実績もある。さらに、「起業ビジネス法務総合」という科目は、起業家の客員教授を中心にして民法、会社法、知的財産法、税法の教員（知的財産法と税法の教員は実務経験者）によるオムニバス授業で、実際に事業計画を立てて地方公共団体への融資申請書まで作成したうえで我々教員を融資者に見立ててプレゼンテーションをするという科目なのであるが、この起業計画を作成するプロセスの中などで、SDGs 関連等、ビジネス法務学の内容を折り込んだ指導を実際に行っている（その他、「ビジネスセキュリティ法」などという科目も設置している）。したがって、本書のような形でビジネス法務学のいわば総論部分が固まれば、各論的な授業は現段階でもすでにかなり行えているわけで、現行スタッフの意見交換等を進めて、文字通りの「ビジネス法務（学）専攻」のカリキュラムがシステマティックに構成できていく可能性は高いのではないかと考えられる。

2　学部（ビジネス法務学部？）の場合

　では学部の方はどうか。現状の法学部では対処しきれないわけで、仮に「ビジネス法務学部」を創るとすれば、これから検討すべきことが多々ある。その場合の取り掛かりとして、「法律学を超えるビジネス法務学」としては、まずは現在の法学部法律学科で、教えるべき必要性はあるのに教えられていないもの、を列挙するところから検討を始めるのが一つの有効な方法ではなかろうか[3]。

---

3)　以下の記述の一部は、池田・前掲注 2)『法学教育イノベーション』272 頁以下にも記載している。

206　第Ⅲ部　誕生の背景

たとえば企業間の契約一つにしても、ビジネスで必要な企業間の力学の問題を法学部法律学科では教えていないが、実際にはそれが重要なのである。本書で触れた例でいえば、債権譲渡の制限（禁止）特約は、実際上、債務者のほうが力が強い場合にしか付けられない（本書153頁注2）参照）。つまり、債権譲渡制限（禁止）特約の債務者を保護するというのは、実際には多くの場合、力の強い大企業を保護することになる。そういう、「ルール」の持つ実際の意味を今の法学部ではほとんど教えていない。また世間では産官の連携などといっても、国の補助金政策のあり方などを法学部法律学科ではほとんど教えない。たとえば新発明の支援といっても、官庁による事前審査・選定型では、中小やスタートアップは支援を受ける機会がかなり制限されてしまう。これも本書で説いた「懸賞金型」ならば改善できるのだが、「懸賞金型」の発想の根本は、民法契約法で教える（しかし授業では重視されていない）「懸賞広告」なのである[4]。さらに現代では、ビジネスで非常に重要な供給網の問題は、法律学的には国際的・国内的な「契約の連鎖」の問題になるはずであって、これも民法の契約法で教えるべきものだが、現状では全くそのような把握はされていない（供給網自体が教えられていない現状であるから、それに関連する形で、国家間の交渉関係とか、経済安保に関する話を教える科目は法学部法律学科にはまず存在していない）。さらに、生成AIなどに関しては、国内ルールができないうちに国際ルールがどんどん形成されていく可能性があるが、もちろん今の法学部には、AIとその規制を教える科目がまだない。つまり、出来ていない法律に関する科目は存在しないのである。しかし、変革の時代にそれでは間に合わない。そして、ビジネス法務学では以上のすべてが当然の守備範囲になるはずなのである。

　つまり、出来上がっている法律というルールを教えるだけの学部は時代遅れで、これからの課題を検討し、当事者間の契約など、広い意味のルールを作って解決する、そういうことを教える学部が必要になり、それは当然現在の法学部では足りないしできない、ということになるわけである。

　それゆえ、もし「ビジネス法務学部」を作るとすれば、そこでのカリキュラムは、明らかに現在の法学部のカリキュラムと大きく異なり、それを大きく超

---

4)　本書中でも何度か引用した、池田眞朗「懸賞広告のビジネス法務学」NBL1252号1頁参照。

えるものになる。たとえば、民法や会社法など民事法系科目を中心に2年生までに教えたうえで、（以下仮の科目名で、実際の単位数の想定等もできていないが）「企業力学と法」では契約当事者の関係から下請法や独占禁止法までを教える。「供給網論」では地政学の話から入り、連鎖する契約の力学を考察しながら脱炭素のスコープ3までを講じることになる。仮想通貨や生成AIなどを扱う「新技術対応論」では、規制法と促進法の話から始まって、秘密鍵やブロックチェーンや国際標準とその獲得の仕方などまでが教えられなければならないのである。以上のように、考究すべきことは多々あるが、ビジネス法務学の学部レベルまでの「普及」は、これからの課題としたい。

IV ビジネス法務学教員の研鑽

　新規の学問分野であるから、法律学等、既存の伝統的な学問分野と異なり、研究手法や自己研鑽のシステムが確立しているわけではない。そもそも法律学で言えば、どこの大学でも共通するカリキュラムが大半を占め、またその各科目について入門書、基本書、体系書などと称される既成の教科書や参考書が多数存在している（もちろんそれらが急激な社会変化の中で時代遅れになるリスクを本書では繰り返し指摘しているのであるが）。

　ビジネス法務学については、そのようなお定まりの自己研鑽ルートが存在しているわけではない。しかも次々に生起する社会課題を解決するための学問なのであるから、マスコミの報道などもすべて教材になる。もっとも、その中で学術論文の引用に足る形式と正確さを持っているものが必要なのであるが、新聞記事から専門雑誌の掲載論文まで、いわば旬の情報を的確に取集することが重要である。その観点からすれば、新聞報道などもいわば旧来の学問分野における学術論文と同等の評価を与えなければいけない。私はその観点から、引用新聞記事は年月日掲載面を明記するだけでなく、記者の署名記事については、研究論文の執筆者にするのと同様な明記引用を心掛けている次第である[5]。

　さらには、このような新しい学問分野の場合には、研究者の相互研鑽として

---

5)　たとえば新聞報道については、各紙掲載の事実の報道と、一社の意見や推測に基づくものとを区別するべきということは以前から言われていることであるが、最近は、新聞社が独自の調査をして

の研究会や学会が重要になろう。「学会」を立ち上げるにはある程度の数の研究者が存在しまた一定の数の研究業績が存在しなければならないだろうが、研究会の形はすぐにでも作れる。

ただそこで、従来の学問分野における研究会（さらには学会）とは決定的にちがうものである必要がある。従来の学者たちの既存の研究会は、年に数回、研究成果を発表するために集まるものであるのだが（さらに法律学の場合には例えば半年ごとにその期に出た判例を分析する研究会などもある）、まず例外なく、限られた分野の研究者（法律の場合は大学研究者に弁護士などが加わることがある）すなわちアカデミアの同業者が集まる研究会なのである。しかしビジネス法務学の場合はそれでは通用しない。

既に本書8章に書いたように、現代では、どこに最新の情報が集まっているかといえば、ビジネスの現場なのである。したがって、大学の同業研究者だけの研究会をしてはならない。必ず、最新情報と最新課題が把握できるように、文字通り産官学連携の、産のメンバーと官のメンバーを加えた研究会を組織し、かつ、研究成果を発表するだけでなく、最新情報を共有・交換したり、共同で課題の解決策を論じる場にしなければならないのである（その意味で、研究会というよりは実践研究フォーラムなどと名付けるべきかもしれない）。

このようにしてこそ、ビジネス法務学の研究会は成り立つというべきであり、その観点からすれば、例えば従来の法学部や法務研究科におけるような、研究者教員と実務家教員のカテゴリー分けはなくなるのではないかと思われる。ビジネス法務学においては、全員が実務家教員であり研究者教員でなければならないからである（旧来の相当数の研究者教員のように、実務にタッチせずかつ自分の研究分野なり学科目なりに限定した研究のみをしている者は、変革の時代に次々に現れる社会課題に対処する能力を持ちえない）。この点も、ビジネス法務学が既存の学界に対して示すイノベーションの具体的発露というべきであろう。

その意味で、ビジネス法務学の旗のもとに集うべきは、ビジネス法務学の「教員」のみではなく、情報共有→課題把握→解決ルール創り→社会実装というサイクルを実現できる、産官学の同志であるべきなのである。

署名入りで記事にまとめているものもある。これらについては、まったく学術論文と同等の評価・引用処理をしなければならない。

おわりに
――デジタル社会のビジネス法務学展望――

　以上、本書では、「ビジネス法務学」という新しい学問分野の旗を立てることを宣言し、その概要を、総論、各論として示し、その形成の契機や経緯を、「誕生の背景」で示した。

　本書の中でも示したように、このビジネス法務学は、変革の時代にあって人間社会の持続可能性を第一義に考える学問である。そして、人々が自らの力で、創意工夫を「契約」というルール創りでつないで、課題を解決していくことを奨励し支援する学問である。

　発想の原点は、民法における「意思による自治」の考え方にある。言葉を変えれば、ビジネス法務学は、現代の成熟した市民の倫理観や規範的判断力への信頼を基礎にしている。個人の確立から企業の確立、そして社会の維持・確立を考えていくのである。

　急速な技術革新と、止まらない地球温暖化（沸騰化）。我々は、この変革の時代を乗り切る「危機感」と「連帯感」を、より強く持つべきであり、それを具現化する学問を持つべきなのである。

　かつて福澤諭吉は、明治維新後の近代日本を確立させるために、一身の独立から国家の独立へというプロセスを論じた。その福澤が当時、society という言葉を、「社会」ではなく「人間交際」と訳していた。「社会」という器ではなく、その器に生きる人々の営為のほうを訳し取ったのである。私が「ビジネス」という言葉に仮託するのは、何も企業間取引などに限定するものではなく、まさに個人から企業、国家に至るまでの、「人間交際」の営為の大部分を含むものとご理解いただきたい。

ビジネス法務学は、したがって、社会のさまざまな構成員（ステークホルダー）の立場からそれぞれに考察することができる学問であり、持続可能性を第一義に考えるところから、法律学やビジネス法務の実務を超えて、経営学、経済学、地政学、社会学、工学等々の幅広い学問分野を、「ルール創り」という観点から結びつけるハブになりうる学問である。

　社会のさまざまな構成員の立場から考えるということは、市民一人一人から、町工場、大企業、そして国や地方公共団体という、いわばミクロからマクロまでの考察側面を持つ学問ということにもなる。私はその意識から書いたものとして、法律実務雑誌に「契約から展開するビジネス法務学」[1]という連載も行っている。イノベイティブな要素を持つ仕事であればあるほど、理解者を増やす、仲間を増やす努力を地道に続けなければならない。「ビジネス法務学」は、まさに誕生したばかりなのである。

　ただ、そのビジネス法務学には、今後行うべき考察は次々に見えてきている。

未知数の AI

　その中で、ビジネス法務学が未知数とするのは、AI、ことに生成 AI である。ビジネス法務学では、世の中を便利にする技術よりも、人間社会の持続可能性に寄与する技術を評価する。私見では、その観点から AI を未知数とするのである。確かに AI は社会に多大な便益をもたらすことは疑いがない。しかし AI ことに生成 AI は、本当にヒトを進化させるか。逆に怠惰にし成長を妨げるのではないか。倫理とか、理想とか、あるいは Society 5.0 という高度知識社会で特に求められる「規範的判断力」を希薄にしたり、それらと反する方向にヒトを導く可能性すら持つのではないか。そして、真実と虚構、捏造を区別できなくなる世界を作るのではないか。その結果、ビジネスに混乱をもたらしたり、一部の人々の職業を奪い、芸術活動を冒瀆することにつながるのではないか。このような懸念から、本書出版の 2024 年の段階では、わがビジネス法務学としては AI の評価を留保したい。

　推進（放置）か規制か。AI ことに生成 AI について、世界各国ではすでにさ

---

1)　月刊の「会社法務 A2Z」誌に 2024 年 4 月から掲載している「池田眞朗教授の契約から展開するビジネス法務学」がそれである。

まざまな内容の「ルール創り」が始まっている。日本もどう対処するべきかは、それこそおカミ任せにしていいことではなく、一人ひとりの個人の課題であり、ビジネス法務学の喫緊の課題であることは間違いのないことである。

ビジネス法務学の次なる課題──デジタル取引への対応

本書第8章の考察から見えたのは、ビジネス法務学が、「急激な変革の時代に、後追いになる法律の制定や改正を待たずに、自分たちの創意工夫を「契約」（広義のルール）という形でつないで課題を解決する」と宣言しても、それは相対の合意が有効な場面に限られるということである。必然的に国境を越える新しい取引、つまりデジタル化された取引については、国際ルールを作らないわけにはいかない。それをせずに民間で自由勝手にデジタル取引を伸長させても、国際的に通用せず、その国のデジタル取引は確実に衰退する、つまり、とりもなおさず、その国の経済的競争力が落ちる、ということである。

電子契約と電子署名法

電子契約がその典型であろう。デジタル取引の基本法ともいうべき電子署名法（「電子署名及び認証業務に関する法律」）は、2000（平成12）年5月31日に公布され、2001（平成13）年4月1日に施行されたが、それ以降、実質的な改正を何ら受けていない。変革の時代に法律が後追いどころかとり残されている顕著な例である。人的証明、時的証明、内容の真実性の証明、それらすべてが、国際的に通用するルールの下でなされなければならないところ、電子署名法は署名が意思的行為であるという理由で個人の電子署名しか規定せず、法人の署名の規定を持たない（したがって、法人のする契約では、署名者に当該契約の締結権限があるか否かはわからない）。さらに時的証明をするタイムスタンプについては、法律はなく告示（総務大臣の認定制度を定めた令和3年総務省告示第146号）があるに過ぎない。法人の署名に当たるものはe–シールと呼ばれ、2024年8月現在ではなお法的取り扱いが検討されている段階である。

さらに、同法には「特定認証業務」とその認定の規定が多数置かれているが、この認定を受けなくても電子署名業務は行うことができる。実際、2024年夏の段階で、電子契約業務を行っている業者のほとんどがこの特定認証業務の認

おわりに　213

定を受けていない電子署名事業者を利用しているという、誠に不合理な状況にある[2]。この特定認証業務のルールは、何のためにあるのか。現在の電子署名法自体が機能不全に陥っていることは明白なのである。

もし、政府が電子署名法改正の立法事実がないとの立場なのであれば、ビジネス法務学の研究者グループは、世界の趨勢を踏まえて「立法事実」を列挙すべきであろう（その中には数年内の近未来に必然的に生起する状況も含まれる。日本は国際標準の孤児になってからでは取り返しがつかないことになるのである）。また、もし内閣法制局などが「署名」の概念について意思的行為であるから法人の署名という概念はなじまないなどという前時代的な認識を維持するというのなら、ビジネス法務学の研究者グループは、21世紀の「契約」概念を再構築する論陣を張らなければならない（その場合、企業間の電子契約をスムーズに成立させるニーズがあるというだけでは不十分で、意思主義、表示主義という伝統的な契約成立の議論を踏まえたうえで新理論を提示する必要があるかもしれない）。

デジタルトラスト法の制定に向けて

さらに言えば、2024年現在の世界の商取引の最大とも言ってよい課題は、デジタル取引に関する国際標準の作成である。日本は、この作業に各国とともに迅速にかつ積極的に参加しなければならない。もし日本などの動きが鈍ければ、アメリカ、欧州、そして中国による「型式証明」型のルールが定着しかねない。つまり、有力国の制定ルールに実質的に日本を含む他国が従うという図式である。

しかしながら、デジタル取引は必然的に国・地域を超え、相手を選ばないのであるから、有力国による複数のルールがそのまま通用する世界も効率性からして考えにくい。結局、国際単独標準ルールを作るか、何らかの国際相互認証ルールを作るか、ということで、世界的に通用するデジタル認証の共通ルール

2）2024年4月1日現在で、この特定認証業務の認定を受けている事業者は9社である（法務省HPの「電子署名法の概要と認定制度について」（https://www.moj.go.jp/MINJI/minji32.html）に「認定を受けた認証業務」の一覧がある）。さらに、電子契約事業者が使っている電子署名事業者の一覧については、法務省HPの「商業・法人登記のオンライン申請について」（https://www.moj.go.jp/MINJI/minji60.html）のページの下のほうの「添付書面情報の場合（6）その他」に、電子申請の添付書面に利用可能な電子契約サービスの一覧があり、そこにどの電子契約サービス事業者がどの電子証明書発行者を使っているかが明示されている。

作りが、これから急速にかつ熾烈に展開されると想定される。

　したがって、ビジネス法務学の喫緊の課題は、デジタル取引の国際的ルール創りに日本がどう参加するか、そのために国内ではそのストラテジーとしての国内ルール創りをどう進めるか、というところにあろう。

　具体的には、デジタル取引における「真実」の証明（いわゆるデジタルトラストサービス）を行う認証機関の創設とその正当性を担保するルール（もちろん「法律」の形態が望ましいのだが）の制定である。一国のルール確立なしに世界への発言はできない。

　すべてはこれからだが、その場合の想定されるルール形態は、上述したように、たとえば世界の頂点に立つ認証機関がすべてを支配するのではなく、世界各国の認証機関が共通ルールのもとに連携する形態が適切かと思われる。

　いずれにしても、日本国内の認証機関をどう形成し確立させるか。そして、個人の電子署名だけでなく、タイムスタンプ、法人の電子署名（署名は法人にはできないなどという前時代的な法律解釈論にこだわるなら上記の e−シールという表現をすればよいが、私見は「法人の電子署名」の方がよほどわかりやすいという見解である）などを包括的に規定する新しいデジタルトラスト法をいかに早く制定するか、それがわが国にとって喫緊かつ必須の課題になろう[3]。

ビジネス法務学の本領

　以上が、誕生したばかりのビジネス法務学がまず見据える、この先の必然の検討作業である。ただ、繰り返すが、ビジネス法務学は、決して企業や金融機関などの活動ばかりを考究対象とするものではなく、一方で、市民一人ひとりの中古の衣類の売買契約とか、自宅の屋根の太陽光パネルで作って余った電気の活用契約とかの、市民生活のサスティナビリティに寄り添う学問でもあるこ

---

3)　2024 年 7 月 23 日、産官学連携の新しい研究会組織「デジタル証明研究会」が発足した（池田眞朗座長、有吉尚哉事務局長）。官公庁や企業関係者も参加し、研究者としては民事刑事の法律学者や弁護士をメンバーとする。デジタル取引における「真実の証明」とそのルール化（法制化）を目的とするものであるが、将来的にはビジネス法務学全体を研究する学会に成長することが期待される。デジタルトラストサービスについては、既に技術系の「デジタルトラスト協議会」（手塚悟座長）が優れた研究成果を公にしており、手塚教授からは「デジタルトラスト法」の立法提案の骨子も示されている。これらと連携して、デジタル取引におけるルールの社会実装を図ることが当面の課題となろう。

とを強調しておきたい。

　一身の独立から世界の協調まで、人々の創意工夫による「ルール創り」を積み重ねて、人間社会の持続可能性を追究するのが、ビジネス法務学の目的であり、「本領」であると考える。

　これからの展開を見据えて、この新しい学問への参加を広く呼び掛けて、とりあえず本書を結ぶこととしたい。

初出一覧

はじめに──ビジネス法務学の骨子と本書の全体像
：書き下ろし

第Ⅰ部　総　論

第1章　ビジネス法務学序説
：「ビジネス法務学序説──武蔵野大学大学院法学研究科博士後期課程の開設にあたって」武蔵野法学15号（2021年）402頁（5頁）以下

第2章　これからのSDGs・ESGとビジネス法務学
：「これからのSDGs・ESGとビジネス法務学」池田眞朗編著『SDGs・ESGとビジネス法務学』〔武蔵野法学研究所叢書1〕（武蔵野大学出版会、2023年）1頁以下

第3章　変革の時代の民事立法のあり方とビジネス法務学
：「変革の時代の民事立法のあり方とビジネス法務学──本書の解題を兼ねて」池田眞朗編著『検討！ ABLから事業成長担保権へ』〔武蔵野法学研究所叢書2〕（武蔵野大学出版会、2023年）1頁以下

第4章　ビジネス法務学の確立とそのハブ構想
：「ビジネス法務学の確立とそのハブ構想」武蔵野法学19号（2023年）274頁（53頁）以下

第5章　女性活躍のビジネス法務学
：「女性活躍のビジネス法務学」池田眞朗編著『検討！ ABLから事業成長担保権へ』〔武蔵野法学研究所叢書3〕（武蔵野大学出版会、2024年）205頁以下

第Ⅱ部　各　論

第6章　太陽光発電のビジネス法務学
：①「太陽光発電ビジネス再考──SDGsとビジネス法務学」銀行法務21・899号（2023年6月号）1頁、②「太陽光発電とESG融資の展望──行動立法学からみたFITの弊害」銀行法務21・914号（2024年7月号）1頁、③「ビジネス法務学の確立へ」金融法務事情2209号（2023年5月10日号）1頁、④「変革の時代の新しい融資基準」金融法務事情2236号（2024年6月25日号）1頁の計4本を元に構成・加筆

第7章　物流のビジネス法務学
：「「ビジネス法務学」総論と物流のビジネス法務学」ビジネス法務2024年4月号126頁以下に加筆

第8章　国際規格・国際標準のビジネス法務学
：書き下ろし

第Ⅲ部　誕生の背景

第9章　実務家教員養成プロジェクトとビジネス法務学

：「プロジェクトの実践と展開」（実務家教員 COE プロジェクト総合最終報告）『総集編　実務家教員の養成──ビジネス法務教育からの展開』（編著、武蔵野大学法学研究所、発売：創文、2024 年）1 頁以下を改題して加筆修正

第10章　実務家教員とリカレント・リスキリング教育、さらには教育イノベーション

：「プロジェクトの総括と展望──実務家教員とリカレント・リスキリング教育、さらには教育イノベーション」『総集編　実務家教員の養成──ビジネス法務教育からの展開』（編著、武蔵野大学法学研究所、発売：創文、2024 年）437 頁以下

第11章　ビジネス法務学の教員養成──学問としての持続可能性のために

：書き下ろし

おわりに──デジタル社会のビジネス法務学展望

：書き下ろし

索　引

数字・アルファベット

2024 年問題　　　153
ABL　　　20, 42
ABL 協会　　　65
AI　　　212
B to B　　　97
B to C　　　98
BAA　　　163
COP　　　49
CSR　　　5, 31
DX 化　　　67
EASA　　　163
ESG　　　20, 29, 31
ESG 債　　　38
e–シール　　　213, 215
FAA　　　163
finding law　　　75
FIP 制度　　　84, 137
FIT 制度　　　136
GC　　　31
ICT　　　183
IEC　　　168
ISO　　　168, 175
ISSB　　　53
IT 化　　　67
LGBTQ　　　50
MDGs　　　30
MSJ　　　161
NEDO　　　174
PRI　　　31
SDGs　　　20, 29
SDGs と ESG の緊張関係　　　38
Society 5.0　　　57, 88
UNCITRAL　　　172, 181

あ行

アメリカ連邦航空局　　　163
アンコンシャス・バイアス　　　128
生かす担保　　　63
生かす担保論（「生かす担保」論）　　　20, 42, 43
生きている担保　　　43
育児・介護休業法　　　130
育児休業　　　122
育児休業取得率　　　131
移行債　　　38
意識をルール創りへ　　　130
意思による自治　　　211
井上毅　　　116, 118
イノベーション　　　2, 9, 105
宇沢弘文　　　49
梅謙次郎　　　118
欧州航空安全庁　　　163
オルタナティブ　　　128
温室効果ガス　　　49
温暖化ガス　　　53
オンリーワンでナンバーワン　　　27

か行

カーボンニュートラル法務　　　101
解釈学　　　77
改正再エネ特措法　　　137
買取り価格　　　147
買戻し　　　46, 67
学際研究　　　183
学際的　　　91
学際的研究　　　3
学術論文の引用　　　208

219

仮想発電所（VPP）　149
家族制度　115
課題解決型　89, 95, 99, 102
型式指定　164
型式証明　162
価値観の固定化　127
学会　209
家庭用蓄電池　147, 149
仮登記担保法　67
環境価値　150
企業価値担保権　61, 146
企業の社会的責任　5, 31
起業ビジネス法務総合　56, 80, 193, 200
企業法務　74
危険物倉庫　155
気候変動枠組条約締結国会議　49
規制法　46, 67
規範的判断力　41, 42, 55, 88, 212
旧民法典　113
供給網　7, 53
共生　36
金融検査マニュアル　40
金融法務　74
経験知　54
契約条項　26
契約当事者の力関係　153
契約の連鎖　7
研究者教員　26, 194, 209
研究倫理　86, 89
懸賞金型　143, 174, 180
懸賞広告　207
建設請負契約　47
公益重視型会社　49
航空法　162, 182
合計特殊出生率　125
行動立法学　45, 122, 126, 137, 159
高齢社会　23
高齢者学　98
高齢者の移動手段　157
高齢者法学　95
古稀式　96

国際規格　168
国際契約実務作業部会　172
国際債権譲渡条約　172
国際サステナビリティ基準審議会　53
国際電気標準会議　168
国際標準　168
国際標準化機構　168, 175
国連国際商取引法委員会　171
戸主制度　115
個人の意識　128
コミュニケーション能力　41

さ行

再エネ特措法　136
債権譲渡制限（禁止）特約　153
債権譲渡特例法　46, 67
債権譲渡の第三者対抗要件　67
最高裁大法廷判決　126
再生エネルギー固定価格買取制度　136
再生可能エネルギー　23
再生可能エネルギー法　101
サステナビリティ　35, 39
　　——のレベル　36
サプライチェーン　52, 53, 145
ジェロントロジー　96
支援　35
ジェンダー・ギャップ指数　111
時間外労働　154
事業成長担保権　61, 62, 93
事業性評価　45
死後事務委任契約　98
持続可能性　19, 34, 54
持続可能な開発目標　30
持続的な産学共同人材育成システム構築事業　187
実践知　54
実務家教員　26, 194, 209
　　——の養成　25
実務家教員COEプロジェクト　15, 187
実務家教員養成講座　199

220

実務家教員養成プロジェクト　103
自動運転　156
地場産業　64
司法試験改革　190
シミュレーション　87
社会意識　120
社会実装　180
社会的共通資本　49
集合動産譲渡担保　43
出庫調整委託契約　158
出生率　124
出力制限　147
小1の壁　121
少子化　198
少子化対策　123
衝突回避ルール　174
消費者法　98
情報技術　168
情報社会　57
将来債権譲渡担保　43
女性活躍　111, 124
女性活躍後進国　112, 122, 128
女性活躍推進法　112
女性管理職比率　131
署名　214
署名記事　208
シリコン型太陽光パネル　141
新エネルギー・産業技術総合開発機構　174
人間（じんかん）交際　211
人口学　123
人材育成事業　197, 201
「真実」の証明　215
人心教導策　127
人心誘導策　118
人的資本　51
新聞記事　208
森林法　137
水力発電　140
スコープ3　7, 53, 145
スタートアップ　68
生成AI　69, 73, 212

責任投資原則　31
選択的夫婦別姓　113, 124
選別の連鎖　50
戦略法務　74, 167
創意工夫　40, 155
創意工夫を契約でつなぐ　59, 77, 83. 122, 147
促進法　46, 67
卒FIT　146
　——と大学の対応　150
ソフトロー　69

た行

大学教育再生戦略推進費　197
大学入学者数　199
耐空証明　163
耐空性互認協定　163
タイムスタンプ　213, 215
太陽光発電　23, 135
太陽光発電設備　138
太陽光発電ビジネス　83
太陽光パネルの大量廃棄　141
男女間賃金格差　131
男女雇用機会均等法　112
担保法制改正　70
担保法制部会　62
「使われる」法律　66
地域経済　64
力関係　153, 155
地球沸騰の時代　108
蓄電池　147, 148
知識基盤社会　51, 57
知識社会　57
知的財産政策　80
地熱発電　140
チャイルドペナルティー　121
中堅企業　144
中小企業の金融法　37, 43
超高度自給自足社会　84, 138
超スマート社会　57

著作権　　87
賃金格差　　121, 129
陳腐化　　19, 54
低出生率　　125
デジタルトラストサービス　　215
デジタル取引　　183, 213
電気の基本的性質　　138
電子記録債権法　　46, 67
電子契約　　4, 47, 213
電子交換所　　47
電子債権記録機関　　155
電子署名及び認証業務に関する法律　　213
電子署名法　　4, 213
電力構成　　136
電力の地産地消　　148
登記記載事項　　26
動産・債権担保融資　　63
動産債権譲渡特例法　　46, 67
動産債権担保融資　　42
動態的把握　　99
動態把握型　　89
同調圧力　　128
特定認証業務　　4, 213
特許　　143
ドローン　　173
ドローン規格　　173

な行

仲間作り　　171
ナラティブ　　176
日本学術会議　　92
女人禁制　　119
任意後見契約　　98
認証機関　　181, 182, 215
根回し　　172
年収の壁　　124

は行

パートナーシップ　　44

売電　　138
売電ビジネス　　84
博士論文　　27
ハブ構想　　90
ハブ適性　　92
反動の明治　　112
ビジネススクール　　103
ビジネスセキュリティ法　　80
ビジネス法学　　2
ビジネス法務　　2, 16
ビジネス法務学　　2, 16
　　――における総論と各論　　79
　　――の概念　　75, 76, 78, 79
　　――の「教育」　　99
　　――の概念　　74
　　――の各論　　81
　　――のハブ構想　　90
ビジネス法務学部　　206, 207
ビジネス法務専攻　　14
ビジネス法務専門教育教授法　　25, 80, 199
ビジネスマッチング方式　　14, 82
ビジネス民法総合　　56, 82, 101
標準学　　169
夫婦同氏制　　113
夫婦別氏制　　116
風力発電　　140
普及学　　48
物流　　153
物流イノベーション　　155
物流会社　　154, 158
物流と金流のデータサイエンス　　158
フリードマン　　48
紛争解決法務　　74
分野横断的　　91
ペロブスカイト型太陽光発電パネル　　142
　　――の特許　　143
変革の時代　　73, 198
法科大学院　　190
包括担保法制　　63
法人の電子署名　　215
法典論争　　117

法務局　　67

法律学の限界　　3

法律による社会コントロール　　77

法律の限界性　　125

補助金型　　143

穂積八束　　117

ボワソナード旧民法　　113

ま行

マジョリティのための法学教育　　99

三菱スペースジェット　　161

ミレニアム開発目標　　30

民法 Visual Materials　　26

民法出デテ忠孝亡ブ　　117

民法債権関係改正　　45, 70

民法 750 条　　125

無人航空機　　173

明治民法　　113

目利き能力　　41, 144

や行

有価証券報告書　　131

融資基準　　143

優秀講義認定証　　192

ゆっくり宅配　　159

ヨウ素　　142

予防法務　　74

ら行

リカレント教育　　201

リスキリング教育　　201

立法事実　　77, 214

立法論　　77

流動資産一体担保型融資　　43, 63

リレーションシップ・バンキング　　44, 146

臨床法務　　74

倫理的分析　　86, 87

ルール創り　　3, 50, 87, 92, 130

ルール創り教育　　99, 178

ルール創りシステム　　179

ルール創り能力　　41

レインボーカラーの利益　　50

労働基準法改正　　154

池田 眞朗（いけだ まさお）

慶應義塾大学名誉教授。武蔵野大学名誉教授。
1949年東京生まれ。1973年慶應義塾大学経済学部卒業。1978年同大学大学院法学研究科民事法学専攻博士課程修了、博士（法学）。
1996年から2004年まで司法試験第二次試験考査委員、2004年から2006年まで新司法試験考査委員（民法主査）。フランス国立東洋言語文明研究所招聘教授、国連国際商取引法委員会作業部会日本代表、日本学術会議法学委員長等を歴任。2012年紫綬褒章。2023年瑞宝中綬章。

本書に関連する著書として
『アイディアレポート―ビジネス法教育と実務家教員の養成』（編著、武蔵野大学法学研究所、発売：創文、2021年）、『実践・展開編　ビジネス法務教育と実務家教員の養成2』（編著、武蔵野大学法学研究所、発売：創文、2022年）、『実務家教員の養成―ビジネス法務教育から他分野への展開』（編著、武蔵野大学法学研究所、発売：創文、2023年）、『総集編　実務家教員の養成―ビジネス法務教育からの展開』（編著、武蔵野大学法学研究所、発売：創文、2024年）、『SDGs・ESGとビジネス法務学』（編著、武蔵野大学出版会、2023年）、『検討！ABLから事業成長担保権へ』（編著、武蔵野大学出版会、2023年）、『日本はなぜいつまでも女性活躍後進国なのか』（編著、武蔵野大学出版会、2024年）、『法学教育イノベーション―新世代法学部を創る』（弘文堂、2024年）。

その他の著書として
『債権譲渡の研究』（弘文堂、1993年〔増補2版2004年〕）、『債権譲渡法理の展開』（弘文堂、2001年）、『債権譲渡の発展と特例法』（弘文堂、2010年）、『債権譲渡と電子化・国際化』（弘文堂、2010年）、『債権譲渡と民法改正』（弘文堂、2022年）、『ボワソナードとその民法』（慶應義塾大学出版会、2011年〔増補完結版2021年〕）、『新標準講義民法債権総論』（慶應義塾大学出版会、2010年〔全訂3版2019年〕）、『新標準講義民法債権各論』（慶應義塾大学出版会、2010年〔第2版2019年〕）、『スタートライン債権法』（日本評論社、1995年〔第7版2020年〕）、『スタートライン民法総論』（日本評論社、2006年〔第4版2024年〕）、『民法への招待』（税務経理協会、1997年〔第6版2020年〕）、『民法III―債権総論』（共著、有斐閣、1988年〔第5版2023年〕）、『分析と展開・民法債権』（共著、弘文堂、1986年〔第5版2005年〕）、『基礎演習民法（財産法）』（共著、有斐閣、1993年）、『新しい民法―現代語化の経緯と解説』（編著、有斐閣、2005年）、『民法Visual Materials』（編著、有斐閣、2008年〔第3版2021年〕）、『現代民法用語辞典』（編著、税務経理協会、2008年）、『法学講義民法4 債権総論』（共編著、悠々社、2007年）、『法学講義民法5 契約』（共編著、悠々社、2008年）、『判例講義民法総則・物権』（共編著、悠々社、2002年〔第2版2014年〕）、『判例講義民法債権』（共編著、悠々社、2002年〔第2版2014年〕）、『判例講義民法II債権〔新訂第3版〕』（共編著、勁草書房、2023年）、『法の世界へ』（共著、有斐閣、1996年〔第9版2023年〕）、『プレステップ法学』（編著、弘文堂、2009年〔第5版2023年〕）、『解説電子記録債権法』（編著、弘文堂、2010年）、『判例学習のAtoZ』（編著、有斐閣、2010年）、『民法（債権法）改正の論理』（共編著、新青出版、2011年）、『中国電子商取引法の研究』（共編著、商事法務、2022年）、『法学系論文の書き方と文献検索引用法』（共著、税務経理協会、2024年）、『民法はおもしろい』（講談社現代新書、2012年）、『新世紀民法学の構築』（慶應義塾大学出版会、2015年）、『ボワソナード―「日本近代法の父」の殉教』（山川出版、2022年）ほか。

ビジネス法務学の誕生

2024 年 12 月 14 日　初版第 1 刷発行

著　者―――池田眞朗
発行者―――大野友寛
発行所―――慶應義塾大学出版会株式会社
　　　　　　〒 108-8346　東京都港区三田 2-19-30
　　　　　　ＴＥＬ〔編集部〕03-3451-0931
　　　　　　　　　〔営業部〕03-3451-3584〈ご注文〉
　　　　　　　　　〔　〃　〕03-3451-6926
　　　　　　ＦＡＸ〔営業部〕03-3451-3122
　　　　　　振替 00190-8-155497
　　　　　　https://www.keio-up.co.jp/
装　丁―――鈴木　衛
組　版―――株式会社ステラ
印刷・製本――中央精版印刷株式会社
カバー印刷――株式会社太平印刷社

©2024 Masao Ikeda
Printed in Japan ISBN978-4-7664-3000-4